平成Ｊポップと令和歌謡

All About Heisei J-Pop & Reiwa-Kayou

スージー鈴木
Suzie Suzuki

彩流社

はじめに――ヒット曲は50代に解放された

「私はもう、最新のヒット曲とやらと無縁に生きていくのではないか」と感じていた。

2015年の秋に『1979年の歌謡曲』(彩流社)という、音楽評論家としての実質的なデビュー作を上梓。派手に売れたわけではなかったものの、1曲1曲の音そのものと格闘しながら、建設的に論を進めていくという方法論に手応えを感じ、どちらかと言えば、過去のヒット曲に、違う色彩のスポットを当てるのが自分の仕事だと思い始めていた。

ちょうどその頃だろうか。何ヶ月かに1回、各テレビ局で特別番組的に放送される、数時間に渡る音楽番組に食指が動かなくなった。カタログ的に並べられた、名前だけは聞いたことがある音楽家の、名前を聞いたことがない新曲がずらりと並べられた、たいそう豪華な音楽番組に。

『ザ・ベストテン』『トップテン』『夜のヒットスタジオ』……かつて、あれほどに私を魅了した音楽番組すら、画面越しに遠のいていく。心の中でつぶやいた。

「私はもう、最新のヒット曲とやらと無縁に生きていく」。

そんな折、16年初頭、『東京スポーツ』(東スポ)から連載の依頼があった――「最新ヒット曲を毎週1曲取り上げて、東スポの読者である中高年男性層に解説をしてほしい」。

逡巡したのは確かだ。まず、毎週毎週、ヒット曲を聴いて原稿を書くというサイクルを回せるのか？　そして、そのヒット曲とやらは、50歳になろうとしている私にとって、食指が動くものなのか。聴くに堪え得るものなのか。

今思うのは、原稿依頼を思い切って引き受けた16年初頭というタイミングが絶妙だったということだ。本当に最高のタイミングだったと思う。

宇多田ヒカル、星野源、米津玄師、King Gnu など、50代の音楽評論家が聴いても、つくづく感心するような、優秀な音楽や作品が出てくるタイミングだったこと。

ＣＤからサブスク（リプション）・サービスへと移行し始めたこと。このことによって「ＣＤの売上枚数」という、人為的・作為的にコントロールされがちだった単一指標がかなり相対化され、また、書き手にとって、最新ヒット曲へのアクセスが格段にたやすくなったこと。

そして、そんな流れを受けて、「ビルボードジャパン・ホット１００」という、ＣＤの売上だけでなく、ダウンロード、ストリーミング、ルックアップ（ＰＣへのＣＤ読み取り数）などまで勘案した、実質的で本質的なチャートが普及し始めたこと。

言わば、「50代の音楽好きが、惑わず臆せず、ヒット曲を迎える環境」が整いつつあるタイミングだったのだ。言わば、最新ヒット曲が50代に解放されたのだ。

東スポで現在も連載中の『オジサンに贈るヒット曲講座』の16〜20年＝足掛け5年分の原稿をまとめた本である。時代の空気を冷凍保存するべく、原稿の修正は最小限にとどめたので、今振り返れば、褒め過ぎ・けなし過ぎ、もしくはトンチンカンな論考もあるが、あえて、そのままにしている。

逆に言えば、宇多田ヒカル、星野源、米津玄師、King Gnuなど、この5年間のMVPたちについて、聴いた当初から絶賛しているが、これらも基本、当時の原稿のままである。今の視点からの脚色はしていない。また、掲載した楽曲のほとんどが、サブスクにアップされているので、1曲1曲聴きながら、文章も味わっていただけると嬉しい。

タイトルは『平成Jポップから令和歌謡』とした。5年間ヒット曲を聴き続けた50代音楽評論家として、Jポップの次に来（てい）るムーブメントが、ある意味「昭和歌謡」に近いものがあると考え、「令和歌謡」という造語を思い付き、書名にしてみたものだ。詳しくは「総論〜『平成Jポップ』から『令和歌謡』へ」を参照していただきたい。

ただし、タイトルにはもう1案、最後まで残ったものがあって、それは、『音スポ〜50歳からの最新ヒット曲健康法』という、採用案とは毛色の異なるものだった。50歳になっても、惑わず臆せず、最新ヒット曲を聴き続けていると、少なくとも心の持ちようは健康になるという意味を込めた。「令和歌謡」への流れも「ヒット曲で健康になれること」も、私は経験的に確信するところである。皆さん、「令和歌謡」を聴いて健康になりましょう。

最後に、私は今年（21年）秋に55歳になる。55歳を期に、今後の人生の軸足を、音楽評論の方に、はっきりと寄せることに決めた。その決断と、「あの日でっち上げた無謀な外側に追いついてく物語」というCreepy Nuts×菅田将暉『サントラ』の歌詞と出逢ったことは、決して無縁ではない。

＊年などの表記は『東京スポーツ』への掲載日を示す。
＊各タイトル下の（　）内は『東京スポーツ』に掲載された月日を示す。

もくじ★平成Ｊポップと令和歌謡

第1章　2016年

第2章 2017年

第3章 2018年

第4章　2019年

第5章 2020年

第1章

2016年

２０１６年の宇多田ヒカルと星野源

4月、『東京スポーツ』紙上での「オジサンに贈るヒット曲講座」の連載が、ひっそりとスタートした。当時の書きっぷりを見ていると、おそるおそる始めているのが分かる。この年に50歳となる私が、そもそも毎週毎週、最新ヒット曲を聴き・考え・書くことなど出来るのかという不安の中のスタート――「考えるヒット」の近田春夫に、私はなれるのか？

「最新ヒット曲の感想を、脳内アーカイブにある過去に聴いた音楽を通して批評する」という方法論を採ることにした。過去の音楽というフィルターを通すことで、同年代の読者にも届きやすくなるのではないかという考えの下。

というわけで初回タイトルは、「ゲスの極み乙女。『私以外私じゃないの』に聴く、山下達郎の幻影」。当時「ゲス不倫」で騒がされていた川谷絵音について、ほとんど騒がれていなかった彼の音楽的新しさを、世間に対して補足したいという気持ちもあっての選曲である。

さて、この年のＭＶＰは文句なしで宇多田ヒカル。アルバム『Fantôme』の音と歌詞は、50歳の私をメロメロにした。とりわけ、この年の「年間ベストテン」となった『道』。そのサビ。「♪It's a lonely It's a lonely～」＝「♪ミミレド・ミミレド～」と続く、おそろしくミニマムなメロディに腰が動き、そして亡き母親（藤圭子）に捧げる歌詞に腰を抜かした。

しかし、本質的により大きな波だったのが、星野源の登場である。前年15年の11月に発売されたアルバム

『YELLOW DANCER』の衝撃。当時の私は、このアルバムを「山下達郎、小沢健二、細野晴臣の中間にあるサウンド」と理解したが、今となってみれば、そんな説明ではなく、単に「星野源サウンド」としか言いようのない完成度と安定感を持っていたことを痛感する。

早くも、星野源『SUN』を取り上げた第4回で、星野源の可能性を指摘、「そして心配なのは今、星野源をたいそう褒めちぎる『大人たち』が増えてきているということ」と、たいそう老婆心なことを言っている。懸念された「現象化」は避けられたようで、今に至るまで、高値安定の人気をキープし続けているのは、ご存知の通り。

あと、思い出してみれば、音楽以外では、映画が賑やかな年だった。『シン・ゴジラ』や『君の名は。』。後者関連では、RADWIMPS『前前前世』と上白石萌音『なんでもないや（movie ver.）』を取り上げている。『なんでもないや』の項では、「令和歌謡」の基本要素である「生音」について考察していて、懐かしくも面白い。

「オジサンに贈るヒット曲講座」スタート。50歳にして、毎週、最新ヒット曲と格闘する生活が始まった――。

1. ゲスの極み乙女。『私以外私じゃないの』に聴く、山下達郎の幻影（4月5日）

♪ゲスの極み乙女。『私以外私じゃないの』

作詞：川谷絵音
作曲：川谷絵音

例のベッキーとの不倫騒ぎで、連日マスコミを騒がせたバンド「ゲスの極み乙女。」。本連載の記念すべき第一回は、昨年の紅白でも歌われた彼らのヒット曲『私以外私じゃないの』を取り上げてみたいと思う。

まず、声を大にして言いたいのは、「『ゲス不倫』を騒ぐのもいいが、少しぐらい、彼らの音楽に耳を傾けてやってくれ」ということだ。メロディ、歌詞、そして演奏、すべてにおいて新しい。こういうバンドはなかなかいない。

とりわけ演奏のテクニックは抜群だ。ボーカル：川谷絵音、ベース：休日課長、キーボード：ちゃんMARI、ドラムス：ほな・いこか、という、バンド名同様、フザけた芸名のメンバー4人全員が異常に高い水準のテクニックを持っていて、そんな彼らが、一群となって、おそろしく速い16ビートを、マシンガンのように演奏する。特にベースの速い動きは格別だ。

ここで私は、山下達郎のことを想起する。70年代後半、日本人による本格的な16ビートを生み出し、浸透させた音楽家。それから30数年経って「ゲスの極み乙女。」が、さらに濃密な16ビートを叩き出している。「達郎さん、あなたの息子世代が、確実にあなたを受け継いでいますよ」と伝えたくなる。

苦言を呈せば、出すシングル、すべて曲調が似すぎている。もっと幅広い曲調に挑戦してほしい。あと「当てぶり」ではなく、真の生演奏をテレビで見せてほしい。視聴者は圧倒されるはずだ。

とにかく、音楽で「ゲス～」を語ってあげてくれないか。川谷絵音の女性への手の早さ、ではなく、ギターを弾く手の速さを語ってあげよう。

2. 山本彩の生ギター・生歌で感じたこの曲の真価（4月12日）

♪AKB48『365日の紙飛行機』
作詞：秋元康
作曲：角野寿和・青葉紘季

好評のうちに最終回を迎えたNHK朝ドラ『あさが来た』の主題歌のあの曲。

曲調としては、明らかに昭和40年代のフォークを意識している。特に、作詞：北山修、作曲：加藤和彦という、フォーク・クルセダーズのコンビによる名曲、ベッツィ&クリス『白い色は恋人の色』（69年）あたりの影響が強いと思しい。

この曲の真価は、朝ドラ主題歌として使われた音源では分からない。AKB（NMB）の山本彩が、さる2月16日、NHK『スタジオパークからこんにちは』で披露した、生ギター、生歌の素晴らしさたるや（そのうえ生放送！）。「口パク」と「当てぶり」全盛の音楽番組の中で、すべて生でこなした山本の度胸を褒めたい。音楽的な自覚が高いのだろう。おニャン子クラブで言えば、歌手として大成した工藤静香のラインに行くべき人だ。

減点するべきは作詞である。「紙飛行機」の「距離を競う」より「どう」「どこを」「飛んだ」かが大切、という歌詞には、SMAP『世界に一つだけの花』（作詞：槇原敬之）の「必死にナンバーワンを目指すより、オンリーワンでいいじゃないか」という思想と同根のものを感じてしまう。

約50年生きて思うのは、オンリーワンになることは、ナンバーワンよりもはるかに困難だということ。そして秋元康も、かつては傑作・小泉今日子『夜明けのMEW』（86年）を書き上げたオンリーワンの作詞家だった。

私は秋元を、阿久悠、松本隆と並ぶ「日本歌謡界三大作詞家」だと思っている。その中で売上的には秋元がナンバーワンなのだが、私は『夜明けのMEW』のような秋元の、オンリーワン作詞ワールドをもっと堪能したいと思っている。

3. 手嶌葵はから騒ぎ・から元気の時代に息を吹きかける（4月19日）

♪手嶌葵『明日への手紙』
作詞：池田綾子
作曲：池田綾子

有村架純と高良健吾が主演したフジテレビのドラマ『いつかこの恋を思い出してきっと泣いてしまう』（通称「いつ恋」）の主題歌。

それにしても、久しぶりに聴いた種類の楽曲である。息遣いまで生々しくミキシングされた小さく細い声。そして、徹頭徹尾アコースティックな伴奏。コンピューターの中でパキパキに加工編集された工業製品のような楽曲が全盛の中で、この手作り感はかなり目立つ。そして、我々世代にはとても親しみやすいものだ。

歌うは、ジブリアニメ『ゲド戦記』『コクリコ坂から』の主題歌を歌った手嶌葵（てしま・あおい）。想起したのは、森田童子『ぼくたちの失敗』（76年）。真田広之・桜井幸子主演、93年のＴＢＳ『高校教師』のあの曲。「♪春のこもれ陽の中で……」。声はなく息で歌っているようなボーカル、アコースティックで静かな伴奏、そしてドラマの主題歌という共通点。

チャゲ&飛鳥『YAH YAH YAH』やサザンオールスターズ『エロティカ・セブン』が大ヒットした93年における森田童子と、16年の手嶌葵の存在感は似ている。「皆さん、そんなから騒ぎ・から元気の音楽ばかりでいいんですか？」と問いかけているような感じがする点において。「いつ恋」は、なんとフジ月９史上最低視聴率を記録したという（平均９・７％）。言葉遣いに徹底的にこだわる坂元裕二の脚本も、スマホ世代にはタルく感じられたということか。告白すれば、かくいう私も第３回あたりで降りてしまったのだが。

音楽もドラマも、から騒ぎ・から元気ばかり。微妙な息遣いや言葉遣いにこだわる、デリケートな感性がないがしろにされていく時代。

4．この大傑作を大人たちが「現象」にしてはいけない（4月26日）

♪星野源『SUN』
作詞：星野源
作曲：星野源

東スポを読んでらっしゃる方々にとって、星野源はどういう存在なのだろう。おそらく「なぜヒットしているか分からない歌手」と思っている人が多いのではないか。

結論から言えば、この曲、そして、この曲が収録された『YELLOW DANCER』というアルバムは大傑作だ。個人的には昨年の「レコード大賞」だと思っている。

麻薬のような習慣性を持つ、息の成分が多い独特な歌声。センスと美学を言葉に音に徹底する、自身による作詞・作曲・編曲。そして、優秀なミュージシャンたちによる打ち込みを使わない完全生演奏（ちなみにベースは浜田雅功の息子、ハマ・オカモト）。

しかし、その作品性に気づかない、分からない人たちにとっては、ブレイクした理由が不明な、突発的「現象」に見えるのだと思う。

90年代中盤の小沢健二を思い出した。あのときも「オザケン現象」として語られたと記憶する。私は小沢健二の音楽性も強く推すが（特に94年のアルバム『ＬＩＦＥ』）、そこを抜きにして、マスコミや評論家、文化人が「現象」として遠巻きに語っていた。

「現象」はすぐに鎮静化する。さんざん騒いでおいて、小沢健二が音楽性を変えると、蜘蛛の子を散らすように去っていった。大人たちは無責任なものである。

そして心配なのは今、星野源をたいそう褒めちぎる「大人たち」が増えてきているということ。

星野くんに言いたいことは、そういうことだから、マスコミや評論家、文化人は無視して、目の前で歓喜する女の子たちだけを見て、歌を作り・歌い続けてほしいということだ。あ、でもその大人たちのリストから、私だけは外してください。

5. 山下達郎作品に「ライブ」感覚の「復活」を（5月5日）

♪嵐『復活LOVE』
作詞：竹内まりや
作曲：山下達郎

2月に発売された、泣く子も黙る嵐のヒット曲。作・編曲は、こちらも泣く子も黙る山下達郎。その上、作詞は竹内まりやなのだから、その子は一生泣きそうにない。

当然のことながら、水準以上の出来である。ただ正直、「よく出来た作品」というより、「よく出来た商品」という感じがする。まとまりすぎている。この感じは、同じく山下達郎作曲、KinKi Kids『硝子の少年』（97年）にも通じるものだ。

山下達郎のアルバムで1枚挙げるとすれば、ライブ盤の『JOY』（89年）。特にザ・ビーチ・ボーイズのカバー『GOD ONLY KNOWS』は必聴。

そういう、私のような「達郎オールドファン」（の一部）は、彼を「ライブ」の人として捉えている。そして、ライブ盤や、アルバム『MELODIES』（83年）までの、デジタル臭のない、生々しい音圧を好むのだ。

そういう耳からすれば、『復活～LOVE』は熱さがやや足りない。同じく「達郎×ジャニーズ」で言えば、近藤真彦『ハイティーン・ブギ』（82年）の疾走感こそが、山下達郎らしい「よく出来た作品」だと思うのだ。

嵐と言えば、5人のはちきれそうなエネルギーがぱっつぱつに詰まった傑作『Happiness』（07年、作曲：岡田実音）。あれを超える「ライブ」な「作品」を、山下達郎には期待したい。

この連載、「ライブ＝生（なま）」が大事だと毎回書いている気がする。年寄りの戯言のように聞こえるかもしれないが、これからの音楽市場を考える上で、結構重要なポイントだと考えるのだ。「生」を求めるからこそ、あれほどの若者がフェスに足を運ぶのだから。

結論。『復活ＬＯＶＥ』は、山下達郎本人のフイブで聴きたい。

6. ベビメタが示す健康的で痛快な海外進出の方法とは（5月10日）

♪ BABYMETAL『KARATE』

作詞：Yuyoyuppe
作曲：Yuyoyuppe

何かと話題のBABYMETAL（以下ベビメタ）。坂本九以来のビルボードのアルバムチャート・トップ40入りをどう捉えるか。ピーター・バラカン氏は「まがい物」と評し、近田春夫氏はこの成功を「バック（バンド）の人たちの演奏込みのもの」と主張した。

確かに精密な演奏は素晴らしいが、その上に乗るのが、メタルにありがちな絶叫ボーカルではなく、わりと正当な発声で歌うのが独創的だ。また、タイトルにある東洋趣味も海外では効いたはずだ。

注目すべきは、坂本九『スキヤキ』（61年）同様（ほぼ）日本語のみの歌詞で、ビルボードにチャートインした事実。

坂本九とベビメタの間に、英語で乗り込んで目標を果たせなかった日本人音楽家が何人もいた。矢沢永吉は、3枚のアルバムを海外発売している。英語の発音を徹底的に矯正したあげく、結局売れなかったという顛末が、自著『アー・ユー・ハッピー？』（角川文庫）に赤裸々に書かれている。

天下の矢沢がそんなことしなくていいのに、日本語＋矢沢流英語で、日本人のリスナーを満足させてくれればいいのにと、当時の私は思っていた。

無理して英語で歌っても、それこそ所詮は「まがい物」に過ぎない。日本語で居直った上で、ベビメタのように、独創的な発想で海外を狙う方がよっぽど健康的だと思う。

その『アー・ユー・ハッピー？』には、矢沢永吉が1997年、英国ウェンブリー・アリーナでのプレスリー追悼ライブに呼ばれた話が書かれている。そのとき、メインのロッド・スチュワートやジョン・ボン・ジョヴィに比べて、ひどい扱いを受けたそうだ。そのウェンブリーでベビメタはワンマンライブを成功させたのだ。なんと痛快なことだろう。

7. お笑いラップこそ、正統的な「Jラップ」である（5月17日）

♪ **RADIO FISH『PERFECT HUMAN』**

作詞：RADIO FISH
作曲：JUVENILE

RADIO FISHとは、オリエンタルラジオ（オリラジ）を中心に結成されたユニット。2月に放映されたフジテレビ系『ENGEIグランドスラム』で彼らがこの曲を披露し、話題沸騰。各種ダウンロードチャートで1位を獲得し、YouTubeでも驚異のPV数を記録したという。

オリラジ・藤森慎吾のラップが素晴らしい。韻《いん》の使い方など、ラップ自体はオーソドックスなものだが、リズムに乗せる完成度は抜群だと思った。

そもそも日本においてラップは、お笑い界との関係が深い。1980年のザ・ドリフターズ『ドリフの早口ことば』、翌81年のスネークマンショー『咲坂と桃内のごきげんいかがワン・ツゥ・スリー』、山田邦子『邦子のかわい子ぶりっ子』あたりが、日本におけるラップの始祖であり、その意味でこの曲も、実は正統的な「Jラップ」である。むしろ、ちっとも笑えない、翻訳調のシリアスなラップの方が、歴史的にはまがい物なのだ。

そして私は、いとうせいこうのことを思い出す。お笑いとシリアスの間の絶妙なバランスで「Jラップ」を形にした功績。

このオリラジ以外にも「♪ラッスンゴレライ」の8・6秒バズーカーやバンビーノなど、はじけるようなリズム感を持った芸人を目にすると、私は「いとうせいこうが彗星のように登場し、日本語ラップを確立させてから約30年経ったんだなぁ、そしてラップが見事に浸透したなぁ」と感慨にふけるのである。

余談だが、テレビ朝日『しくじり先生』でのオリラジ・中田敦彦による「カール・マルクス」の回は素晴らしかった。『しくじり先生』という番組は、決してしくじることがない。

8. 作曲家・鬼龍院翔の才能と知識に驚く（5月24日）

♪ゴールデンボンバー『水商売をやめてくれないか』

作詞：鬼龍院翔
作曲：鬼龍院翔

ゴールデンボンバー（以下「金爆」）の最新シングル。最近のお気に入り。よく出来ている。

音楽的なポイントは、サビ。「♪（水）商売をやめてくれないかー」＝「♪（ミミ）ドードー・ドドレミ・レミレド・シー」（キーはDm）という音列のキャッチーさはどうだ。耳にこびりついて離れない。これは無論、褒め言葉である。それも最大級の。

このサビのメロディが発する既視感ならぬ「既聴感」の源泉を探っていくと、ショッキング・ブルーの1970年のヒット『悲しき鉄道員』や、その前年のゼーガーとエバンズ『西暦2525年』など、「日本人のツボを押さえた洋楽」に思い当たる（「パクリ」というほどには似ていない）。作曲を手掛ける鬼龍院翔の才能と知識を感じる。職業作曲家としても十分にやっていけそうだ。

さて、私には「歌われるシーンが具体的に思い浮かぶ曲ほど、長くヒットする」という持論がある。この曲もまさにそうで、例えばキャバクラで、酔客が好みのキャバ嬢に向かって、金爆同様土下座をしながら歌うシーンが容易に想像できる。カラオケボックスで、みんなが飛び跳ねて歌ったことでロングセラーとなった『女々しくて』（09年）同様、長く歌い継がれていくのではないか。

さらに褒めれば、金爆は、今唯一、歌謡曲をやっているユニットだと思う。ここでの「歌謡曲」は、音楽ジャンルというより、一億人を相手にするという精神論である。NHK『紅白歌合戦』でのパフォーマンスにも、ある種の使命感に裏打ちされた真摯さを感じる。

単なるコミックバンドと矮小化して捉えず、彼らの音と精神論に真摯に向き合うべきだと思う。

9. 90年代Jポップ風の音がアラフィフオヤジを刺激（5月31日）

♪AKB48『君はメロディー』
作詞：秋元康
作曲：you-me

3月に発売されたAKB48のシングル。

彼女たちのシングルでは2010年の『ヘビーローテーション』が最高傑作だと思う。モーニング娘。で言えば『LOVEマシーン』（99年）の位置にあり、あの頂《いただき》を超えるのは、そうそう簡単ではないと考えるのだが。

しかし、この『君はメロディー』は『ヘビーローテーション』に次ぐと思う。少なくとも、個人的には『恋するフォーチュンクッキー』（13年）より数段上だ。

曲を聴いて思い出したのは、1994年の小泉今日子『My Sweet Home』や、97年のカジヒデキ『ラ・ブーム～だってMY BOOM IS ME～』あたり。要するに、今やオールディーズと言える、90年代Jポップの香りが強く、それがアラフィフの感性を刺激するのだ（あとはアメリカ『ヴェンチュラ・ハイウェイ』―72年―）。

「AKB系」のシングルがのべつまくなし発売されている。一応『ミュージックステーション』などでチェックはするのだが、その多くは若者男子、さらには彼女たちのファン限定に向けて作られている感じで、私（たち）のような門外漢のオヤジ層には無縁である。最近の「ＡＫＢ系」に多い、メッセージ性の強い歌詞にも、正直萎えてしまう。

そんな中で突然、90年代Ｊポップのエッセンスを使った、このような曲が発表されるのはうれしい驚きだ。手前勝手な言い方になるが、ＡＫＢ48は国民的アイドルとして、『ヘビーローテーション』やこの曲のように、若者だけにとどまらず、オヤジも含む一億人を相手にした国民的ポップスを歌う役割を背負っていると思う。

ちなみに『ヘビーローテーション』も『君はメロディー』も、ミュージックビデオの監督は蜷川実花。見事な出来。ＡＫＢの傑作の陰に、蜷川実花ありという法則。

10．モータウン・ビートはもっとスウィングするべき（6月7日）

♪ Little Glee Monster『My Best Friend』

作詞：いしわたり淳治
作曲：丸谷マナブ

最近、歌番組やＣＭでよく見かける、やたらと歌が上手い少女6人組。通称「リトグリ」。所属はワタナベエンターテインメント（ナベプロ）。昨今のアイドルブームに対する返答として、歌唱力で勝負するというのは、いかにもナベプロらしい戦略に思える。

歌が上手い少女が飛び跳ねながら歌っているさまは実に結構なのだが、この曲、音だけで聴いているとちょっとした不満が残るのだ。リズムがのぺっとしていて、スウィングしないのである。

リズム・アレンジは、いわゆるモータウン・ビート。シュープリームス『恋はあせらず』(66年)に始まり、我々世代には、その『恋はあせらず』のフィル・コリンズのカバー（82年）や、ダリル・ホール&ジョン・オーツ『マンイーター』（82年）、スティーヴィー・ワンダー『パートタイム・ラヴァー』（85年）などでなじみ深い、「ドッドッ・ドッ・ドーット・ッドッドッド・ドー」という、あのリズムだ。

そして、日本人によるモータウン・ビートの傑作が、1989年の大ヒット、110万枚売り上げたPRINCESS PRINCESS『Diamonds』。抜群にスイングした高速モータウン・ビート。当時、別人演奏説まで流れたほどである。初めて聴いたときの衝撃は忘れられない。

たとえ打ち込みだとしても、もっとやりようはあっただろう。せっかく抜群の歌唱力を持つ6人の少女が集まったのだから、ぐんぐんスイングするモータウン・ビートで飛び跳ねさせてあげてくれないか。なんなら『Diamonds』のリズムセクションを再度呼びつけてまでも。

なお、6人のメンバーの中では麻珠という名前の女の子の歌唱力が、頭一つ抜けていると思った。ゆくゆくはソロシンガーとして活躍していくのではないか。

11. クドカン・ドラマとの「親和性」はSADS以来（6月14日）

♪感覚ピエロ『拝啓、いつかの君へ』
作詞：秋月琢登
作曲：秋月琢登

毎回楽しみに観ているNTV系ドラマ『ゆとりですがなにか』の主題歌。ドラマの冒頭は、本編とこの曲のミュージックビデオを交錯させる演出になっており、また音自体も、ボーカルの声質にパリパリのツヤがあって、結果、このドラマの視聴者に強く印象に残る曲になっている。

脚本は宮藤官九郎（クドカン）。クドカン・ドラマの主題歌と言えば、何といっても、TBS系『池袋ウエストゲートパーク』（00年）の主題歌、SADS『忘却の空』。あのドラマにはあの曲、あの曲にはあのドラマしかあり得ないと言い切れるほどの、抜群の親和性。

今回も、SADSまではいかないまでも、ドラマの内容とかなり結び付いている。他のクドカン・ドラマでは、主人公を演じる男優が属するユニットの新曲を安易に使うことが多かったが（いわゆる「バーター」？）、ああいうのより、今回のような形の方が絶対いい。主題歌まで含めてドラマなのだから。

でもまた苦言を一つ。歌詞を何度読んでも、タイトルの「いつか」が、過去の「いつか」なのか、未来の「いつか」かが、よく分からなかったのだ。だから、歌詞の世界に入りこめない。もったいない。アンジェラ・

アキ『手紙～拝啓　十五の君へ～』（08年）という「時制」がはっきりした名曲と比べてしまうと、さらに残念に思う。

メンバーの責任というより、こういうことは周囲のスタッフが助言してあげるべきだと思う。最近、音楽業界で、こういう「スタッフが仕事してないなぁ」と思うことが多い。市場が厳しい今だからこそ、スタッフよ、頑張って。

もしや、そのスタッフ、ゆとり世代だった？

12. 宇多田ヒカルの声は、正しく現代の声（6月21日）

♪宇多田ヒカル『花束を君に』
作詞：宇多田ヒカル
作曲：宇多田ヒカル

1999年、アルバム『First Love』の頃の宇多田ヒカル・ブームはすごかった。一説には売上870万枚（日本記録）。評論家や音楽家が天才天才と持ちあげるほどに、なんだか置いてきぼりになった気分になったものだ。

あの独得の、息の成分が多い声と、奇妙なこぶしが入る歌い回しが苦手だったのだ（宇多田よりａｉｋｏ派だった）。

しかし今回、ＮＨＫ朝ドラの主題歌として、久々に宇多田ヒカルの歌声を聴き、時代が一周回ったのか、私が年を取ったのか、なんだかしっくり来たのだ。シンプルな伴奏をバックにした、センチメンタルに湿った声質は、正しく現代的だ。

さて、この曲のポイントは歌詞だ。ネットで噂されているように、「死」をテーマにしているように思われるのだ。もしやその「死」とは、宇多田の母親＝藤圭子の、3年前の自害かもしれない。

そして、エンディングに近いところでは、激しい息づかいがミックスされている（宇多田本人によるものとのこと）。これ、聴きようによっては、「死」が迫ってくる切迫感のようなものを感じる――まぁ、歌詞の詮索ほど野暮なことはない。しかし、ある詮索で詞のイメージを立体的に広げるのも、音楽の愉しみ方の一つだとも言えるだろう。

このようなセンチメンタルな曲が、朝ドラの主題歌になることが驚きである。11年の『カーネーション』の、椎名林檎による、やたらと濃厚な主題歌にも驚いたものだが。

ただ、ドラマ『とと姉ちゃん』自体は退屈。逆に『カーネーション』は個人的に朝ドラ史上ナンバー1。宇多田ヒカルや『カーネーション』に負けず、『とと姉ちゃん』も頑張ってほしい。

13．藤原さくらに感じるとんでもない「埋蔵量」（6月28日）

♪藤原さくら『Ｓｏｕｐ』
作詞：福山雅治
作曲：福山雅治

藤原さくらが本格的に世に出たことは、今年の音楽界における最大の事件の一つになるだろう。ただ、世への出方（＝フジテレビ系のドラマ『ラヴソング』で、福山雅治の相手役として）は、正しかったのか。

藤原は、女優よりも圧倒的に音楽家である。久しぶりに、その「埋蔵量」に期待してしまうシンガーソングライターである。今どきの若い女の子（20歳）には珍しく、洋楽の影響を強く受けているのが面白い。「日本のノラ・ジョーンズ」になれる可能性を持っている。

その手触りは、デビュー当時の椎名林檎に近い。さらには「松任谷」を名乗る前の荒井由実。

出演ドラマの主題歌『Ｓｏｕｐ』は、福山雅治の作詞・作曲。「恋のｓｏｕｐをふたりで味わいつくしましょう」という、少しエロティックな（？）ラブソング。

しかし「スープ」と言えば、荒井由実の『CHINESE SOUP』（75年）に極まる。21歳の若きユーミンが書いたこの曲は、別れた男をスープで煮込んでしまうという、さらに個性的で強烈な歌詞世界。

藤原は、椎名林檎、そしてユーミンの座を狙っていける「埋蔵量」を持っている。ならば、自分の言葉（それも日本語で。アルバムは英語多すぎ）で、自分の声で、個性的で強烈な音楽世界を構築してほしい。

とはいえ、人の手を借りるなら、まず若きユーミンの傑作『翳りゆく部屋』（76年）のカバーはどうだ。椎名林檎もカバーした一種の登竜門。「平成のユーミン」という高みへは、まずは林檎姉さん超えから始めよう。

14. 生演奏に感じる斉藤和義の気骨（7月5日）

♪斉藤和義『マディウォーター』

作詞：斉藤和義
作曲：斉藤和義

傑作、というより力作、いや快作。これほど痛快な音はなかなかない。

斉藤和義の新曲は、テレビ朝日系ドラマ『不機嫌な果実』の主題歌。この4～6月は、NHK『トットてれび』、日本テレビ系『ゆとりですがなにか』、TBS系『重版出来！』と、傑作ドラマが多かったので、『不機嫌な果実』自体は目立たなかったのだが、この主題歌は出色の出来だ。

疾走するドラムス、ベース、ギターの生演奏。そして、基本的にギター（斉藤本人による）は1本だけという、今どきひどくシンプルな編成。

２０１２年の『紅白歌合戦』。斉藤和義は、その年ヒットした『やさしくなりたい』を歌ったのだが、そのときのバンドが何と生演奏だったのだ――と書くと「それがどうした？」と言われそうだが、最近は、普通の歌番組は言うまでもなく、紅白でも事前録音されたカラオケがほとんど。

視聴率が落ちたと言っても、日本を代表する最高峰の舞台で、生演奏する斉藤の気骨とプライドに驚いた。演奏前、ギターアンプから発生したノイズを、マイクが拾った瞬間の驚きと感動は忘れられない（また、そのときのギターストラップに書かれた「NUKE IS OVER」＝原子力は終わりだ＝というメッセージにも、斉藤の気骨を感じたものだ）。

歌詞は、泥沼（＝マディウォーター）にいるナマズが、キレイな川にいるメダカをうらやむという話。音楽界は逆だ。小ギレイに装飾された、デジタル演奏ばかりの中、泥のように濃厚に練り込まれたアナログ演奏がいかにカッコいいか。メダカはナマズ顔の斉藤和義をうらやんでいるはずだ。

あと、この曲、ジャケットが最高。

15. ロック界の長嶋茂雄は、もっと自由にやるべきだ（7月12日）

♪桑田佳祐『ヨシ子さん』

作詞：桑田佳祐
作曲：桑田佳祐

テレビやラジオで頻繁に耳にした、あの奇妙な曲である。

先に褒めておけば、桑田佳祐のボーカルは、相変わらず絶品である。

ボーカリストとしての桑田佳祐。若い頃はやや不安定だったが、年々上手くなっていき、そして還暦（！）を迎えた今でも、声量が落ちないという珍しいタイプの歌手である。他には、沢田研二や郷ひろみがそのタイプ。この曲でも、朗々と響き渡るボーカルが聴きものである。

だが、曲全体の感想を五文字以内でまとめると——微妙……。

桑田佳祐一流のバランス感覚。ラブソングを中心に、シリアス系の曲を左に、そしてコミカル系の曲を右にした「やじろべえ」を想像してほしい。そして、この数十年間、「やじろべえ」は、決して左右どちらかに倒れず、絶妙なバランス感覚で安定し続ける。

「一億人を相手にしている」という緊張感、そして、日本最高のマネーメイキング・ミュージシャンとして、幅広い需要を取り込みたいという渇望感、取り込まなければならないという切迫感が、そのバランス感覚の背景にあるものだろう。

２０１１年発売の大傑作アルバム『MUSICMAN』。ビートルズ来日のことを歌った『月光の聖者達（ミスター・ムーンライト）』などの名曲ぞろいの中で、『EARLY IN THE MORNING～旅立ちの朝～』というコミカル＆エロティックな曲が、全体の印象を邪魔してしまう。

バランス感覚なんて余計なことを、もう考えなくていいと思う。大病を超えて還暦を迎えたんだ。やりたい曲を自由にやればいい。俺様を誰だと思ってるんだ。日本ロック界の長嶋茂雄＝桑田佳祐様だぞ、と。

16. ハリウッド・リメイクが見たくなる映画（7月26日）

♪地獄図『TOO YOUNG TO DIE!』
作詞：宮藤官九郎
作曲：ＫＹＯＮＯ

宮藤官九郎監督・脚本による同名映画の主題歌。地獄図（「ヘルズ」と読む）は、映画の中に出てくる、地獄で活動するヘビメタ・バンドで、長瀬智也、桐谷健太、清野菜名が演じている。

映画を観た印象としては、日本では珍しい「音楽に妥協しない映画」。添え物としての音楽ではなく、音楽が真ん中に置かれている印象。その方面のゲストも多彩で、シシド・カフカ、Ｃｈａｒ、マーティ・フリードマン、ＲＯＬＬＹが登場。憂歌団の木村充輝が出てきたのには驚いた。全体的に楽しく観た。

そんな映画の主題歌なので、非常に張り切った音になっている。ヘビメタとスラップベースが絡み合う濃厚な音。とても添え物とは言えない。

さて、「音楽に妥協しない映画」と言われて思い出すのは、１９８０年のアメリカ映画『ブルース・ブラザース』だ。それほど映画を観ているほうではないが、個人的には生涯最高傑作洋画である（邦画では『パッチギ！』）。レイ・チャールズ、アレサ・フランクリンはじめ、超一流ミュージシャンによる、抜群の音楽クオリティ。

その『ブルース・ブラザース』と比べると、『TOO YOUNG TO DIE!』はさすがに見劣りがする。ハリウッド・リメイクが見てみたい。Ｃｈａｒらの代わりに、エリック・クラプトン、ジェフ・ベック、ジミー・ペイジでお願いしたい（古いか）。

最後に小ネタツッコミ。この曲の歌詞に「俺の右腕はジミヘンの左腕」とある。それぐらいギタリストとして凄い腕と言いたいのだろうが、サウスポー・ギタリストであるジミ・ヘンドリックスが凄いのは、左腕よりも、指板を操る右腕の方ではないか？

17. 神奈川のJポップ世代による洋楽サウンド（8月2日）

♪ **Suchmos『STAY TUNE』**
作詞：YONCE・HSU
作曲：Suchmos

まだ8月になったばかりなのに、今年を振り返ってみると、現段階で今年ナンバー1の曲が、このSuchmos（サチモス）という変わった名前のバンドのこの曲だ。

そのサウンドを、芸のない表現で言えば「洋楽のような音」。オジサン向けに説明すれば、20年ほど前に我々が聴き、踊ったジャミロクワイのあの音に近い。

今チャートを占めるのは、言うまでもなくJポップである。Jポップとは「（洋楽ではなく）邦楽の影響を受けて出来た邦楽」と説明することができる。要するに、サザンやBOΦWY、ミスチルの影響下にある邦楽。それは当然、日本の音楽需要にぴったりと沿うものだが、その分、スケールの小ささや閉塞感をも感じさせるものでもある。

おそらくはJポップを身体中に浴びて育ったであろう世代の彼らが、このように洋楽的に開かれたサウンドを創り出していることが面白いし、重要なことだと思う。

彼ら、出身は横浜や湘南などの神奈川エリア。神奈川からの洋楽風バンドと言えば、60年代後半に活躍したザ・ゴールデン・カップスにとどめを刺す。デイヴ平尾、ルイズルイス加部、エディ藩、マモル・マヌー、ミッキー吉野らが生み出した最高水準のロックサウンド。

東京より横浜の方がイカしていた時代。品川ナンバーで本牧を走ると石を投げられたという時代。そんな時代に、横浜港から、米軍から直輸入された最先端のリズムとダンスをタイムラグなしに再現したカップスの功績。

時代は変わり、今や横浜は、東京の衛星都市の一つに成り下がっている。そんな土壌から、今年、カップスのようなバンドが再び出てきた。注目せずにはいられない。

18. 夏の元気系ポップスのコード進行はもっと単純に（8月9日）

♪ **E-Girls『E.G. summer RIDER』**

作詞：小竹正人

作曲：Henrik Nordenback・Christian Fast・Lisa Desmond

EXILEの妹分、E-Girlsの最新シングル。

タイトル通りの、夏に向けた元気系ポップスを期待したのだが、うーむ。何度聴いても、印象がハッキリせず、ぼやけてしまう感じの曲なのだ。

なぜだろうと思い、コード進行を調べてみた（最近はコードもネット検索ですぐ分かる。とても便利）。

コードの話は専門的になるので、あくまでざっくり抽象的にお知らせしておくと、高速道路をズドンと直進する感じではなく、路地ごとにちょこちょこ曲がっていく感じのコード進行なのだ。要するに細かくて、複雑。だからカタルシスを感じない。作曲家が外国人ということも影響しているのかもしれない。

あと、「♪Ｈｅａｒｔが焦げるくらい」のところの一瞬の転調（キーを変えること。ここではＥｍからＣへ）も、コード進行をさらに複雑にし、印象をぼやけさせる。

ＡＫＢ48にも奇妙な転調が多い（11年の『Ｅｖｅｒｙｄａｙ、カチューシャ』など）。それは、転調による変化感によって、ネット動画で見ているときに、ストップされないようにするためと言われるが、そういう姑息な手口が、ポップスとしての品質を下げてしまう。

そして、何といってもＡＫＢ48の最高傑作『ヘビーローテーション』（10年）には転調がない！

最後に。E-Girlsのメンバーと言えば、金髪のＡｍｉが目立つが、このクールのドラマ、ＴＢＳ『仰げば尊し』に出ているメンバー、石井杏奈が抜群に可愛い。吉瀬美智子のような女優として大成するのではないか。満島ひかり（元Folder）同様、過去に在籍したグループが忘れられるほどに。

19. 五輪中継もテーマ曲も、もっとシンプル&冷静に（8月16日）

作詞：今井了介・SUNNY BOY
作曲：今井了介・SUNNY BOY

♪安室奈美恵『Hero』

安室奈美恵による、NHKリオ五輪・パラリンピック放送テーマ曲。意欲的な作品とはこのことで、アレンジは賑やかだが、メロディはとってもシンプル。ほぼAメロ、Bメロのみ。最近のJポップには、Cメロ、Dメロ……と、いくつものメロディを詰め込み、その上で芝居がかった転調を重ねるなど、言わば「和洋中フルコース」のような曲が多いと思うのだが、そんな中で、このシンプルさは際立つ。

五輪中継真っ盛りだが、「感動をありがとう！」「絶対に負けられない戦いがここにある！」的な、やたらとハイテンションな中継が増えたのはいつごろからか？　私は、アトランタ五輪（96年）のNHKテーマ曲に、大黒摩季『熱くなれ』が採用されたころではないかとにらんでいる。あの、血管が切れそうな、壮絶なハイトーンボーカルが、大げさに言えば、その後20年間の日本のスポーツ中継のトーンを規定したと思う。

W杯中継も同様。南アフリカ大会（10年）のテーマ曲、Superfly『タマシイレボリューション』の歌詞、「♪前に道などナッシング」を聴いたときは、初期の名作『Last Love Song』を愛していた身として、大げさでなく、

Superfly の行く末を心配したものだ。

もう少し冷静になっていい。「熱くなれ」などと命令されなくていい。

ただでさえ蒸し暑い日本の夏、体温を2度ほど落とす、平熱の五輪中継文化を取りもどすために。安室奈美恵が歌うシンプルなメロディが、エアコンのように機能すればいいなと思う。

ま、そもそも、五輪中継に「テーマソング」が必要なのかという疑念も残るのだが……。

20. 音楽的にも見る（聴く）べきところが多い映画 （8月23日）

♪アルバム『シン・ゴジラ音楽集』
音楽：鷺巣詩郎・伊福部昭

映画『シン・ゴジラ』のサウンドトラック。映画も話題になっているが、その結果、このアルバムも現在、売上ランキングの上位に入っている。

私も観た。第一印象を言えば、名作というより「傑作」、そして「問題作」。リアリティある脚本と、ＣＧもここまで来たかと思わせる映像が素晴らしい。また、政治や外交に加え、「3・11」に関する様々な問題をまんべんなく埋め込んでいるあたりも、多様な解釈に耐えうるという点で「傑作」「問題作」の名にふさわしいと思う。

その音楽は、歌なしのインストゥルメンタルで淡々と進んでいく。精巧な映像と音像の相乗効果で、観ている者のイメージをぐんぐん広げていく。

いつごろからか、日本映画には、タイアップの主題歌が添えられるようになった。エンディングで突如流れる、映画の内容に無関係な歌詞が詰め込まれたJポップ。宣伝効果や、もろもろの利権の絡みでそういうことになるのだろうが、映画の世界観への陶酔を寸断される主題歌に、いらだちを感じた人も多いのではないか。

『シン・ゴジラ』は、そういう野暮なことはしない。エンディングに流れるのは、最新のJポップとは真逆の、オリジナル・ゴジラ（54年）のあのテーマである（アルバム内タイトルは『ゴジラ・タイトル／「ゴジラ」／終曲その1』）。我々世代みんなが知っている、あの弦楽のメロディによって、約60年間、何ら変わることのなかった、日本の様々な問題に対するイメージが、不気味に広がっていく。

映像の音の見事なコラボレーションという意味では、4年前の映画『おおかみこどもの雨と雪』（音楽：高木正勝）と並ぶ水準にある。

21 日本のリンダ・ロンシュタットを目指せ（8月30日）

♪西野カナ『あなたの好きなところ』

作詞 :Kana Nishino

作曲 :Carlos K.・Yo-Hey

最近、ラジオでよく流れている、女子高生のカリスマ＝西野カナの曲。

西野は、とっても歌が上手い。日本の歌謡界で「歌が上手い」というと、過剰なビブラートで、過剰に情念的に、過剰に朗々と歌うというイメージになってしまうが、西野カナはその対極を行く。

アイドルのような高く細い声で、ビブラートも薄く、しかし、まるでオルガンのように、完ぺきな音程で、すーっと伸びていくような歌い方なのである。

２０１０年のシングル『ｉｆ』。「こんな難しい歌をよく楽々と歌えるなぁ」と感心した。木村カエラ『Butterfly』と並ぶ、この10年の難曲度トップ2だろう。

西野カナのような歌い方が、もっと価値あるものとして捉えられなければならない。それは「歌の上手さ」の観念をもっと広げることだ。そしてそれは、多様な「歌の上手さ」を愉しむ能力を、聴き手の側が身に付けることである。

「日本のリンダ・ロンシュタット」になってほしい。私が西野カナにお願いしたいのは、そういうことだ。

70年代に活躍した米国の美人シンガー。歌は抜群に上手いのだが、情念のようなものが希薄で、たとえばバラードを歌っても、どこかカラっとしているのである。リンダに比べれば、同時期に活躍したもう一人の天才女性シンガー＝カレン・カーペンターの歌声ですら、陰鬱に感じてしまうほど。

リンダは、カバー作品に傑作を多く残した。西野も、そろそろ自作の歌詞にこだわらず、過去の名曲をカバーすればいいと、勝手に思っている。まずは、88年リリースの浅香唯の名曲『セシル』がいいのではないかと、これも勝手に思っているのだが、どうだろう。

22. 30年経っても変わらない「はぐらかし美学」（9月13日）

♪ユニコーン『エコー』
作詞：奥田民生
作曲：奥田民生

4～6月に放映されていたＴＢＳドラマ『重版出来！』の主題歌。

この曲は6月8日、驚くなかれ、何とカセットテープでリリースされた。我々世代はともかく、若い世代は、カセットを聴けるプレーヤーなんて持っていないだろうと、他人事ながら心配したのだが、8月10日に発売されたフルアルバム『ゅ13‐14』（れっきとしたアルバムタイトルです）の中の1曲として、無事リリースされることとなった。

この曲、歌詞がまた、実にユニコーンっぽい。何ともつかみどころがない歌詞。相変わらず。「頭ん中」にある「あの言葉」に「エコー」がかかっている。その「言葉」を「俺は」「声に出して」「思い出して」「くり返」す——という歌詞なのだが、肝心の「あの言葉」は最後まで明かされない。だからこの曲が、結局、何を歌った歌なのか、具体的に示されない。抽象的なままで終わる。

カセットでの発売。奇妙なアルバムタイトル。そして、つかみどころのない歌詞——これぞ、ユニコーン一流の「はぐらかし美学」！

よく考えてみたら、名曲『すばらしい日々』（93年）にしても、メロディ、歌詞ともに、つかみどころがない。「そう簡単に見透かされてたまるか。俺たちは、お前らをはぐらかし続ける愉快犯だよ」。そういうユニコーン美学が、この曲にも、しっかりと受け継がれている。

世間の需要に対して、ダラダラとよだれを流しながら、ベタなメロディと歌詞で、一身に応えようとする最近のJポップ業界の中で、ユニコーンのポジションは稀有であり、一周回ってすがすがしい。デビューから約30年、ユニコーンの心根には、未だもやっとしたエコーがかかっている。

23 この曲でSMAPはオンリーワンからナンバーワンに（9月27日）

♪SMAP『世界に一つだけの花』
作詞：槇原敬之
作曲：槇原敬之

ＳＭＡＰ解散の報せを受けて、シングルチャートの上位をキープし続ける、13年前＝２００３年発売のシングル。

今ここに来て、この曲が売れるということは、コアなＳＭＡＰファンの間において、この曲がＳＭＡＰの代表曲とされているということだ。

私は、この事実に、ちょっとした違和感を抱くのである。

私の好きな彼らの曲は、『がんばりましょう』（94年）、『俺たちに明日はある』（95年）に『Ｆｌｙ』（99年）。つまり90年代後半のシングル群である。アイドルの枠に囚われない音楽性。ちょうどそのころに流行っていた「渋谷系」の音作り。曲の向こうにオリジナル・ラブが透けて見える。

特に『がんばりましょう』は、音楽性だけでなく、バブル崩壊、そして阪神大震災の後に待ち受けていた、時代の疲労感を、的確に反映した歌詞も素晴らしい。90年代のＳＭＡＰは、明らかに「時代と寝ていた」。

しかし、98年の『夜空ノムコウ』、00年の『らいおんハート』と、人気沸騰に反して、音楽的な面白みを失っていく。そんな流れの決定打として、この『世界に一つだけの花』を捉えている。

言い換えれば、「オンリーワン」の音楽性を持っていたSMAPが、この曲の大ヒットによって、「ナンバーワン」であることを強いられ、結果、音楽的な独自性・面白みを失ったように感じたのだ。そう、この曲のメッセージに反して。

趣味ではないが、もし解散阻止のために、過去のシングルをチャートに上げるのであれば、私なら迷わず、『がんばりましょう』を選ぶ。東日本大震災後の、未だにしばらくパッとしない時代の空気に、『がんばりましょう』はぴったりだ。新曲にすら聴こえる。

24. 映画『君の名は。』の緻密な設計図の一部（10月13日）

♪ **RADWIMPS『前前前世』**
作詞：野田洋次郎
作曲：野田洋次郎

『シン・ゴジラ』と並び、2016年の映画界を代表する映画になるであろう、『君の名は。』。9月22日現在で、興行収入100億円を突破したというのだからすごい。その劇中歌がこの曲。

驚いたのは、新海誠監督によれば、RADWIMPSと2年前から連絡を取り合っていたという事実だ。脚本を見せながら音作りをし、またその音を聴いて脚本に手を入れたらしい。要するに、単なるタイアップではなく、完全な「コラボレーション」である。

その結果として、この『前前前世』の歌詞は、映画の世界とピタッとハマっている。もう映画の一部と言っていい。

では肝心の映画はどうか。傑作であることは間違いないが、私の感想を言えば、「泣ける」というよりも「よく出来ている」というものだ。音楽も含めて、寸分の狂いのない緻密な設計図を見せられた感じ。精巧で具体的で、構造的なプロット。

興行収入300億円、日本歴代興行収入第1位は『千と千尋の神隠し』（註＝当時）。『君の名は。』を緻密な具体とすれば、『千と千尋の神隠し』は巨大な抽象。ゲームでもテレビでもない映画は、根本的には、巨大な抽象であるべきだ、というのは古い考えか。

そういえば、RADWIMPSの先達とも言える、日本ロック史に残るBUMP OF CHICKENの傑作『天体観測』（01年）もイマイチ抽象的な歌詞である。『天体観測』の高みに向けて、RADWIMPSの挑戦が見てみたい。

なお音の話を付け加えれば、イントロのギターが印象的。映像を観たら、ギタリスト（桑原彰）が、高いポジションにカポタストを付けたユニークな弾き方をしていた。そのユニークネスで「イチゼロ（10）年代の布袋寅泰」になれるか。

25. セクシーになった宇多田をゲスに楽しむ曲（10月20日）

♪宇多田ヒカル『二時間だけのバカンス featuring 椎名林檎』

作詞：宇多田ヒカル
作曲：宇多田ヒカル

宇多田ヒカルのニューアルバム『Fantôme』がやたらと盛り上がっている。今回はその中から、宇多田と椎名林檎のデュエット曲、『二時間だけのバカンス』を取り上げたいと思う。

驚いたのは、歌詞を読むと明らかに不倫ソングなのである(「二時間」は密会する時間か)。あのころ10代で、色んなものを抱え込みすぎた宇多田が、様々な恋愛を重ねて30代になり、同じく98年デビューで、同じく様々な恋愛を乗り越えてきた椎名林檎と、かなり直接的な不倫の歌を歌うという事実に、深く感じ入るのだ。

また、年齢のせいか、声や歌い方がセクシャルになっている。生声に近い感じのミキシングも功を奏して、10代のころには感じなかった、宇多田のセクシャルな側面が楽しめる出来。

歌詞にある「頭の奥が痺れるようなキス」というフレーズも良く、ジャケットのおかっぱの写真もキュート。結論から言えば、宇多田史上最高に、ゲスな楽しみ方ができる曲として、お薦めしたい。

ゲスついでにゲスな余談。昔よく、「松任谷由実、大貫妙子、矢野顕子の中で、だれが一番好きか(本当はもっと直接的な表現)？」というゲスな問いかけをした。回答が大体１／３に分かれるのが面白かった。

そして今、宇多田ヒカル、椎名林檎に、同じく98年デビュー組のａｉｋｏで同じ設問を立てても、回答結果は大体１／３に分かれるのではないか。私は、この『二時間だけのバカンス』を聴いて、宇多田の評価がぐっと上がった、が、でもやはり椎名林檎に一票。

26．同じフレーズを延々と繰り返す、宇多田の意欲作（10月27日）

♪宇多田ヒカル『道』
作詞：宇多田ヒカル
作曲：宇多田ヒカル

前回に続いて、宇多田ヒカルのアルバム『Fantôme』より、冒頭を飾る『道』という曲をご紹介したい。名作や傑作というより、意欲作にして問題作。少なくとも、このアルバムの中で、もっとも独創的な曲であり、今年を象徴する一曲になるだろう

どこが独創的かというと、そのメロディだ。ある短いフレーズ（音列）が、延々と繰り返される。一種のミニマル・ミュージックである。

例えば、「♪私の心の中に」のところからは階名で「♪ドレド・ドレド～」というフレーズが繰り返され、

そしてその後のサビの「♪It's a lonely ～」からは、「♪ミミレド・ミミレド～」というフレーズが、まさに延々と繰り返されるのである。

また、この部分のキーが非常に高い裏声（ドが上のB♭）なので、「人間・宇多田ヒカル」を強調している感が強いこのアルバムの中で、この曲に限っては、まるでロボットが歌っているような、とても無機的なイメージを発しているのだ。

思い出したのは、01年の大ヒット『traveling』のイントロや歌メロに散りばめられた「♪シシラ・シシラ」の繰り返しである。ある意味『道』は、あの『traveling』の続編とも受け取れる。

フレーズを繰り返しまくるものの、トータルで約3分半。AメロからDメロ、Eメロまであって、複雑な転調を繰り返した結果、5分を超えることも多い最近のJポップの対極として捉えることができる。つくづく面白い曲だと思った。

注意がある。クルマの中でこの曲に合わせて歌ったら、裏声でのフレーズ繰り返しで貧血になりそうになった。ドライブやカラオケには合わない曲かも。

27. なぜ「星野源黄金時代」はこれからも続くのか（11月3日）

♪星野源『恋』

作詞：星野源
作曲：星野源

星野源の新曲は、星野源自身も出演するＴＢＳドラマ『逃げるは恥だが役に立つ』の主題歌。第一印象として「『星野源黄金時代』はまだまだ続いていくのだなぁ」。

昨年発売の傑作アルバム『YELLOW DANCER』そのままに、手練れのミュージシャンのファンキーな生演奏をバックに（「DANCER」性）、５音音階（ド・レ・ミ・ソ・ラで構成されるシンプルな音階）基調の東洋風のメロディを（「YELLOW」性）、息の成分の多い独特の声質で歌うという方法論を踏襲していて、これがまだまだ、他の追随を許さない、新しく面白い音として響くのだ。

さらに今回は、テンポが速くなっており、生演奏の迫力がいよいよ増している。ギターを弾いている長岡亮介（別名「浮雲」。２０１５年の『紅白歌合戦』、椎名林檎の歌の途中に登場した人）が演奏上のＭＶＰ。なおベースは、浜田雅功の息子のハマ・オカモト。

アナログな生演奏は、デジタルがいよいよ侵食する演奏シーンに対する対極。シンプルで人なつっこいメロディも、やたらと技巧に走るメロディづくりの対極。つまり星野の方法論は、一見・一聴では感じられないが、相当に挑戦的な方法論である。そしてそれを可能にするのは、星野の音楽的素養の深さだ。

まずはドラマ『逃げるは恥だが役に立つ』のエンディングで確かめてほしい。なお、そのエンディングで踊る新垣結衣が可愛いと評判だが、我々アラフィフ世代には、新垣に並んで踊る石田ゆり子の艶《なま》かしさがいい。最近の石田は、星野源の音楽同様、他の追随を許さないゾーンに入っている。

28. 木村カエラの歌は、日本をいい方向に導く（11月10日）

♪木村カエラ『向日葵』
作詞：kaela
作曲：岸田繁

10月22日公開の映画『バースデーカード』の主題歌。

白状するが、私は歌手・木村カエラのファンである。理由として、まずは声。この人の歌は、上手いというより、まず声が大きいのがいい。曲を聴くだけで、声量なんて分かるのかと思われるかもしれないが、分かる。木村カエラの歌声は、身体の芯から出て、身体全体を響かせて歌っているのが分かる声だ。

そして作詞家として、実にユニークな言葉遣いの歌詞を作るところ。言葉も豊富だが、何よりも感性がユニークなのだろう。そして、惚れた腫れたの話だけではない、もっと大きく永遠のテーマにチャレンジする姿勢もいい。

今回のこの『向日葵』も、いい声といい言葉で歌っている。映画の内容ともリンクして、自分の子供に語りかける内容の歌詞。自分が向日葵（ひまわり）で、自分が向き合っている子供が太陽という内容に受け取れる。そう、この曲のテーマは母性愛だ。

ただ、意地悪な言い方をすれば、木村カエラの作品としては平均的なものにも感じる。それは、この曲の程度が低いというより、過去に名曲があり過ぎるからだ。

名曲ぞろいのカエラ作品の中でも、代表作は２０１２年の『Sun shower』。こちらのテーマは生と死。強く推薦するので、ぜひ一度聴かれたい。ＭＶ（ミュージック・ビデオ）も必見。

向日葵は英語で「Sunflower」。木村カエラは、日本の音楽界を照らすＳｕｎ＝太陽。木村カエラが歌い続けてくれれば、日本の音楽シーンは、否、もしかしたら日本自体が、少しずつ良い方向に動いていくような気がするのだ。

29. 「生音」トレンドは、もうしばらく続くだろう（11月17日）

♪上白石萌音『なんでもないや（movie ver.）』

作詞：野田洋次郎

作曲：野田洋次郎

２０１６年エンタメ界最大のトピックである大ヒット映画『君の名は。』絡みの1曲。ヒロイン三葉《みつは》の声を担当した上白石萌音《かみしらいしもね》が、RADWIMPSによる映画の挿入歌をカバーしたものである。

と聞くと、声優の余技かよと思われるかもしれないが、これがなかなかに聴かせる、抜群のボーカル。実際のところは、もともと歌手（女優）である上白石が、今回、声優を担当したということらしい。

いつかも触れたように、この映画におけるRADWIMPSの音楽は、脚本に忠実に沿ったものであり、この曲の歌詞も、ストーリーをうっとりと思い出すのに最適だ。

面白いのが韻の踏み方。

「(タイム) フライヤー」「クライマー」「いたんだー」「クライヤー」「みたいなー」→「なんでもないやー」。英語と日本語が混合しながら、語尾がア段で統一される。また我々世代の感覚なら、タイトルは「タイムフライヤー」にするのだが、そこを『なんでもないや』とするあたりが、現代感覚なのだろう。

ピアノとストリングスだけをバックに、上白石の独唱が生々しくミキシングされている。非常にシンプルで、そして非常に生っぽい。

音楽トレンドとしての「生音」。生演奏・生歌。そういえば、このコラムで取り上げた手嶌葵、藤原さくら、宇多田ヒカル（『花束を君に』）、木村カエラは、みんなそういう「生音」な音作りだった。そして前回取り上げた星野源の生演奏。

来年も「生音」トレンドは続いていくと思う。デジタル加工音楽のオルタナティブとしての「生音」を、もうしばらく追いかけていきたいと思う。

30. サザンに対する私たちからの手紙かも（12月1日）

♪桑田佳祐『君への手紙』
作詞：桑田佳祐
作曲：桑田佳祐

桑田佳祐の6月発売のシングル『ヨシ子さん』について、この欄でこう書いた。「桑田佳祐一流のバランス感覚。ラブソングを中心に、シリアス系の曲を左に、そしてコミカル系の曲を右にした『やじろべえ』を想像してほしい」「この数十年間、『やじろべえ』は、決して左右どちらかに倒れず、絶妙なバランス感覚で安定し続ける」「ロック界の長嶋茂雄は、もっと自由にやるべきだ」。

そして予想通り、今回はシリアス系で来た。それには客観的かつ冷静に応えようと思うが、やはりあの声でシリアスに来られるとたまらない。特に今回は歌詞にやられる。

特に、桑田自身と思われる「夢追って調子こい」た男のために「バカが集まった」と来る歌詞からは、原由子はじめサザンのメンバーを想起させる。また「サヨナラ」を「繰り返し」というところには、脱退したギタリスト＝大森隆志にまで、印象は広がる。

2011年発表の『月光の聖者達（ミスター・ムーンライト）』は、ビートルズのことを歌った超・名曲。そして『君への手紙』は、曲調や歌詞から、『月光の聖者達』の続編のように聴こえる。

桑田は今回、ビートルズの次に、戦友＝サザンの他メンバーへの「手紙」を歌ったのではないか。そしてそれは、私たち世代からサザンへの「手紙」でもある。

桑田佳祐、原由子、関口和之、松田弘、野沢秀行――そして、大森隆志。桑田ほど夢も追わず、調子もこかない人生を送ってきた私たちのために、6人のバカが集まってくれて、ありがとう。おかげで、アラフィフまで生きてきたけど、人生、楽しく過ごさせてもらってるよ――以上、サザンに対する「君たちへの手紙」として。

31. この音はプラスチックスの後継だ（12月8日）

♪ピコ太郎『PPAP（ペンパイナッポーアッポーペン）』

作詞：ピコ太郎
作曲：ピコ太郎

ご存知ピコ太郎の『PPAP』。この曲を、泡沫一発屋ヒットと割り切らず、音そのものを真面目に論じてみたい。

この短い曲を、何度も聴いてみて気付いたことは、この音が「テクノポップ」だということだ。それも古典的なテクノ、具体的に言えば、YELLOW MAGIC ORCHESTRA（ＹＭＯ）とは異なる、もっとポップでキッチュな方向を突き詰めたプラスチックスの音である（ちょっとマニアックな話で恐縮）。

チープなリズムボックスとシンセベースの音に乗って、「Ｐ＝パ行」から始まる単語を使った無意味な歌詞は、明らかにプラスチックス。マニアックついでに言ってしまえば、セカンドシンクル『ｇｏｏｄ』（80年）のＢ面に収録、「Ｐ＝パ行」の単語を連発する『ＰＡＴＥ』という曲を想起した。

プラスチックスと言えば、私が中学時代に大好きだったテクノバンド。テクノと言えば、無機質・機械的などのイメージを思い浮かべるが、プラスチックスや、ＹＭＯの『ライディーン』（79年）は、少年時代の私にとって、肉体的なグルーヴの快感を教えてくれた。平たく言えば、それは少年にとっての「ロックンロール」だったと思う。

そういう「テクノな快感性」が、この曲にも含有されている（ちなみにピコ太郎が組んでいたお笑いユニット＝「底抜け AIR-LINE」時代のネタに「テクノ体操」というものがあった）。逆に言えば、この曲以外のピコ太郎の曲には「テクノな快感性」が弱い。

一発屋で終わってしまうか、もうしばらく生き残れるかは、「テクノな快感性」への自覚に関わっていると思う。

32. 心臓をギュッとつかむような声（12月15日）

♪コトリンゴ『悲しくてやりきれない』

作詞：サトウハチロー
作曲：加藤和彦

『シン・ゴジラ』『君の名は。』と来て、もうお腹いっぱいだと思っていた2016年の映画界に、追い打ちをかけるようにジワジワとのしてきた映画が、『この世界の片隅に』である。

太平洋戦争時の、つまり原爆が投下される前後の広島を舞台にした映画の主題歌。元々は、加藤和彦率いるフォーク・クルセダーズ（フォークル）が68年に発表した曲だ。

03年の映画『パッチギ！』（私のライフタイム・ベスト映画）で取り上げられた、南北朝鮮の統一への想いを歌ったフォークルの曲＝『イムジン河』が発売自粛になり、急きょ新曲を作らされることになった加藤が、『イムジン河』の楽譜を後ろからたどって作った曲と言われる。

映画『この世界の片隅に』に戻ると、「戦争映画」というイメージとは真逆に、原爆投下に至るまでの広島県の呉の日常が、抑制的に淡々と描かれている。この映画において、喜怒哀楽が爆発するのは、主人公すずが激高するワンシーンと、コトリンゴによって、「♪悲しくてやりきれない」と寂しげに歌われる、この主題歌のみだと言える。

コトリンゴの歌声は、手嶌葵『明日への手紙』や、宇多田ヒカル『花束を君に』と同様、まるで耳元で歌われているような、息の成分が多い、生々しいものである。ここで書いてきた「生音」、「生声トレンド」の波に乗っている。そういう声、そういう音が求められた時代だったのだろう。それは、息苦しい世相の反映ではないか。

主人公すずの声優を務めた、のん（能年玲奈）はコトリンゴの歌について「心臓をギュッとつかまれたよう」と表現した。まさにそういう声、そういう音である。

33.「オジサンに贈るヒット曲講座」が選ぶ年間ベストテン（前編）（12月22日）

10位：RADIO FISH『PERFECT HUMAN』
9位：木村カエラ『向日葵』
8位：桑田佳祐『君への手紙』
7位：斉藤和義『マディウォーター』
6位：ゴールデンボンバー『水商売をやめてくれないか』

今週、来週と連続で、このコラムで取り上げた楽曲の中から、私の独断で決めた、今年を代表する10曲を

「年間ベストテン形式」で発表します。今回はその前編。10位から6位までの発表を。では、早速！

＊＊＊

10位は、今年上半期最大の話題曲。お笑い番組『ENGEIグランドラム』でこの曲を初めて見たときの興奮は忘れられない。藤森慎吾のラップが素晴らしい。「リズムネタ」を超えて、音楽単体で、商品として成立している。

9位は最近作。Jポップ界の良心とも言える木村カエラの母性愛ソング。良質なバラードも、やや地味な印象もあり、名曲『Sun shower』を超えずに9位止まり。来年は、あの抜群の声量で、派手にぶっ飛ばしてほしいと思う。

8位も直近の、桑田佳祐のシングル。本来なら紅白のトリを取ってほしい曲。サビの歌詞が見事。

7位は斉藤和義の野心作。テレビ朝日系ドラマ『不機嫌な果実』の主題歌。疾走するドラムス、ベース、ギター（斉藤本人）の生演奏は、デジタル主流の音楽界へのアンチ。なお今年のジャケット大賞も差し上げたい。

最後に6位は、今年最も頭にこびり付くメロディを持ったゴールデンボンバーのこの曲。大衆を下世話に沸かせようという、彼らの強い意志に好感を持つ。今、日本の音楽界に足りないのは、下世話から逃げない勇気だ。

＊＊＊

というわけで、いよいよ来週は上位5位の発表。果たして「ヒット曲オブ・ザ・イヤー」は誰のどの曲か。乞うご期待。

34 「オジサンに贈るヒット曲講座」が選ぶ年間ベストテン（後編）（12月29日）

5位：RADWIMPS『前前前世』
4位：星野源『恋』
3位：ＡＫＢ48『君はメロディー』
2位：Suchmos『STAY TUNE』
1位：宇多田ヒカル『道』

このコラムで取り上げた楽曲の中から、私の独断で決めた「年間ベストテン形式」で発表。後編の今回はいよいよ、5位から1位までを発表！

＊＊＊

5位は、大ヒット映画＝『君の名は。』の主題歌。このバンドの魅力は、ボーカル・野田洋次郎の声と、作詞家としての言語感覚、加えてギタリスト・桑原彰のユニークな演奏。決して一発屋にはならない実力を持つ。

4位は、老若男女を躍らせた、あの「恋ダンス」の曲。星野源の音楽は、生演奏のグルーヴがとにかく気持ちいい。何度も出てくるギターの早弾きに注目。ちなみに「恋ダンス」のＭＶＰは新垣結衣ではなく、石田ゆり子。美し過ぎる。

3位。AKBの作品は出来不出来の差が激しい。そんな中、『君はメロディー』は久々の良曲。傑作『ヘビーローテーション』を受け継いだ歌詞、洋楽性の強いアレンジ、サビの切なさ、すべて合格。こういう曲を出し続けてくれれば嬉しい。

最近クルマのCMで使われた、今年1番格好いい音が2位。読みは「サチモス」。知名度はまだまだだが、実力は十分。初めて聴いたとき、年間1位は、この曲で決定かと確信したものだが……。

そしていよいよ1位。宇多田ヒカルの大ヒットアルバムの#1。アルバムの中でもダントツ。単純なメロディを、何度も何度も繰り返す実験音楽的要素と、母（藤圭子）の死を乗り越えようとする意志に読み取れる、切実さ溢れる歌詞とのマリアージュ。「人間・宇多田ヒカル」を強烈に感じさせる。今年を代表する曲。文句なし。

＊＊＊

来年もたくさんのいい曲に出会えますように。ご愛読感謝。よいお年を。

第2章

2017年

2017年の小沢健二と椎名林檎

小沢健二『流動体について』を初めて聴いたときの感激は忘れられない。比喩ではなく、本当に何度も何度も聴いた。イヤフォンではなく、スピーカーで聴くべき曲だとも思って、大きな音量でがんがん流し続け、周囲から迷惑がられた。

この5年間に聴いた曲の中で「初めて聴いたときの感激度ナンバーワン」の曲である。特に感激したのは歌詞。当時の私が「同世代音楽」と形容した「アラフィフのアラフィフによるアラフィフのための音楽」。アラフィフが昔の彼女が住んでいた家のあたりをウロウロするという、ある種不気味な設定の歌詞だと想像するのだが、この不気味な設定は、アラフィフ男子のツボに染みるものでもある（男はそういうことをする生き物だ）。

「ポップスは若者のもの」という観念の崩壊は、歓迎すべきことだと思う。50歳近くまで平均年齢が上がってきた国なのだから、そんな国におけるポップスは、アラフィフに向けられて当然なのだと居直ってみたくなる。ポップスが中高年の方向に「流動」していくキッカケとしての『流動体について』を大いに楽しんだ17年だった。

この年のMVPは椎名林檎。Doughnuts Hole『おとなの掟』の作詞・作曲に加え、紅白でも披露した椎名林檎とトータス松本『目抜き通り』と八面六臂の活躍。圧倒的な創作意欲が汲めども尽きぬ1年。

野球用語でいう「地肩の強さ」。後天的に鍛えたのではなく、元々の、生まれ持っての肩が強いという意味。

この年あたりからの安定的な創作活動を見るにつけ、椎名林檎の「音楽的な地肩の強さ」を確認する。そして、「椎名林檎地肩発表会」と化しているのが、ここ毎年の紅白なのだが。

この年の段階の星野源について、既に私は「長期安定政権」と評している。第69回で取り上げた『Family Song』は、私にとっての「星野源フェイバリット」だ。「イエロー・スキンド・ソウルの傑作」と書いている（今となってはやや危なっかしい表現だが）。で、例えば、この『Family Song』も、聴きようによっては、若者よりも、私たち世代により懐かしく・気持ちいい、アラフィフ向け音楽と言えなくもないと思うのだ。

前年のMVP＝宇多田ヒカルに加えて、小沢健二、椎名林檎、星野源と、２０１０年代後半の役者が揃った感がある。「ヒット曲」の名にふさわしいポップさを保持しながら、音楽的にとてもウェルメイドで、アラフィフが聴いても・聴き続けても、十分納得するクオリティを提供する音楽家たち。

言い方を変えると、リリースされてから数カ月間だけ、カラオケボックスで歌われて、そのまま消えていくような「平成Jポップ」とは、位相のまったく異なる音楽が、私の耳を支配はじめた年だ。

翌年の「米津玄師ショック」を待ち構える音楽シーンは、私にとって、アラフィフにとって、とても気持ちのいい様相を呈していた。

35. 真島昌利は、日本のボブ・ディランである（1月12日）

♪AAA『ハリケーン・リリ，ボストン・マリ』
作詞：真島昌利
作曲：真島昌利

今年もよろしくお願いいたします。新年一発目は、今や少し懐かしい、昨年末の『紅白歌合戦』で記憶に残った曲＝AAA（トリプル・エー）の『ハリケーン・リリ，ボストン・マリ』について。

あの紅白のほぼしょっぱなに、出演者全員がタオルを回して、盛り上がったあの曲だ（AAAメンバー・浦田直也のボーカルが良かった）

実は紅白以降、あの曲の歌詞が、頭からこびりついて離れないのだ。

ポイントは、謎のタイトル。『ハリケーン・リリ，ボストン・マリ』って何だ？　作詞は、元ブルーハーツ、現クロマニヨンズの真島昌利。

色々と検索してみたが、特に意味はない模様。それどころか、歌詞全体に意味が分からない。

しかし、強く頭に残る。そして、強烈な印象を喚起する歌詞なのだ。

ポイントは、歌詞の中に組み込まれているフレーズの強さだろう。

「鍋のすす」を「顔中」「塗りたく」るというシュールさ、「臆病者」の「やさしさ」は「無責任」というメッセージ、最高に強烈なのは「ゲッベルスの幽霊」。ゲッベルスとは、アドルフ・ヒトラーに仕えた、ナチスの「宣伝大臣」のこと。
意味は漠然としていても、印象は強烈。これは、ロックにおける歌詞作りの重要なポイントではないだろうか。

何が言いたいのかというと、それは、ボブ・ディランのことである。

彼の歌詞も、翻訳を読んでもさっぱり意味が分からないが、それでも、英語圏では、ある強烈な印象を残すのだろう。だからこそ、ノーベル文学賞受賞までに至ったと考えられるのだ。

新年一発目の結論。「作詞家・真島昌利に、まずは芥川賞を！」。

36. これぞ、「ニュー・ニューミュージック」（1月19日）

♪ back number『ハッピーエンド』
作詞：清水依与吏
作曲：清水依与吏

今回取り上げるのは、back number（バックナンバー）の新曲。群馬県出身の三人組。

若者には多大な人気を誇るが、その評判が、我々オジサン世代にはほとんど聞こえてこない、かなり「世代間ギャップ」のあるバンドである。

売りは恋愛ソング。もっと言えば失恋ソング。とにかく「泣ける」そうなのだ。若い女性の間では、カラオケボックスで、彼らの「泣ける」歌詞を歌って紹介しあい、「泣けるね」と共感しあうのが流行っているらしい。

この曲も、タイトルとは異なり、完璧な失恋ソング。歌詞もよく出来ていて、これは確かに「泣ける」。その上、女性のモノローグの歌詞を男性が歌っている。この構造は、言ってみれば、南こうせつとかぐや姫『神田川』（73年）と一緒だ。

オジサン世代として聴いてみて感じたことは、これはJポップというより、新しいニューミュージック＝「ニュー・ニューミュージック」だということ。

昭和50年代の音楽シーンと今を比較して、アイドル音楽も、ヤンキー音楽も両方に存在する。ただし、当時のニューミュージックが担っていた、「泣ける」「切ない」「哀しい」音楽の市場が今、空いていた。そこにすっぽりハマったのが彼らではないかと、考えられるのだ。

より具体的に言えば、当時のオフコースだ。大ヒット『さよなら』（79年）など、珠玉の失恋ソングで当時の女性を泣かせまくった、あのポジションにback numberは近付いている。

そして、達者なソングライティング能力を持つボーカリスト＝清水依与吏《しみずいより》は、次世代の小田和正になれる可能性があるとさえ思うのだ。

37. THE BOOM『島唄』の流れを継ぐ息の長いヒット（1月26日）

♪浦島太郎（桐谷健太）『海の声』

作詞：篠原誠

作曲：島袋優（BEGIN）

ご存知、昨年、携帯電話のCMタイアップでヒットした曲で、『紅白歌合戦』で歌われた影響か、未だに息長く売れ続けている曲でもある。

作曲は、BEGINの島袋優。森山良子の『涙そうそう』（98年）、BEGIN自身による『島人ぬ宝』（02年）に続いて、「BEGIN（のメンバー）作曲による、沖縄テイスト（楽器や音階）を活かしたヒット曲のシリーズ」に入る。

そんなシリーズへの地盤作りをしたのは、THE BOOMの大ヒット曲＝『島唄』（92年）だと思う。スケール感で聴く者を圧倒する超名曲。BOOMは沖縄出身ではないものの、色んな地方に由来する曲を多く作り、沖縄についても、『OKINAWA～ワタシノシマ～』（02年）という傑作アルバムを残している。

歌うは「浦島太郎（桐谷健太）」。若いころの玉置浩二にも似た、水分の多いハスキーな発声が面白い。歌唱力は、さすがに玉置浩二とは比べるべくもないが、紅白で観る限り、声量はかなりありそうだ。今後に期待したい。

それにしても、TBSドラマ『タイガー&ドラゴン』(05年)の端役の端役、いつも小さいTシャツを着ている通称「チビT」が、10数年経って国民的な歌手になるとは。あのドラマのファンとして、感慨深いものがある。

しかし個人的にはこの『海の声』よりも、『ミュージックステーション』でも披露された、桐谷のアルバムのタイトルチューン=『香音―KANON―』のほうが面白いと思った。作曲をした桐谷の幼なじみ=Polar Mという人の特異な才能を感じた。

38. 宇多田の「人間的歌い方」に今年も期待(2月2日)

♪宇多田ヒカル『光―Ray Of Hope MIX―』

作詞:宇多田ヒカル
作曲:宇多田ヒカル

1月11日から配信されたこの曲は、日本をはじめ全9ケ国で1位を獲得。さらに、26ケ国・地域でベスト100入り、全米iTunes総合ページでは日本人アーティスト最高位となる2位にランクインという快挙を成し遂げたという。

原曲は2002年のヒット、宇多田ヒカルが台所仕事をする、妙なミュージックビデオが印象的な『光』である。

さて、年末年始の宇多田は、テレビで大活躍だった。昨年の12月23日には、TBSの『クリスマスの約束2016』に出演、そして大晦日はご存じNHK『紅白歌合戦』に。その大晦日には、自身が出たNHK『SONGS』も再放送。このコーナーが選ぶ昨年の1位に輝く超・難曲＝『道』を歌い切っていた。

とりわけ『クリスマスの約束』で歌った『花束を君に』が良かった（逆に、紅白はコンディションが悪そうだった）。他のゲストをすべて食ってしまった感のある朗々としたボーカル。正直、デュエットした小田和正すら不要と思わせる素晴らしい出来栄えだった。

比べて、『光』を発売したころの宇多田は、必要以上にノドを詰まらせるように歌っていた（特に01年のシングル『Can You Keep A Secret?』に顕著）。当時、世間は彼女を「天才」と褒めちぎったが、私はあの歌い方が好きになれなかった。実際、先の『SONGS』でも、宇多田本人が当時を振り返って、「苦しそうな歌い方してましたね」と話していた。

例の「人間活動宣言」は「人間的歌い方宣言」だったのかもしれない。今、宇多田のボーカルは、明らかに一皮むけた。今年も彼女に、猛烈な期待をしたい。

39. 「ミスチル節」の向こう側にあるもの（2月9日）

♪ Mr.Children『ヒカリノアトリエ』
作詞：桜井和寿
作曲：桜井和寿

ＮＨＫの朝ドラ『べっぴんさん』のテーマ曲として、毎朝お茶の間に流れているあの曲。「あぁ、『ミスチル節』だなぁ」というのが、第一印象。やたらと高いボーカルのキー、跳躍の多いメロディ、ドラマティックな転調、譜割りの複雑さ（カラオケでかなり歌いにくいと思う）と、あらゆる「ミスチルらしさ」が詰め込まれている。

というわけで、ミスチル・ファンの需要には、完璧に応える曲だと思う。ただし、私のような、ミスチルに対してニュートラルな人間としては、ここ最近の「ミスチル節」は、少しばかり苦手に感じるのだ。

思えば、ブレイクした93～95年頃から、「ミスチル節」は完成されていた気がする。ただ、当時の桜井和寿が持っていた「そこいらからぽっと出てきた青年」感が、印象を中和していた。

そして今、強固に完成された、強大な「ミスチル帝国」から発せられる「ミスチル節」を耳にして、アラフィフ・リスナーとしては、一種の圧迫感を受けてしまう。

言いたいことは、ほぼ同世代（46歳）の桜井和寿による、もっとシンプルで、普段着の歌を聴いてみたいということである。

さて、ドラマ『べっぴんさん』の方は、年末までは観ていたが、ついに観なくなってしまった。あまりにもスイスイと進んでいく、起伏のないストーリーに飽きてしまった。こっちの方は、もっと跳躍やドラマティックさが必要だったと思う。「ミスチル節」のように。

同じような時代、地域、業種を取り上げていた、同じくＮＨＫ大阪制作朝ドラの傑作＝『カーネーション』の、あの怒涛の展開が懐かしくて仕方がない。

40．２０１７年を代表する曲になるだろう（2月16日）

♪ **Doughnuts Hole「おとなの掟」**
作詞 :Sheena Ringo
作曲 :Sheena Ringo

実は別の曲についての原稿を書き上げていたのだが、急遽この曲に変更した。それくらい、この曲について書きたくなったのだ。ストレートに言えば、素晴らしい曲である。２０１７年の年間ベスト級だと思う。

しかし、その割には、見知らぬ名前のユニットだと思われるだろう。これ、実はＴＢＳの話題のドラマ『カルテット』のエンディング曲で、ドラマに出演している、松たか子、満島ひかり、高橋一生、松田龍平による番組限定ユニットが歌っているのだ。

と書くと、単なる企画モノのように感じられるかもしれないが、それが違う。抜群の出来なのである。作詞・作曲：椎名林檎。昨年末の『紅白歌合戦』も含め、ここ最近の椎名のクリエイティビティは、とんでもない水準まで来ている。

先の4人が弦楽四重奏のカルテットであるというドラマの設定に合わせた、ストリングス中心のカラオケが聴きものである。日本歌謡界では、ほとんど例がないのではないか。個人的には、上田知華＋KARYOBINの中ヒット『パープルモンスーン』（80年）を思い出した。さらに記憶をたどれば、ビートルズの『エリナー・リグビー』（66年）となる。

そしてその上に乗る、松たか子、満島ひかりのボーカルの素晴らしいハーモニー。一瞬、椎名林檎自身が歌っているように感じてしまったほどだ。

このドラマは、「平成の山田太一」（私命名）＝坂元裕二の脚本が相変わらず光っている。言葉を徹底的に磨き上げた脚本と、ストリングスとボーカルを徹底的に突き詰めた音の詰め合わせ。たまには余計なことを言わずに、ストレートにおすすめさせていただく。

41. これぞ2017年の声（2月23日）

♪竹原ピストル『Forever Young』
作詞：竹原ピストル
作曲：竹原ピストル

「時代の声」というものがあると思う。前回取り上げた「ミスチル節」も、1995年前後の「時代の声」だった。もっと昔、84年であれば、前年暮れにさっそうと現れた安全地帯・玉置浩二のあの声だ（そのあたりのことを書いた私の新刊『1984年の歌謡曲』―イースト新書―が発売されました。ぜひごひいきに）。

この曲を聴いて、この声こそが今年の声だと強く感じた。生声でひたすら野太く、時代の閉塞感に寄り添い、そして突き刺さる声。

声の主は、竹原ピストル。野狐禅《やこぜん》というグループでデビュー（シングル『自殺志願者が線路に飛び込むスピード』―03年―が名曲）。解散後、ソロに。

並行して俳優としても活躍し、昨年の映画『永い言い訳』の好演で、キネマ旬報ベストテン助演男優賞を受賞。

そしてこの曲は、TBS『カルテット』と並んで、本クール注目のドラマ、テレビ東京『バイプレイヤーズ～もしも6人の名脇役がシェアハウスで暮らしたら～』のエンディングテーマだ。

遠藤憲一、大杉漣、田口トモロヲ、寺島進、松重豊、光石研。そんな熟年世代の名脇役たちにスポットを当てた、新しい感覚のドラマに用意された曲は、タイトルからして、我々世代への応援歌でもある。50を超えたオヤジたちの声に、昔日のハリはない。しかし過去に甘えず未来に向かおう。そんな意志を込めたであろう、「萎《しお》れた声」で「新しい歌をうたおう」という歌詞にシビれた。

17年のオヤジにのしかかる閉塞感や疲労感を、ズキュンと撃ち抜く、まさにピストルのような声。時代の声。

42.「多幸感」溢れる「同世代音楽」（3月2日）

♪小沢健二『流動体について』

作詞：小沢健二
作曲：小沢健二

あえて名付ければ「同世代音楽」。小沢健二の突然の新曲＝『流動体について』に抱いたのは、そういう感覚だ。

てっきり自分よりも5歳以上ほどは下だと思い込んでいたのだが、検索すれば現在48歳。4月には49歳になるとのこと。私（50歳）とほとんど変わらない「同世代」だ。

思えば20代のころ、「オザケン」を死ぬほど聴いた。アルバム『LIFE』は、おそらく90年代に最も聴いたアルバムだろう。

そんな当時の曲=例えば、先週の『ミュージックステーション』でも歌った『ぼくらが旅に出る理由』にも通じる、キラキラした「多幸感」が、今回の新曲にはある。

歌詞の内容は難解ながら、読み解けば、おそらく小沢自身の経験を歌っているようだ。

現在小沢が住むアメリカから、飛行機で羽田空港に着いて、高速に乗って、東京の「港区」に向かい、昔の彼女が住んでいた家を通り過ぎたときに、もし、その彼女と結婚したら、どんな人生を歩んだだろうと妄想する歌詞。邪推この上ないが、その彼女とは、当時噂になった、あの女性タレントのことかも。

つまりは、あまりカッコいい内容ではないのだ。ただし、我々の年齢にもなれば、そういう経験は何度となくある。昔の恋人の名前を検索バーに入力したりもする。そういう我ら「同世代」の感覚がしっかり詰まっている「同世代音楽」である。

小沢健二に、継続的な活動は要らないと思う。今回のように突然新曲をリリースして、その都度その都度、元気な顔を見せてくれればいい。「流動体」のようにフラフラしながら、50歳、51歳、そして還暦の「オジサン・オザケン」を、ちらりちらりと見せてくれれば。

43．カセットテープ・ブームが問うもの（3月9日）

♪Happiness『REWIND』
作詞 :Emi Tawata
作曲 :KENTZ・CHRIS HOPE・MARIA MARCUS

Happinessとは、Dream、Flowerなどとともに E-girlsを構成するユニットの一つである。

曲調は、ギンギンのハードロックにラップが乗るというもので、昨今の女性アイドルが強調する「少女性」「未成熟性」の対極を行っている。

さて、注目はタイトルだ。『REWIND』とは「巻戻し」のこと。ジャケットにはカセットテープ。つまりこの曲の歌詞は、恋愛とカセットテープの巻戻しを絡めているのである。

「カセットテープ歌謡」で思い出すのは、山口百恵の『プレイバックＰａｒｔ２』（78年）。「プレイバック」は「再生」の意味となる。

カセットテープが静かなブームだ。16年10月24日の毎日新聞で、中目黒のカセットテープ専門店「ｗａｌｔｚ」の店主である角田太郎氏がこう語っている。

「曲をスキップできないカセットテープでは、A面の1曲目からB面の最後まで音楽と対峙《たいじ》して、楽しさを再認識できる」。

まさに「対峙」。カセットテープで、曲をスキップせず、しっかりと聴くこと。いい曲ならば巻戻して聴くこと。その繰り返しが、音楽文化を創ってきたのではないか。

私自身、デジタルプレーヤーで曲をどんどんスキップするのが習慣になっている。その結果生まれるのは、知っている曲・聴きたい曲だけに包まれた、狭い狭い音楽世界だ。

逆に言えば今、本気で「対峙」するべき歯ごたえのある曲がどれほどあるのか。作り手・聴き手双方の、音楽への姿勢が問われている。

44. この春、スタジアムに向かうときの曲 （3月16日）

♪ SHISHAMO「明日も」

作詞：宮崎朝子
作曲：宮崎朝子

携帯電話のCMで話題となった女の子三人組バンド＝SHISHAMO。あのCMで使われている、あの元気な曲が、この『明日も』である。

80年代後半のPRINCESS PRINCESSあたりから日本の音楽界に定着した女性バンドの流れだが、その流れに新しい流れを上乗せしたのが、チャットモンチーだと思う。それは、プリプリや、さらにはSHOW-YAのように、男性に負けないパワーで押していくというよりは、等身大の普通の女の子が、楽器を持って歌っている感じ＝「女（の）子バンド」という流れである。

その流れの中で、個人的に好きな曲は、チャットモンチーでは『風吹けば恋』（08年）と、ねごとというバンドの『カロン』（11年）。また、こちらはあまり「等身大」「普通」感はしないものの、赤い公園の『NOW ON AIR』（14年）という曲は最高だった。

このSHISHAMOの魅力は、ボーカル&ギターの宮崎朝子の声である。最近人気のソロシンガー＝ｍｉｗａと並んで、今もっとも魅力的な声の女性ボーカリストだと思う。極端にシャウトしない、「等身大」「普通」感あるボーカルがいい。

さて、この曲は、川崎フロンターレのサポーターのことを歌っているという。SHISHAMOのメンバーもフロンターレが好きで、ＭＶは等々力競技場で撮影されたという。そう言われれば、サッカーの季節が始まる春にぴったりの曲調でもある。

野球の季節も開幕間近。告白すれば私はマリーンズファンである。私にとって野球の季節とは、幕張に通いつめる季節である。今季はこの曲を聴きながら、京葉線に乗りこんで海浜幕張を目指したい。

45. その声はアラフィフを倒錯させる（3月23日）

♪**miwa「SPLASH」**
作詞：miwa
作曲：miwa・NAOKI-T

その可愛い顔立ちと、子供っぽい風体、やたらと前向きそうな歌詞を見て、「いかにも私には無関係な歌手」だと、ずっと思いこんでいた。

しかし、NHK-FMの彼女の番組『ミューズノート』を偶然耳にして、強烈に感じたのだ――「この声はヤバイ!」と。「癖になりそうな声」と抽象的に書くと伝わらないかもしれない。具体的に言えば、アラフィフのオッサンを妙な気持ち＝言わば「倒錯した気分」にさせる声なのだ。声の「温度」と「湿度」のバランスが絶妙。おそらく倍音の構成が独特なのだろう。

洋楽で言えば、趣きは少し異なるが、ノラ・ジョーンズや、さらにさかのぼればジョニ・ミッチェル。彼女たちのように、響きだけで人を圧倒する何かが、miwaの声にはある。

そういえば、その雰囲気より、同じように「いかにも無関係」と思っていた西野カナについても、いつかここで書いたように「日本のリンダ・ロンシュタット」になれる器として見れば、一気に親近感が湧いた。miwaも、ノラ・ジョーンズを通してみると、アラフィフとの間に補助線が引かれる。

あの顔、あの風体、あの声で歌われる『SPLASH』。特に中盤でmiwaが、何度か「SPLASH!」と叫ぶところをテレビで観て、失禁しそうになった（嘘）。

最後にまったく余談。関東地区で土曜日に復活した文化放送『ミスDJリクエストパレード』のDJ＝千倉真理の声にも、同じような「倒錯感」を感じてしまう。miwaは26歳、千倉真理54歳。2017年のラジオ界は、声フェチにはたまらない「倒錯ボイス」の宝庫だ。

46. 飛んで跳ねるリズムこそ、ももクロ（3月30日）

♪ももいろクローバーZ×サイプレス上野とロベルト吉野×Dorian
『蒼い星くずfeat. ももいろクローバーZ×サイプレス上野とロベルト吉野×Dorian』

作詞：岩谷時子
ラップ詞：サイプレス上野
作曲：弾厚作・Dorian

加山雄三の過去の名曲を、（加山よりは）若者の音楽家が、ヒップホップ風にリメイクするという趣旨のアルバム＝『加山雄三の新世界』。

今回は、その中のベストトラックである、『蒼い星くずｆｅａｔ．ももいろクローバーZ×サイプレス上野とロベルト吉野×Dorian』という、長い長いタイトルの音源をご紹介したい。言うまでもなく１９６６年の加山のヒット曲＝『蒼い星くず』のリメイクだ。

ベストたらしめているのは、とても冴えた、ももいろクローバーZ（ももクロ）のラップである。そしてこれを聴いて、群雄割拠の女の子アイドル市場から、ももクロを抜け出させたのは、その跳ねるようなリズム感だと、改めて感じ入ったのだ。

ももクロに関して言えば、『行くぜっ！怪盗少女』（10年）や『サンタさん』（11年）など、前山田健一（ヒャダイン）作曲の初期作品を好んで聴いていた。それらには、ピョンピョンと跳ねるようなリズム感が、容量いっぱいまでインストールされていた。

しかし、布袋寅泰（『サラバ、愛しき悲しみたちよ』―12年―）や中島みゆき（『泣いてもいいんだよ』―14年―）など、大物音楽家の起用に傾倒していく中で、そんなリズム感、躍動感、ひいてはそれらのベースにある「初期的少女衝動」のようなものが鳴りを潜めたと、個人的に感じた。

そんな中、今回のリズミカルでキュートなラップは、ＡＫＢ48や乃木坂46などに対しての、ももクロのワン・アンド・オンリー性を再確認させるものである。

リズムに飛んで跳ねてこそ、ももクロ。そんなノリの活躍を期待したいと思う。やや「ヒャダイン原理主義」的な発言かもしれないが。

47. あの「卒業ソング戦争」を思い出す（4月6日）

♪**大原櫻子『ひらり』**
作詞：亀田誠治
作曲：亀田誠治

広瀬すずのチアガール姿がキュート過ぎる、映画『チア☆ダン』の主題歌。絵に描いたような「卒業ソング」である。ミュージックビデオ（MV）にもセーラー服姿の女子学生が出てくる。

その上、音作りも「ザ・79年サウンド」である。これは、私が拙著『1979年の歌謡曲』（彩流社）で提唱した概念で、例えば、岸田智史『きみの朝』や、ばんばひろふみ『SACHIKO』など、アコースティック楽器を、ストリングスが美しくくるんでいる音。作詞・作曲・編曲は亀田誠治。椎名林檎のプロデュースで著名な亀田には、こういう芸風もあるのかと驚いた。

さて、こういう曲を聴いていると、「卒業ソング」市場が、未だに現存するんだと思い、微笑ましくなる。

そして、自分が高校を卒業した85年春に突如勃発した、「卒業ソング戦争」を思い出すのである。

85年1月に尾崎豊、2月に斉藤由貴と菊池桃子と、『卒業』というタイトルの曲が、相次いで発売されたのである。

特に、たった一週間のあいだに立て続けに発売された、斉藤由貴と菊池桃子の「卒業ガチンコ対決」の激しさたるや。あの頃の、ういういしく可愛い斉藤と菊池が、同じテーマ・同じ時期に、正面からドーンとぶつかったのが、85年2月。

結果は、斉藤が26万枚、菊池が39万枚で、菊池の勝利。これは斉藤盤の作詞＝松本隆に対して、菊池盤の作詞＝秋元康が勝利し、松本↓秋元へ、作詞家の覇権が手渡された瞬間であった。

あれから32年。秋元康はその覇権を未だに誰にも手渡さず、そして18歳だった私は50歳になってしまった。

48. 前提を笑い飛ばす金爆の偉さ（4月13日）

♪ゴールデンボンバー「＃CDが売れないこんな世の中じゃ」

作詞：鬼龍院翔
作曲：鬼龍院翔

テレビ朝日『ミュージックステーション』（Mステ）では、しばしば事件が起こる。

最も衝撃的だったのは、2003年、当時人気のロシアの女性二人組ユニット＝t.A.T.u.が楽屋から出て来ないまま番組をボイコットした「t.A.T.u.ドタキャン事件」だ。そして3月31日の「Mステ3時間スペシャル」で起きたことも、一種の「事件」として記憶されるだろう。

そこでゴールデンボンバーは、この新曲を歌ったのだが、途中でボーカルの鬼龍院翔が「どうせCDが売れないこんな世の中だから、無料であげるよ！」「（スマホで）読み込みやがれ！」と絶叫し、同曲が無料でダウンロードできる配信QRコードを、画面の端々に露出させたのだ。「CDが売れない世の中」を嘆く歌の中で、無料ダウンロードを促すという皮肉、というかヤケクソのパフォーマンス。

私は、これをとても面白く見た。そして、その昔の歌謡曲が持っていた話題性・事件性を一人で背負おうとする彼らの姿勢を、とても「偉い」と思ったのだ。「CDが売れない世の中」への対処法。（1）複数枚無理やり買わせる仕組みを作る。（2）配信にシフトする。（3）CD販売ではなくライブで商売する。そして、彼らが選択したのは、これら三つのありがちな選択肢ではない4つ目の、（4）ヤケクソになって「事件」を起こして話題を呼ぶ、だったのだ。

景気が悪いことなんて、音楽業界では既に前提であり結果ではない。だとしたら、そんな前提など笑い飛ばせばいいのだ。なぜならば、それが歌謡曲であり、ロックであり、エンタテインメントなのだから。

49. 藤原さくらのブルージーな埋蔵量（4月20日）

♪藤原さくら『春の歌』

作詞：Masamune Kusano
作曲：Masamune Kusano

藤原さくらの新曲は、映画『3月のライオン』の後編の主題歌で、スピッツの同名曲のカバー。

藤原さくらという人の、音楽家としての埋蔵量は認識していたつもりだったが、今回の『春の歌』を聴いて驚いた。

ブルージーなのだ。

もう少し言葉を足せば、ダルでアンニュイでブルージー。こんなに「黒い」スピッツがあるものかと、びっくりした。

それは、スピッツ版にある「青春の清廉性」みたいなものをまるで感じさせない、憂き世の苦悩を知りつくしたような、枯れた「春」である。

そんな藤原さくらにとって不幸なのは、現在の日本の音楽シーンが、ブルース色の極めて弱い状態になっていることだ。

今のヒットチャートに色があるとすれば「黒い」の対極、真っ白。

例えば、オリジナル・ラブがヒットしていた時代、そのちょっと前の上田正樹『悲しい色やね』（82年）の時代、さらにその前、藤原さくらの事務所の大先輩であるサザンオールスターズが『涙のアベニュー』（80年）などのブルージーな名曲を歌っていた時代に、藤原さくらがデビューしていたら、もっと大きな支持を集めていたかもと思うのだ。

才能と時代のミスマッチ現象――。

繰り返すが、藤原さくらはとんでもない埋蔵量を感じさせる。大きく羽ばたいてほしい。そのためには眼前のシーンに負けず、そのブルージーな音楽感性を、決して眠らせないことだと思う。

50. この意味のないこの歌詞はヤバイ（4月27日）

♪ヤバイTシャツ屋さん『ヤバみ』
作詞：こやまたくや
作曲：こやまたくや

バンド名が「ヤバイTシャツ屋さん」である。そして曲名が『ヤバみ』。

歌詞にひっくり返った。冒頭、早口の英語のラップ（?）を畳み掛けるように聴かせた後、「英語で歌ってみたけど意味がない」と落とす。なんだそりゃ!?

そして歌詞は全編、この歌詞に意味がないことをひたすら訴える。そして、なぜ意味がないのかという理由について、「本当に言いたいもの」は「伝わらない」のだからと開き直る。面白い。

思い出すのは、約40年前、サザンオールスターズ『勝手にシンドバッド』（78年）を初めて聴いたときのことである。歌詞の意味の解体。当時全盛期を迎えていた作詞家・阿久悠が「意味のない歌詞を歌える桑田佳祐が羨ましい」という意味のことを話していた。

そして約30年前に聴いた岡村靖幸の歌詞にも驚いた。意味が解体されているばかりか、言葉が「リズムを形成する1ツール」と化していた。要するにパーカッションのような位置にあった。

一時期ツイッターで流行った、Jポップの歌詞イジリ＝「翼広げ過ぎ　瞳閉じすぎ　君の名を呼び過ぎ会いたくて会えなさ過ぎ……」。

桑田佳祐が、岡村靖幸が、その他多くの優秀な音楽家がイノベーションした歌詞世界をガン無視するかのように、ありがちで平凡な歌詞が、今のチャートには溢れている。そんな中、この『ヤバみ』の歌詞は久々のインパクトである。

よく考えたら、桑田佳祐も岡村靖幸も、デビュー当初はイロモノ扱いされた。ヤバイTシャツ屋さんも、正直ちょっとイロモノ扱いされている感じだ。しかし低く見積もってはいけない。真のイノベーションは、半笑いの中からやってくる。

51 はなわにとって麻薬になりはしないか（5月5日）

♪はなわ『お義父さん』

作詞：はなわ
作曲：はなわ・寺岡呼人

今話題のこの曲は、この春から静かなブームとなり、ジワジワと盛り上がってきた曲である。はなわの妻の誕生日に、はなわがプレゼントした曲だという。歌詞の内容は、妻が生まれてすぐに蒸発した父（＝はなわにとって義父）に呼びかけるというもの。

それを動画サイトにアップしたところ大人気となり、再生回数は百万回を超えたという。

唐突に思い出したのは、80年代後半に、確か専修大学の学園祭で見た嘉門達夫（現：タツオ）のライブ。そこで嘉門が、「コミックソングを歌っている人は、年を取ると真面目な歌を歌いたがるようになりますが、僕は一生、コミックソングを歌い続けようと思います」という内容のMCをしたことだ。

あと、「コメディアンから俳優に転身して大成功した森繁久彌に強く憧れて、昭和のコメディアンの多くは、真面目な俳優になろうとした」という、小林信彦の指摘も、併せて思い出すのである。

何が言いたいかというと、この曲のような、シリアスな方向性の作品は、コメディアンにとっての「麻薬」かもしれないということだ。

この曲を否定するつもりはない。しかし、麻薬、それも常習は、さすがにおすすめできない。大げさに言えば、「人間やめますか」ならぬ「コメディアンやめますか」にまで、なりかねないからだ。

03年に『佐賀県』をヒットさせたはなわだが、出身は実は関東だという（埼玉県→千葉県。ただし小6から佐賀県へ）。その感じは悪くない。

この曲も、大ヒットした後に、はなわが「すいません、実は、事実からかなり盛ってました」と白状すれば、危ない麻薬を断つことができると思うのだが。

52. 2017年の目抜き通りを進んでいく椎名林檎（5月11日）

♪椎名林檎&トータス松本『目抜き通り』

作詞：椎名林檎
作曲：椎名林檎

さる4月28日にオンエアされたテレビ朝日系『ミュージックステーション』は、私のような熟年音楽ファンを、大いに喜ばせるものだった。

まず、矢野顕子×上原ひろみの『ラーメン食べたい』。グランドピアノ2台による、即興性の高い演奏。

特に上原の、鍵盤の上で指が跳躍するようなピアノ演奏に度肝を抜かれた。

そして、この『目抜き通り』。椎名林檎とトータス松本が、その個性的なボーカル同士をぶつけ・まとわりつかせる、スケールの大きなハーモニーに圧倒されたのだ。

曲調で言えば、東京事変の『女の子は誰でも』（11年）にも似た、椎名林檎お得意と言っていい、スウィング・ジャズ風である。ただし、今回のほうが、さらにパワーアップ。最長不倒距離を更新した感がある。

「世界に自信を持って紹介できる日本のロックは何か」を考えることがある。向こうの猿真似ではなく、日本人としてのオリジナリティをしっかりと加味した音楽。私の個人的な回答は、10年ほど前から変わらない――憂歌団と椎名林檎だ。

そう言えば、椎名が作詞作曲した、ドラマ『カルテット』の主題歌＝Doughnut Hole『おとなの掟』も、今年ベスト級に素晴らしく、２０１７年が椎名林檎の年になるニオイがぷんぷんしてきている。

今年、椎名林檎が、目抜き通りを堂々と進んでいく。その通りの先に広がるのは、世界だ。

53. 印象に残る好タイアップ曲（5月18日）

♪キリンジ『エイリアンズ』
作詞：堀込泰行

作曲：堀込泰行

音楽市場が縮小しているということは、80〜90年代の音楽市場を支えてきた、タイアップの力が縮小しているということだと思う。

そんな中、この春流れていた、のん（能年玲奈）を起用した某通信会社のCMは、久々の好タイアップだった。使われていたのは、キリンジの『エイリアンズ』という00年発売のシングル曲。

このファルセット（裏声）で切々と歌われる、ホール&オーツのような淡々としたバラードをバックに、余計なナレーションを削ぎ落とし、最低限の情報と商品名をのんが話すという、今どき珍しい、とてもシンプルなCMである。

Jポップの、張り裂けるような高音ボーカル大会に疲れると、こういう落ち着いたファルセットが聴きたくなる。なお、この『エイリアンズ』には秦基博のカバーがあって、そちらのファルセットも、実に素晴らしい。

それにしても、『あまちゃん』から3年経っているという事実に感じ入る。一時期メディアであまり見かけなくなったのんだが、こういう形、こういういいCMで復活するのを、まことに喜ばしく思う。まさに「10年に1人」の才能である。いろんな事情があるにせよ、このままで終わってほしくない。このままで終わる才能なんかじゃない。

54. ディーバから都会派歌謡への転身を（5月25日）

♪シェネル『Destiny』
作詞：松尾潔
作曲：川口大輔

ここ最近のお気に入りの曲である。

TBSドラマ『リバース』の主題歌で、歌うは、シェネルという聞き慣れない名前のシンガー。公式サイトによれば、「ロサンゼルス在住、洋楽・邦楽の境界を越えて、いま最も注目を集めている〝トータル・ダウンロード数1000万突破〟の実力派シンガー」とのこと。

ちなみに、Apple Musicでシェネルを検索すると、「同じタイプのアーティスト」として出てくるのが、BENIやMay J.。要するにそういう「洋楽的ディーバ系シンガー」として見なされているということである。

しかし、そういうイメージと裏腹に、この曲を聴いて想起したのは中森明菜だ。80年代後半の、哀愁ある都会派歌謡で、女王として君臨していたころの中森明菜。

シェネルも、中森明菜同様、声に暗さがあり、それがこの「2017年の哀愁都会派歌謡」を成立させている。

これはなかなかだと思いシェネルの他の曲も聴いたのだが、そちらは申し訳ない、「洋楽的ディーバ系シンガー」のイメージ通りで、食指があまり動かなかった。

言いたいことは、本当に歌唱力のあるシンガーが、「ディーバ」ともてはやされながら、単なる「洋楽もどき」に閉じてしまうことのもったいなさである。そして、そういう「ディーバ」の中の何人かでも、中森明菜やちあきなおみ、そして美空ひばりへの方角に、向かってくれたらいいのにという願いである。

だからシェネルにはいっそのこと、ロサンゼルスから赤羽あたりへ引っ越ししてくれないかとお願いしたいのだ。半分冗談、半分マジで。

55.「平成のはっぴいえんど」になれるか（6月1日）

♪ **RADWIMPS『棒人間』**
作詞：野田洋次郎
作曲：野田洋次郎

映画「君の名は。」で知名度を一気に高めたRADWIMPSによる、奇妙なタイトルの曲である。日本テレビ系ドラマ『フランケンシュタインの恋』主題歌。

歌詞で歌われる「棒人間」とは、人間そっくりなのだが、人間ではない存在。しかし、その存在は、「誰かのために生きてみたい」「人間でありたい」と強く願っているのだ。この「棒人間」、未来や生き甲斐が見い出せない若者を例えたものだと思ったが、どうだろうか。

とにかく歌詞が素晴らしい。独特の文学性のようなものが、たっぷりと込められている。文学性とか意味性などから逃げよう逃げようとしてきた、ここ10年くらいのJポップのコトバの中で、この歌詞は、いっそう際立って見えてくる。

前回、この連載でRADWIMPSを取り上げたときは、BUMP OF CHICKENと比較をした。しかし、単なる音の印象や編成から、バンプと比べるのではなく、むしろ、そのコトバへの強烈なこだわりから、たとえば「平成のはっぴいえんど」として捉えるべきではないかと思い始めている。

そういえば、この曲が収録されたアルバム「人間開花」に収録された楽曲＝『トアルハルノヒ』の歌詞もまた、抜群に素晴らしい。リスナーとの「10余年」ぶりの出会いを歌う劇的な歌詞。「♪ロックバンドなんてものを　やってきてよかった」というフレーズには、正直ちょっと励まされた。

バンプが拓いた土壌に、RADWIMPSやクリープハイプなど、新しく独自の言語感覚を持ったギターバンドが花を咲かせている。好ましいと思う。彼らの新しいコトバを聴きたい。そして、読みたい。

56. 2017年版『ジュリアに傷心』（6月8日）

♪F-BLOOD『孤独のブラックダイヤモンド』
作詞：藤井フミヤ
作曲：藤井尚之

F-BLOOD。「えふ・ぶらっど」と読む。フミヤと尚之、チェッカーズを支えた藤井兄弟のユニットである。この曲は、彼らの「配信限定デジタルシングル」。

拙著『1984年の歌謡曲』（イースト新書）で、同年のチェッカーズの大活躍を、克明に書き記した。その上、この年の「MVP」として、大絶賛した。しかし同書の発売後、同様に絶賛した、大沢（現・大澤）誉志幸や安全地帯についての反応の多さに比べて、チェッカーズについては、あまり反応がないのだ。

チェッカーズの再評価が盛り上がらない理由。おそらく未だに、単なる「アイドルバンド」として、たかをくくられているのかもしれない。藤井郁弥（現・フミヤ）の歌唱力、安定したリズムセクション、完璧なビジュアル戦略などが、もっと評価されてもいいと思うのだが。

そんな中、この曲である。響きとしては、チェッカーズ最大のヒットにして最高傑作＝『ジュリアに傷心』の2017年版という感じ。フミヤのボーカルは一段と迫力とツヤを増し（ミキシングが素晴らしい）、尚之のサックスは吠える（という表現がぴったり）。あの傑作『ジュリアに傷心』が帰ってきた！

要するに「歌謡ロック」である。この曲は、そして30数年前のチェッカーズが切り拓いたものは。そして現在、「歌謡ロック」のポジションは、すっぽりと空いていた。だから、この音が、新鮮に聴こえてくる。

しかし今「歌謡ロック」ポジションが空いているからこそ、チェッカーズの再評価が盛り上がらないのかもしれない。スナックと酒と、そして色っぽい熟女に合う、この曲のような「歌謡ロック」を、私はこよなく愛する者である。

57. 質的なバンドブームの到来か（6月15日）

♪クリープハイプ『イト』

作詞：尾崎世界観
作曲：尾崎世界観

RADWIMPSやUNISON SQUARE GARDENなどとともに、今、ロックバンド界を牽引する存在となっているクリープハイプの11枚目となるシングルである。

この三つのバンドに共通するのは、歌詞の言葉遣いとギターの弾き方の面白さ。特に歌詞の独創性は、「平成のはっぴいえんど」たちと評してもいいくらいだ。

この曲も、まずタイトルからして『イト』である。「イト」とは何かと歌詞を探ると「糸」と「意図」がかかっているのだから、ずいぶんと凝っている。

そんな仕掛けの多い言葉が、ボーカル・尾崎世界観の奇妙な声で朗々と歌われるのだから、インパクト十分だ。

この尾崎世界観という人の独特の言語感覚は、彼の著書『苦汁１００％』（文藝春秋）にも表れている。久々に登場した「自分の言葉」を持った音楽家だと思う。

それにしても、最近のロックバンド界の面白さはどうだろう。

よく考えたら、音楽がデスクトップでちょちょっと簡単に作れる時代に、あえて何人かで集まって、わざわざスタジオまで行って、練習を繰り返すという、面倒くさい選択をした若者、という段階で、本気感とエネルギーが違うのだろう。

先に書いたギターの弾き方の面白さも、デスクトップでは出来ないことをやってやろうという意気込みの結果なのかもしれない。

80年代後半のバンドブームは量的なものだった。その結果、粗製乱造のような状態になってしまったのだ。そして今、質的な意味でのバンドブームが来ていると思う。「平成のはっぴいえんど」たちに期待したい。

58. センチメンタルなりりっくのぼうよみを（6月22日）

♪ぼくのりりっくのぼうよみ『SKY's the limit』

作詞：ぼくのりりっくのぼうよみ
作曲：DYES IWASAKI・Johngarabushi

Ｊポップは、今や世界的に浸透し尽くしたヒップホップ／ラップの影響をかわし続け、遠ざけ続け、メロディ中心の音楽性を何とか保持してきた、世界でもまれな音楽ジャンルだと思う。

そんなＪポップに偏重した日本において、「ぼくのりりっくのぼうよみ」というアーティスト名は挑戦的だ。「りりっく」＝リリック（ラップの歌詞を表す用語）という時点でニュアンスが強いし、それを「ぼうよみ」するというのだから、複雑でもある。

しかし、そんな印象を吹き飛ばすのが、この曲である。一言で言えば「ど・ポップ」。やたらと明るくて、賑やかで、そして売れ線である。上に書いたような、Ｊポップ対「ヒップホップ／ラップ」の対立の図式など、夏の風に吹き飛ばされる勢いだ。

思い出したのはRIP SLYMEのことである。「Ｊポップ」と「ヒップホップ／ラップ」の融合点に、すっと着地してヒットを量産した彼らの音楽性。今回のこの曲も、RIP SLYMEで言えば、彼らの大ヒット曲＝『楽園ベイベー』（02年）の後継と捉えればいいのではないか。

ただ、ぼくのりりっくのぼうよみの他の作品を通して聴いて思ったのは、彼の本質は、一見今っぽい乾いたリズムの中に埋め込まれた、強烈なセンチメンタリズムにあるということだ。そういう意味で、この曲は、その本質からはやや外れている。

期待したいのは、RIP SLYMEで言えば『楽園ベイベー』ではなく、名曲『Ｏｎｅ』（01年）の後継である。例えば、昨年の『after that』のようなぼくの「センチメンタルな」りりっくのぼうよみである。

59.「斉唱」より「独唱」で聴きたい課題曲（6月29日）

♪ＡＫＢ48『願いごとの持ち腐れ』

作詞：秋元康
作曲：内山栞

ＡＫＢ48の新曲『願いごとの持ち腐れ』を巡る話題について、一つ目は「3拍子であること」だ。日本のヒット曲で3拍子はかなり珍しい（ここではこの曲を6／8拍子ではなく3拍子と解釈）。

思いつくままに言えば、古くは『ゴンドラの唄』や『知床旅情』『星影のワルツ』、後は五木ひろし『千曲川』や伊藤咲子『乙女のワルツ』、岩崎宏美『あざやかな場面』、平松愛理『部屋とYシャツと私』あたりか。

いずれにしてもかなりレアである。

3拍子の元を辿れば、要するにワルツであり、つまりはダンスミュージック。肉体的な音楽ジャンルなのである。

そう考えると、特にこの曲では、AKB独特の「斉唱」が気になってくる（一部ハーモニーパートがあるが）。斉唱とは、複数の人間がユニゾンで歌うこと。メンバー一人ひとりの肉体性・個性がかき消される斉唱ではなく「独唱」で聴きたいと思う曲である（個人的好みでは山本彩の声で）。

二つ目の話題は、この曲が「NHK全国学校音楽コンクール」の課題曲に決まったことだ。

「『さすがにAKBは来ないだろうね』って、ずっと話していたんです。それが現実になるとは……」とベテラン指揮者・田久保裕一はため息をついたという（AERA dot. 4月14日）

私が考えるのは、この曲が課題曲として適切かどうかというより、そもそも課題曲というものが必要なのかということだ。好きな曲を好きな編曲で歌えばいいのではないか。それが真の音楽教育というものだろう。

それでも、どうしても課題曲が必要というのなら、歴史に残る大傑作＝赤い鳥『翼をください』（71年）を永遠課題曲にすればいいと思うのだ。

60 忘れられない『Sun shower』（7月6日）

♪木村カエラ『HOLIDAYS』

作詞：木村カエラ
作曲：A×S×E

木村カエラにしては、非常にポップな音となっている。同じくＣＭソングとなった、２０１０年の『Ring a Ding Dong』（ＭＶ必見）などを思い出す出来である。

言わば、木村カエラのイメージの一面をなす、「元気で明るいポップアイコン」を踏襲した曲だ。

確かに、木村カエラ自身に、そういう方向性へのベクトルが宿っている。自分で詞を書く人なので、今回の「♪Let's enjoy the HOLIDAYS!」的な世界観も、彼女の中から出てきたものだと言える。

でも正直、あくまでファンの一人として言わせていただければ、その方向よりも、もっと内省的な世界観の音楽を聴きたいと思ってしまうのだ。

ポップアイコン方向がツマラないというより、あの内省的な世界観を、独特な言語感覚で表現した歌詞が、あの抜群の声量で歌われる楽曲が素晴らし過ぎるからである。そしてその頂点にあるのが、12年の『Sun shower』だ。

これは、桑田佳祐のコミカル路線に感じることと同じだ。還暦を超えたのだから、『ヨシ子さん』のようなコミカルな曲よりも、『月光の聖者達（ミスター・ムーンライト）』（11年）のような珠玉のバラードに執心してほしいと思う。

　対して、木村カエラはまだまだ若いが、それでもどちらかと言えば『Sun shower』の方向性の比率を高めてほしい。それが、おそらく彼女のファンの中でも最高齢に近いであろう、私の意見である。

　言い換えれば、「休日を楽しもう！」よりも、人間・木村カエラが「休日にぼーっとしながら、心の中で考えていること」を聴きたいのだ。

61 大阪風下世話ソウルの系譜（7月13日）

♪ジャニーズWEST『おーさか☆愛・EYE・哀』

作詞：松尾潔
作曲：松尾潔・豊島吉宏

　この連載において、ジャニーズ系、ＥＸＩＬＥ系、ＡＫＢ系からの選曲を、できるだけ控えることにしている。今、チャートを占めているこれらの「系」以外からの、新興勢力を支援したいという気持ちがあるからだ。

しかし、ヒット曲評論をする限り、その三つの「系」にも耳を澄ませなければならない。そうすると掘り出し物もある。今回は、ジャニーズ系から、久々に目、ではなく耳を惹いた1曲を。

サウンドは、一言で言えば「黒人音楽っぽい」「ソウルっぽい」っということになるのだが、EXILE系のような「おしゃれソウル」ではない、言わば「下世話ソウル」なところがいいのだ。

その下世話さは、タイトルに表れている。『おーさか☆愛・EYE・哀』だから、下世話以外の何物でもない。プロデュース・作詞・作曲は、松尾潔。EXILEの楽曲を手がける「おしゃれソウル」の仕掛人のようなイメージがあったので、正直驚いた。

思い出したのは、70年代の山下達郎サウンドである。代表曲は1978年の『BOMBER』（この曲とイントロがそっくり）。あの派手派手しい「下世話ソウル」サウンドが、大阪のディスコから火を付いて、そこから約40年にわたって繁栄し続ける「達郎帝国」が築かれるのだ。

あと一つ思い出したのは、こちらも「下世話ソウル」と言えなくもない、ドリームズ・カム・トゥルーの名曲『大阪LOVER』（07年）のことである。この曲の歌詞とサウンドは、『大阪LOVER』に対する優秀な返答と言えると思う。

山下達郎からドリカムを経て、ジャニーズWESTへ。日本人の黒人音楽解釈は、大阪風「下世話ソウル」がいちばんやと思うわ。

62. 薬師丸と陽水の「めぐり逢い」（7月20日）

♪薬師丸ひろ子『めぐり逢い』

作詞：井上陽水
作曲：井上陽水・佐藤準

おすすめしたいFM局がある。大阪のFM COCOLO（ココロ）だ。私は関東在住だが、ラジコ（エリアフリー）経由で、この局を日中流しっぱなしにしている。

選曲の方針は、ずばり「OVER45」。45歳以上に刺さる洋楽邦楽を重点的にかけている。高齢化社会が叫ばれて久しいが、このような選曲方針を敷いたFM局は、ありそうでなかった。おすすめ番組は、平日夕方の『MARK'E MUSIC MODE』。

そしてこの薬師丸ひろ子の新曲も、FM COCOLOでのヘビーローテーションで知った。それほど派手な曲ではないのだが、毎日聴いていくごとに、齢50の身体に染みていく。そして結局、この曲収録のアルバムを買ってしまった次第。

そのアルバムは薬師丸ひろ子『Best Songs 1981-2017～Live in 春日大社～』。タイトル通り、これまでの代表曲を歌う、奈良・春日大社におけるライブ盤である。劣化しない声質と声量、そして完璧なピッチ（音程）で歌いきる、薬師丸の凄みを実感する1枚なのだが、そのアルバムの一番最後に、この新曲が収録されているのだ。

井上陽水との出会いが良かったのではないか。来生たかおや大瀧詠一、松任谷由実など、アクの強い作家陣の曲を歌い続けてきた薬師丸だが、陽水の素直なメロディとの相性がいい。薬師丸による「井上陽水ソングブック」のようなアルバムも聴いてみたくなる。

なお、この『Best Songs 1981-2017』というアルバム、歌詞カードの薬師丸が美し過ぎる。また、収録された大瀧詠一作詞・作曲『夢で逢えたら』（76年）のカバーは絶品。星の数ほどあるこの曲のカバーの中でも屈指だと思う。

63. 作曲家草野マサムネの底力（7月27日）

♪スピッツ『1987→』
作詞：草野正宗
作曲：草野正宗

スピッツの結成30周年を記念した3枚組ベストアルバム『CYCLE HIT 1991-2017』に収録された新曲である。

ボーカル&作詞作曲の草野マサムネいわく「バンド結成当初の〝ビートパンクバンド〟スピッツの新曲という想定で作った1曲」ということらしい。確かに、スピッツ一流のセンチメンタルなミドルテンポではなく、ビートパンク、ひいては俗に言う「メロコア」のイメージがする曲だ。

しかし、Hi-STANDARDやMONGOL800のような、代表的な「メロコア」バンドに比べて、やはりメロディが優美なのである。そこかしこに丁寧な工夫が凝らされているのだ。このあたりに作曲家・草野マサムネの底力を感じる。

独特な声質を持つボーカリスト（おそらく倍音の構成が変わっている）としても優秀だと思うが、草野マサムネという人の私が注目をしたい才能は作曲家として、である。一時期は「平成の筒美京平」になれるかと、大いに期待をしたものだ。

同じく作曲の才能が光る音楽家として、くるりの岸田繁がいる。ただ、作曲家・岸田繁が「作品」に向かっている感じがするのに対して、草野マサムネの作曲は「商品」として完成されている感じがするところが、根本的に異なる。

優美で、センチメンタルで、一億人の心をキュンとさせるメロディ――。

作曲家・草野マサムネの最高傑作はやはり『空も飛べるはず』（94年）となろう。「女子高のコーラス部が歌ったら胸がキュンとして泣いてしまう楽曲」ランキングがあるすれば、赤い鳥『翼をください』（71年）を抑えて、今の日本で1位に輝く曲だと思う。

64.「傑作の次作のハードル」に負けるな（8月3日）

♪宇多田ヒカル『大空で抱きしめて』

作詞：宇多田ヒカル
作曲：宇多田ヒカル

宇多田ヒカルの新曲は、昨年の『道』に続いて、飲料会社のCMタイアップ曲となっている。「傑作の次作のハードル」を感じたのが正直なところだ。さすがに個人的に昨年のナンバー1である『道』、そして、これも個人的に昨年のナンバー1アルバム＝『Fantôme』の標高の高さから比べたら、やはりより低く感じてしまう。

そういう音楽的な評価に加えて、この曲の歌詞にも「傑作の次作のハードル」を感じてしまった。宇多田ヒカル本人によれば「会えないと思った人と再会する」というテーマの歌詞なのだが、それを聞いた後、この曲の歌詞を読めば、この曲もどうしても、宇多田の母親＝故・藤圭子のことを歌っていると思えてしまって、仕方がないのだ。

昨年の『道』のテーマは、明らかに藤圭子のことを歌っていた。その印象が強烈過ぎて、この曲の印象にも影響を与えてしまう。これも一種の「傑作の次作のハードル」だろう。

さて、今年に入って、宇多田ヒカルの同期にしてライバル＝椎名林檎の勢いが止まらない。作詞作曲した

Doughnuts Hole『おとなの掟』、トータス松本とのデュエット『目抜き通り』の素晴らしさ。

宇多田も「ハードル」に負けず、さらなる高みに到達してほしい。そして、もう一人の同期＝ａｉｋｏも同じくだ。

というのは、この「同期女性トライアングル」の音楽には、洋楽の猿真似ではない独創性を、強く感じるからである。

「宇多田」「椎名」「ａｉｋｏ」のローマ字頭文字を並べてみるといい。その3文字、名前からして、アメリカとタイマンを張っているのが分かるだろう。

65. これが「日本のビートルズ」だ（8月10日）

♪桑田佳祐『若い広場』
作詞：桑田佳祐
作曲：桑田佳祐

言わずと知れた、ＮＨＫ朝ドラ『ひよっこ』の主題歌である。

先月、『サザンオールスターズ 1978-1985』（新潮新書）という本を上梓した。初期サザンの歴史を追った本なのだが、書いていて強く感じたのは、桑田佳祐のサービス精神である。最早、業《ごう》に近いものがある。この曲も、サービス精神に溢れていて、とても楽しい。

今回書きたいのは『ひよっこ』のある名シーンについて。舞台はビートルズ来日（66年）のときの東京。ビートルズ狂いの宗男（峯田和伸）が、主人公みね子（有村架純）含む、下宿の若者たちに、ビートルズの素晴らしさを独特の話法で説くシーン。

「思ってたことをよ、かっこつけずに思い切り叫ぶと、なんだか疲れがとれるっぺ、それに笑えるっぺ――それがビートルズだ」

そして、空に向かって宗男が「東京で待ってっぞ、ビートルズ！」と叫ぶ。その瞬間、バックにこの『若い広場』が――。

感動するのは、当時の日本人のビートルズに対する強烈な憧れと、その約50年後の桑田佳祐という、「日本のビートルズ」と形容してもまったく違和感のない音楽家の手による音楽が、オーバーラップするところである。

66年＝昭和41年、日本にやってきた本物のビートルズと、17年＝平成29年、日本に君臨する「日本のビートルズ」が出会うメタ・フィクション。

約50年前の宗男に伝えたいのは、「50年後には『日本のビートルズ』がいるよ！」ということである。

桑田佳祐は、8月にニューアルバム発売、秋からは大規模ツアーを展開するという。日本のビートルズも、本物のビートルズ＝ポール・マッカートニーも、働く働く働く。

66. ロックンロールは青臭い（8月24日）

♪銀杏BOYZ『エンジェルベイビー』

作詞：峯田和伸
作曲：峯田和伸

銀杏ＢＯＹＺのニューシングルである。と言って分かりにくければ、峯田和伸がボーカルのバンドのニューシングル、それでも分かりにくければ、こう説明する――ＮＨＫ朝ドラ『ひよっこ』の宗男さんのバンドのニューシングル。

歌詞にシビれる。「ここじゃないどこか」を思っていた「自意識と自慰で息がつまる頃」にスピーカーからロックが僕に「ここにしかないどこかへ」と叫ぶ――。

「ここにしかないどこかへ」というフレーズがいい。ロックンロールとは、現実逃避ではなく、現実と真正面に向き合う勇気なんだ、という青臭い言い草に、改めてリアリティを与える力がある。

同じようなテーマの曲として、レコードプレイヤーが「スイッチを入れろよ。いつでもおまえ十四才にしてやるぜ」と「僕」に言う、ザ・ハイロウズ『十四才』（01年）がある。

そしてこちらは、それほど認知度がないと思われるが、私自身の思春期を彩った曲として、THE SHAKESの『R・O・C・K・TRAIN』（86年）という曲がある。こちらは「耳元に飛び込んできたロックンロール」が

「次はお前　お前がやるんだ」と「俺」に言う。

まぁ、とにかく青臭い楽曲たちだが、青臭い物言いこそ、今の「ロック」界に最も足りないものだと思う。

そして、朝ドラの宗男のこの台詞とつながって、青臭さがとても愛おしくなる。

「思ってたことをよ、かっこつけずに思い切り叫ぶと、なんだか疲れがとれるっぺ、それに笑えるっぺ――それがビートルズだ」

ロックンロールとは、「ここにしかないどこかへ」行く方法。

67. 星野源は「長期安定政権」へ（8月31日）

♪星野源『Family Song』
作詞：星野源
作曲：星野源

星野源が「長期安定政権」になった感がある。言いたいことは、ここ数年、出す曲、出す曲、平均点以上を叩き出しているということだ。

そんな中でも、今回の『Family Song』はかなりいい。個人的には星野源のベストになりそうだ。

印象としては、ブルー・アイド・ソウル（白人ソウル）ならぬ「イエロー・スキンド・ソウル」（日本人ソウル）の傑作。こういうミドルテンポのソウルっぽい曲で、星野源の湿った声質は、また実によく合う。

さて、「長期安定政権」になっているのだから、わがままも言わせてほしい。この曲のMV、星野源が昭和の主婦のようなコスプレをして歌っているのだが（その上、妙に可愛い）、そういうのが何とも苦手だ。おそらく、星野ファンの女性は、ああいうのを見て「キャー」となるのだろうが、齢50のオッサンとしては、何とか避けて通りたいと思うのだ。

とはいえ、星野にお金をたくさん払っているのは女性だろうから、オッサンのわがままに耳を貸す必要もなかろうが。

一つ提案がある。男性限定ライブをやってくれないか。昔のユニコーンや、最近では福山雅治がやっている企画。そういうのがあれば、ぜひ足を運んでみたい。

星野源は、女性だけのものではない。オッサンのためのソウルシンガーでもあるのだ。

ちなみにこの曲は、ドラマ『過保護のカホコ』の主題歌。このドラマ、それなりに話題を呼んでいるようだが、高畑充希の極端な演技が、個人的にはしんどかった。

高畑は未来を背負う大女優になる素質を持つ金の卵である。安易に扱わず、大切に大切に演出してほしいと思う。

68. 桑田の作曲力と人生観を愉しむ1枚（9月7日）

♪**桑田佳祐『オアシスと果樹園』**

作詞：桑田佳祐
作曲：桑田佳祐

話題の桑田佳祐ニューアルバム『がらくた』。

このタイトルは反語である。どちらかと言えば、「がらくた」的に、種々雑多なものが詰め込まれていたのは、前作の傑作アルバム『MUSICMAN』（11年）であり、今回は、もう少し綺麗にまとまっている。「まとまっている」と言うと、否定的な表現に聞こえるかもしれない。確かに前作における『月光の聖者達（ミスター・ムーンライト）』や『それ行けベイビー!!』のような、爆発的な名曲は収録されていないのだが、平均点で言えば、今回の方が上ではないか。

雑誌『Ｐｅｎ』の17年9月1日号（桑田佳祐特集号）によれば、桑田によるこのアルバムの企画書には「いろんなジャンルの歌謡曲を歌いたい」と書かれていたという。そう考えれば、このアルバムは、歌謡曲作曲家としての桑田が持つ、ソングライティングの底力が表れた15曲を愉しむべき作品のように思えてくる。

逆に歌詞は、まだ「がらくた」的に雑多なのだが、透けて見えるテーマとしては、還暦を超えた立場からの人生観だ。

ご存じ『ヨシ子さん』に加え、老齢ロッカーの悲哀を描いた『過ぎ去りし日々（ゴーイング・ダウン）』や、「いつまでも若く」と歌うバラード＝『春まだ遠く』、そして、このアルバムの中では比較的派手に響く、この『オアシスと果樹園』についても、「満員電車を降りる潮時」というフレーズに、同年代リスナーへのシンパシーを感じるのだ。

これはサザンオールスターズとしての前作『葡萄』（15年）にも共通するもので、今後桑田は、このテーマを中心とした音楽活動を続けていくのだろう。それは10歳下の私にとっても、好ましいことである。

69. ガールズバンドねごとが大名曲に挑戦（9月14日）

♪ねごと『空も飛べるはず』

作詞：草野正宗

作曲：草野正宗

ガールズバンド「ねごと」のニューシングルは、主演：土屋太鳳の映画『トリガール！』の主題歌で、ご存知スピッツの大名曲『空も飛べるはず』（94年）のカバーである。

大名曲ということは、カバーとしては難敵だということだ。

このカバーも正直『空も飛べるはず』を、ねごと流に完璧に料理しきれたとは言い難い。しかし、その緩さとキュートさで、何とか合格点にたどり着いたという感じか。

辛口のコメントに聞こえるかもしれないが、それくらい『空も飛べるはず』が名曲だと言いたいのだ。米国における『ゴッド・ブレス・アメリカ』のような「第2の国歌」にして、サッカーや野球の試合の前に歌えばいいとさえ、私は思っているのだから。

そんな、ねごとのこの曲の評価をぐんと上げるのは、そのジャケットである。野暮ながらネタを明かせば、ザ・フーの『キッズ・アー・オールライト』(79年)のジャケットのパロディ。可愛過ぎる。こういうのに、ロック好きのオジサンは弱いと思う。っていうか、そのオジサンとは、私のことだけど。

さて、ねごといえば、11年のデビュー曲『カロン』である。あの曲のサビ=「♪きみに会えるのー」のところのコード進行を聴いて、大げさではなく「日本人のコード感覚が新しい時代に入った」と思ったものだ。

最近、男性バンド界の活況に対して、ガールズバンド界はやや沈静化している気がする。

だから、ねごとへの期待は大きい。「トリガール」ならぬ「バンドガール」として、大きく空に舞い上がってほしいと思っている。

70.「享楽テク」による楽しい愉快犯（9月21日）

♪ **UNISON SQUARE GARDEN『10% roll, 10% romance』**

作詞：田淵智也
作曲：田淵智也

小沢健二の新曲が何とも掴みどころがないので、それは次回に回して、今回は耳について離れないこの曲を取り上げる。

その曲とは、UNISON SQUARE GARDEN（バンド名）の『10% roll, 10% romance』（曲名）。以下、バンド名を「USG」と略す。

「楽しい！」――曲を聴いた感想は、実にシンプルなものだ。そしてそれ以外の感想が思い浮かばない。音楽評論家としては「音楽なんて楽しけりゃいいんだ」とは言いにくいが、でも「楽しい方がいいに決まってる」とは言えるし、言いたい。

超絶技巧の演奏と、言葉数の多い早口ボーカル。その構造自体は、ゲスの極み乙女。と共通。しかし、ゲスの極み乙女。の方が、純粋にテクニックを追求しているように見えるのに対して、USGは、人を楽しませるためのテクニックという感じがする。「純粋テク」と「享楽テク」の戦い。

私がUSGを知ったのは、前作シングルの『シュガーソングとビターステップ』。ラジオで聴いて、耳から離れなくなった。そしてその延長線上にあるこの曲も同じく。「享楽テク」は、耳への粘着力が強い。

思い出したのは、古い話になるが、78年のデビュー当時のサザンである。ツイスト、Ｃｈａｒ、原田真二という「ロック御三家」に対して、コミカルな愉快犯的に攻め入ったサザンの姿が、例えば、RADWIMPSのような思索的なバンドのムーブメントに対する、愉快犯としてのＵＳＧの姿と共通するのだ。

今ライブで観たいバンド、ナンバーワン。50歳のオッサンが見たら、ヘトヘトに疲れそうだが。

71. 二元論が健康的に機能する世界へ（9月28日）

♪小沢健二とSEKAI NO OWARI『フクロウの声が聞こえる』

作詞：小沢健二
作曲：小沢健二

小沢健二の新曲ではなく、「小沢健二とSEKAI NO OWARI」のデビュー曲である。

聴いてみて、前作『流動体について』ほどの痛快感はない。「あのオザケンがアラフィフになって、今の東京に帰ってきた！」という感慨を撒き散らした前作に対して、今回は「そのオザケンが、またメルヘンの世界に帰っちゃった」という印象である。それも、冷静に考えれば、セカオワの世界に、引き寄せられたのだと解釈できる。

ただ、単なるふわっとしたメルヘンの世界ではない。聴き込んでみると、時代へのメッセージが埋め込まれている感じがする。今回、聴き手が掘り起こすべきテーマは「一元論と二元論の戦い」ではないか。


歌詞で語られるのは、「本当と虚構」「絶望と希望」「混沌と秩序」の共存する世界を求めるというメッセージだ。個人的に想起したのは、最近のメディアやSNSの息苦しい現状。「不倫は悪だ!」と全マスコミが、議員や女優を袋叩きにすることとか、少し筆が滑った書き込みをすれば、またたくまに「炎上」することとか。

メディアやSNS、本来なら自由闊達な意見交換のために発達したはずのシステムが、むしろ「一元論」の方角に規制するために機能しているという矛盾。この曲は、そんな現状に対して、メルヘンの皮をかぶりながら、ふわっとメッセージしているような気がするのだ。

ただし、これも個人的には、リアリティに溢れた『流動体について』の方を推す。映画界やスポーツ界に比べて、音楽界では特にお手盛りな「評論」ばかりが占める中、こういう意見があってもいいだろう。「二元論」として。

72. アラフォー・ミュージック! (10月6日)

♪ SOIL&"PIMP"SESSIONS feat.Yojiro Noda『ユメマカセ』

作詞：Yojiro　Noda
作曲：SOIL& "PIMP"SESSIONS

最近のお気に入り。よく出来た音楽。

「SOIL& "PIMP" SESSIONS」は、日本の5人組インスト・ジャズバンド。「feat.Yojiro Noda」は、映画『君の名は。』の音楽で有名となったバンド、RADWIMPS のボーカリスト＝野田洋次郎をフィーチャリングした（共演した）という意味となる。

TBS金曜ドラマ『ハロー張りネズミ』の主題歌だったという。そのドラマ、私は見ていなかったのだが、この曲のMVをテレビで見て、興味をそそられて、配信で購入して聴き込んだ。

基本的には、昨年『STAY TUNE』でブレイクしたSuchmos（サチモス）の流れにある音である。ただ、Suchmos よりも「線が太い」（＝「線が細い」の対義語）。そして、こちらの方が少々大人っぽい。Suchmos が、20代が聴くイメージだとしたら、こちらはさしずめ「アラフォー・ミュージック」という感じである。

20代の頃にクラブに通いつめていて、結婚、子供も生まれ、今40代を目前としている――そんなアラフォーが聴くべき音楽として、この曲はピッタリだと思う。

邦楽市場を考えるとき、ついつい「若者音楽：ジャニーズ・AKB・エグザイル」対「老人音楽：歌謡曲・演歌」という二元論で考えてしまいがちだ。しかし、その真ん中に「アラフォー・ミュージック」という概念を置き、そこに、この曲や椎名林檎の最近作あたりを置いてみると、邦楽市場が俄然、豊かに見えてくる。

大げさに言えば「アラフォー・ミュージック」には邦楽の未来があると考えている。

73. 次は「Give Me Up」？（10月13日）

♪荻野目洋子『ダンシング・ヒーロー（Eat You Up）』

作詞:A.Kyte・T.Baker
日本語訳詞：篠原仁志
作曲:A.Kyte・T.Baker

突如起きた「ダンシング・ヒーロー・バブル」。1985年のヒット曲ながら、今月2日付けのビルボードジャパン・ホット100チャートで、何と2位にランクインした。

再ヒットのきっかけはこの8月、高校ダンス部日本一を決める大会で、大阪府立登美丘高校が、バブル時代を彷彿とさせる「ボディコン」に身を包み、同曲に乗せてダンスを披露し、準優勝したことにある。そのダンスがユーチューブで拡散、そして、この曲も最脚光を浴びることとなったのである。

そもそもこの曲は、不思議な生命力を持っている。実は最近、盆踊りの定番曲として、日本各地でよく使われ、踊られているというのだ。

生命力の源は何なのか。

「♪ラララ・ラッララ・ドッシッ・ラ」というキャッチーなイントロ、そのイントロに乗った荻野目洋子のダンス、そして荻野目の独特の声質などが挙げられると思うのだが、やはりキャッチーなイントロの力が、いちばん大きいと思う。盆踊りの映像をユーチューブで見てみても、イントロから一気に盛り上がっているのだから。

こうなってくると「80年代後半ユーロビート・アイドルソング」の再ブームが来るのではないかと見るのだ。『ダンシング・ヒーロー』に続く再ヒットは何か？

長山洋子『ヴィーナス』（86年）、真弓倫子『アイ・ハード・ア・ルーマー』（87年）……うーん、ちょっと小粒か。

あっ、女性二人組のＢａＢｅ（ベイブ）がいたぞ。彼女らの『Give Me Up』（87年）はどうだろう。再結成してくれないか。私は、大きい方＝二階堂ゆかりのファンだったのだ。

74. 布袋寅泰の人間臭さに耳を澄ませたい（10月20日）

♪布袋寅泰『Dreamers Are Lonely』

作詞：布袋寅泰
作曲：布袋寅泰

10月25日に発売される、布袋寅泰3年ぶりのオリジナル・アルバム『PARADOX』の中の1曲である。

私にとって布袋寅泰は、BOΦWYというより、吉川晃司とのユニット＝COMPLEXにおけるイメージが強い。

布袋と吉川――これぞ「日本人離れ」という、巨大な二人によるパフォーマンスを生で観たとき、当時バブルの最高潮だったことも相まって、「日本はアメリカに本気で勝てるのではないか？」と感じたものだ。

そんなCOMPLEXの衝撃から30年弱、このアルバムは、かなり「社会派」である。「内戦」「失業」「兵士」「革命」などの歌詞が、これでもかと歌われている。

そんな中で、この曲では「夢を見る人（ドリーマーズ）は孤独（ロンリー）である」という、内省的な歌詞が淡々と歌われていて、異彩を放つ。

布袋寅泰という人には、内面や情緒とは遠いところで、音楽を機械的に量産する人という印象が強かったので、「孤独」という言葉とは結び付きにくかったのだが。

しかし、先ごろ発売された細田昌志著『ミュージシャンはなぜ糟糠の妻を捨てるのか?』(イースト新書)という、音楽家の離婚をテーマとした本の布袋寅泰の項目を読み、彼の恋愛関係に反映された、自由かつ孤独でとても人間臭い内面を知り、好感を持ったのだ。

今回の「社会派」としてのメッセージも、布袋の内面の一面の発露なのだろう。期待したいのは、これからの音楽活動で、歌やギターで、人間布袋の人間臭い内面をもっともっと聴かせてくれることだ。そうして、私含む、未だに孤独に夢を見る40~50代を喚起してほしいと思うのである。

75. 岡村靖幸になりたかったボーイに捧ぐ (10月27日)

♪DAOKO×岡村靖幸『ステップアップLOVE』

作詞:DAOKO・岡村靖幸
作曲:岡村靖幸

DAOKO(ダヲコ)とは、現在20歳、アニメ映画『打ち上げ花火、下から見るか? 横から見るか?』主題歌を担当した女性ラッパーである。そのDAOKOが、現在52歳の岡村靖幸とコラボした曲が、この『ステップアップLOVE』である。アニメ『血界戦線&BEYOND』の主題歌。

白状すれば、耳で聴くだけでは強い印象を残さなかったのだが、この曲のミュージックビデオ（MV）を見てピンと来た——岡村靖幸がバスケットボールしてる！

私のような岡村靖幸オールドファンには、岡村＝バスケットボールなのだ。名曲『あの娘ぼくがロングシュート決めたらどんな顔するだろう』（90年）はじめ、バスケットボールを題材とした曲が、当時いくつかあったからだ。

そう、私には「岡村靖幸になりたいボーイ」だったころがあったのだ。89年から90年＝アルバムで言えば『靖幸』と『家庭教師』という2枚の傑作アルバムの時期。岡村靖幸になりた過ぎて、恥ずかしながら、当時あのダンスを練習したことさえ、白状してしまおう。

ちなみに89年の夏は、岡村靖幸『靖幸』に加えて、ユニコーン『服部』、フリッパーズ・ギター『three cheers for our side』という名作アルバムが立て続けに発売された年で、大学4年生の私にとっての「サマー・オブ・ラブ」だった。

そういう私にとって、そういう岡村靖幸が、20歳の女性ラッパーと一緒に、バスケットボールをして、あのダンスを踊っているMVに感動したのだ。この曲は、そういう曲である。

いろいろあった52歳の岡村靖幸が、50歳の私に、まだまだステップアップしろと、けしかけてくる曲である。

76・アジア発「あの頃のダンス音楽」（11月10日）

♪ TWICE『One More Time』
作詞 :Natsumi Watanabe・YHANAEL
作曲 :NA.ZU.NA・Yu-ki Kokubo・YHANAEL

あまり得意ではないが、たまには韓流アイドルグループでも。

ＴＷＩＣＥ（トゥワイス）とは、９人組のグループ。「韓流」では、やや言葉が足りない。９人の国籍を見れば、韓国・日本・台湾などの混成となっている。

６月発売のデビューアルバム『#ＴＷＩＣＥ』の売上が27万枚を突破。そして、このデビューシングルも、10月30日付のビルボードジャパン・ホット１００で1位を獲得した。

音を聴いてみた。その印象は「何だか懐かしい」。90年代から00年代のダンス音楽のニオイがぷんぷんする。とりわけラップの部分に、それを感じる。複雑な符割りや韻を駆使した、やたらとテクニカルな最近のラップとは違い、何というか、極論すれば、吉幾三『俺ら東京さ行ぐだ』（84年）のような、シンプルなノリのラップなのだ。

思えば90年代前半の「小室系」の台頭以来、音楽トレンドの中心は、ずーっとダンス音楽だったような気がする。そしてトレンドを背負う中で、ダンス音楽が、ラップだけでなく、メロディ、アレンジ、ダンスも含めて、どんどん複雑に、テクニカルになってきた経緯がある。

それが一周回って今、この「韓流」、いや「アジア流」のダンス音楽のヒットに帰結したのではないか。懐かしいあの頃の、シンプルで、だからこそ明るく楽しいダンスビートに。

「TWICE」の意味は、「いい音楽で一度、素晴らしいパフォーマンスで二度魅了させる」ということらしい。

この曲＝「あの頃」と「今」、私たちを二度魅了するシンプルなダンス音楽を歌い踊るのは、平均年齢19歳、つまり、「あの頃」に生まれた女の子9人組である。

77. レベッカの凄みを再認識するキッカケ（11月17日）

♪レベッカ『恋に堕ちたら』
作詞：NOKKO
作曲：REBECCA

再結成ものには、安易に手を出さないことにしているが、これはなかなか良かった。ラジコ経由で聴いている大阪のラジオ局＝FM COCOLOで、何度となく聴いてハマった。

特にいいのはメロディ。全盛期レベッカの、例えば『フレンズ』（85年）にあった、あのポップでセンチメンタルなメロディが帰ってきたという感動がある。

ただ、さすがにＮＯＫＫＯの声は、かなり細くなっている。ただ、この点についても、今の声が細いというより、あの頃のＮＯＫＫＯの声のパワーが凄すぎたと見るべきであろう。

レベッカのパフォーマンスの最高傑作は、86年の11月1日に行われた、早稲田大学の学園祭での『プライベイト・ヒロイン』。やたらと克明な情報をそらで書けるのは、その日その場所に、私がいたからだ。動画サイトでも見られるし、ＤＶＤ化もされたもので、ぜひ確かめてほしい。86年の11月1日のＮＯＫＫＯの声は、神の声である（この件についての詳細は、拙著『80年代音楽解体新書』を参照のこと）。

レベッカや渡辺美里やPRINCESS PRINCESSなど、80年代後半を彩ったソニー系ガールズ・ロックは、その音の成り立ちが、ロックとポップスの中間的だったこともあって、尊重されて振り返られることが少ないと思うのだが、その優秀な作品性は、もっと評価されていいと思っている。

特にレベッカの場合は、ポップでセンチメンタルなメロディに加えて、ＮＯＫＫＯのボーカルや、同じくＮＯＫＫＯによる歌詞の歴史的価値が正しく位置付けられるべきだと、強く思う。

と、そういう、レベッカに関するあれらこれやを、再認識させるキッカケとなっただけでも、この曲の価値はある。

78. 渋谷すばるをもっとフィーチャーセヨ（12月1日）

♪関ジャニ∞『応答セヨ』
作詞：新藤晴一
作曲：中野領太

このコラム久々のジャニーズもの。

最近進境著しい関ジャニ∞の新曲は、メンバーの丸山隆平の主演映画『泥棒役者』の主題歌となったロックナンバーである。

作詞は、ポルノグラフィティの新藤晴一。「つまずきながらもひたむきに前を向き続ける強い意志を歌った」とのこと。

ジャニーズものとしては、個人的には久々にお気に入りとなった。テレビ朝日系『関ジャム　完全燃SHOW』という番組をよく見ているが、あの番組に見られる、関ジャニ∞メンバーの音楽意識の高さが、この曲の爽快さにつながっている感じがするのだ。

しかし、お気に入りとなった前提で、不満も述べさせていただく。ボーカルのことだ。ユニゾンが多く、またメンバーが手分けしてかわりばんこで歌っていることが残念だと思ったのだ。

何が言いたいのか――渋谷すばるに、もっと歌わせてほしかった。

抜群の声量と、個性的な声質を誇る渋谷すばるを、私は「男・木村カエラ」と呼んでいる。ジャニーズはおろか、日本の音楽界を代表するロックボーカリストになれる素質があると思っている。

そしてこの曲でも、正直、渋谷のボーカルパートだけ、キラキラと光って、抜きん出て聴こえてくるのだ。ユニゾンの多さや、メンバーが手分けして歌う感じは、おそらく、各メンバーに等分にスポットライトを当てていこうという戦略の下にあると思われるのだが、何せ相手は、渋谷すばるなのだ。特別扱いしないほうが不自然だと思う。

ＴＯＫＩＯの長瀬智也、いやそれ以上のフロントマンとして、位置付けてあげるべきだろう。

79. 岡村靖幸の肉体性が表出するボーカル（12月8日）

♪岡村靖幸『忘らんないよ』

作詞：岡村靖幸

作曲：岡村靖幸

10月に取り上げた『ステップアップＬＯＶＥ』に続いて、またも岡村靖幸楽曲。２０１７年の土壇場に、岡村の曲を２曲も気に入るなんて、思ってもみなかった。「岡村靖幸になりたいボーイ」だった、約30年前の自分に教えてあげたい。

この曲は、元日本テレビの土屋敏男が監督を務めた、萩本欽一のドキュメンタリー映画『We Love Television?』のテーマ曲。歌詞にも「テレビ」が出てくる。

私はこの映画を、横浜のシネマ・ジャック&ベティという映画館で見た。とても面白かった。そして、衝撃のラストに心を打たれた。

そのラストの直前で流れるのがこの曲。『ステップアップLOVE』とは違い、こちらはゆったりとしたアコースティックバラード。

そして、ゆったりとした分だけ、岡村靖幸のボーカルがじっくり堪能できる。今回改めて感じたのは、岡村の独創的なボーカルの魅力である。

日本語ロックボーカル史において岡村靖幸は、「桑田佳祐→佐野元春→岡村靖幸」というラインの中に位置づけられる。

このラインは「日本語の歌い方を英語的に加工する度合い」の最先端を示すラインである。

ただ「英語的」という言葉だけじゃ語りきれない。岡村靖幸の歌い方は「英語的」というより「肉体的」だ。

彼の「肉体性」が、日本語の言語的ルールを破って、ボーカルに表出している。そんな感じだ。

約30年前に「岡村靖幸になりたいボーイ」になったのは、彼のボーカルの肉体性に突き動かされたからだ。

そしてその魅力は、今も色褪せない。

そう簡単には、忘らんないよ。

80. ソングライターとしての充実ぶり（12月15日）

♪福山雅治『トモエ学園』

作詞：福山雅治
作曲：福山雅治

テレビ朝日系のドラマ『トットちゃん！』主題歌。タイトルの『トモエ学園』とは、そのドラマの中でも描かれた、黒柳徹子が通っていた学校のこと。

このドラマ、何度か見ていたので、主題歌も聴いていたのだが、ドラマの中での短いバージョンでは魅力が伝わらず、むしろ逆に、福山雅治のくどい歌い方が鼻についていたのだが。

しかし、フルバージョンをあらためて何度も聴き、車の中で、その「くどい歌い方」を物まねして歌ってみたのだが、そうすると──泣けてきたのである。

特に泣かせるツボは、サビの歌詞＝「♪わたしの心〜」のところのコード進行だ。それ以外にも、メロディや歌詞に、泣かせるツボが張り巡らされている。

ソングライター・福山雅治の充実ぶりがうかがえる。性別も音楽的方向性も違うが、この曲のソングライティングから受けた印象は「男・ユーミン」というものだ。それも80年代後半の、聴き手の心をキュンキュンさせていた頃の。言うまでもなく、この形容は、最上級の褒め言葉である。

こうなってくると、先の「くどい歌い方」も許してやれよ、ということになるが、そこはやっぱりこだわりたい。もっとあっさりと、ビブラートなしで歌ってくれたら、この曲をさらに好きになったと思う。もしくは「全日本くどい歌い方協会」の会長ともいえるだろう、玉置浩二にカバーしてもらうかだ。

さて、この「ヒット曲講座」、通常フォーマットでの掲載は、今年これが最後になります。来週再来週は、今年ここで取り上げた約50曲の中から、私が独断で選ぶベストテンを発表したいと思います。お楽しみに。

81・「オジサンに贈るヒット曲講座」が選ぶ年間ベストテン（前編）（12月22日）

10位：竹原ピストル『Forever Young』
9位：F-BLOOD『孤独のブラックダイヤモンド』
8位：岡村靖幸『忘らんないよ』
7位：薬師丸ひろ子『めぐり逢い』
6位：Doughnuts Hole『おとなの掟』

今週、来週と連続で、このコラムで取り上げた楽曲の中から、私の独断で決めた、今年を代表する10曲を「年間ベストテン形式」で発表します。

今回はその前編。10位から5位までの発表を。では、早速！

＊＊＊

10位は、紅白出場も決めた竹原ピストルによる、テレビ東京『バイプレイヤーズ』の主題歌。竹原のあの声は「今年の声」「時代の声」だったと痛感する。

9位は、F-BLOOD。フミヤと尚之、チェッカーズを支えた藤井兄弟による新曲。一段と迫力とツヤを増したフミヤのボーカルが素晴らしい。とても健全な「歌謡ロック」。来年以降、こういう音が増えていくのではないか。

8位は、萩本欽一のドキュメンタリー映画＝『We Love Television?』テーマ曲。今年は今や50を超えた「岡村ちゃん」が元気いっぱいだった1年。肉体的ボーカルは健在。

7位は日本を代表する歌姫の、奈良・春日大社におけるライブ盤に収録された新曲。井上陽水による素直なメロディが、薬師丸ひろ子の神から与えられた美声にフィットした。音としての完成度は、今年ナンバーワン。

最後に6位は、今年を代表するドラマであるTBS『カルテット』の主題歌。曲ではなく人単位で評価すれば、今年のMVPが、この曲も手掛けた椎名林檎。この曲では、松たか子と満島ひかりの見事なボーカルが、椎名による緻密なサウンドに上乗せされて、聴き応え十分。

＊＊＊

というわけで、いよいよ来週は上位5位の発表。果たして「ヒット曲オブ・ザ・イヤー」は誰のどの曲か。

乞うご期待。

82・「オジサンに贈るヒット曲講座」が選ぶ年間ベストテン（後編）

5位：福山雅治『トモエ学園』
4位：シェネル『Destiny』
3位：椎名林檎とトータス松本『目抜き通り』
2位：星野源『Family Song』
1位：小沢健二『流動体について』

先週、今週と連続で、このコラムで取り上げた楽曲の中から、私の独断で決めた、今年を代表する10曲を「年間ベストテン形式」で発表します。今回はその後編。5位から1位までの発表を。では、早速！

＊＊＊

5位は、この秋のヒット曲が、駆け込みでランクイン。福山雅治のソングライターとしての成長ぶりは目を見張るものがあり、この曲は、その成長が不可分なく活かされた1曲。濃厚過ぎる歌い方だけが残念。もっとさらっと歌っていれば、ベスト3入りも可能だったと思う。

4位も、5位同様、ドラマの主題歌。素晴らしい声量で殺人的な高音域を歌いこなす、圧倒的な歌唱力に思わず耳を惹かれた。今年の最優秀歌唱賞。

3位以上は正直悩んだ。あえて言えば、今年のMVPが椎名林檎で、最優秀作曲賞が星野源。今年の椎名林檎の才能発揮ぶりは尋常ではなく、この『日抜き通り』のデュエットも、ちょっと真似ができない水準。音楽家としての階段を二段ほど駆け上がった感じがする。東京五輪もいいが、椎名には、こういう音楽を作り続けてほしい。

そして星野源は、もう長期安定政権。私は彼の本質を作曲家だと見ている。この曲も、サビの展開が素晴らしい。職業作曲家として、他の歌手への楽曲提供をどんどんやっていけばいい。

というわけで、僅差でグランプリは小沢健二。20年前のようなポップな演奏に、オジサン世代の生々しい感覚の歌詞を注入した点が見事。「同世代音楽」と名付けたい。こういう曲を聴いて、私は年を取っていきたい。いや、取っていく――。

＊＊＊

来年も、よろしくお願い致します。

第3章

2018年

2018年の米津玄師とあいみょん、BiSH

2018年の1年間は米津玄師のためにあった。いや、2010年代後半の5年間は米津玄師のためにあった、と言っても過言ではないだろう。

長い連載を書き続けるには、ある種のバランス感覚を効かせることが必要だと考えるが、この年については、例えば年間ベストテンの1位・2位を米津玄師の曲で固めなければ、逆にバランスが悪いと感じさせるような雰囲気だった。1位が『Lemon』（レコード大賞）で、2位も米津玄師の『Flamingo』。もちろんこの年のMVPも米津玄師。第91回で『Lemon』を取り上げている。その冒頭。

——米津玄師。「よねづけんし」と読む。耳馴染みのない人もいるかもしれないが、このコーナー的には、満を持して紹介するという感じだ。15年の星野源、16年の宇多田ヒカル、17年の椎名林檎に続いての「今年のMVP」候補である。

まだ世間的には、読み方すらもおぼつかない感じだったにもかかわらず、すでに「今年のMVP」だと断言しているのに驚く。当時の私にとって、相当魅力的かつ衝撃的な音に聴こえたのだろう。

『東洋経済オンライン』という媒体で、同年10月に『米津玄師の曲がロングヒットし続ける理由』という記事を寄稿した。米津玄師の音楽的特徴を分析的に捉えた、他ではあまり見られないタイプの内容なので、ここで紹介したい。「この音は、売れ続ける理由しかない。言い換えれば、売れない理由がどこにもない」とした上で、その特徴を4点にまとめている。

①高く響き渡る粘着質の声質。米津玄師本人がリスペクトしていることを公言しているASIAN KUNG-FU GENERATIONの後藤正文や、RADWIMPSの野田洋次郎の後継と言える粘っこい声質。
②メロディの跳躍。例えば、『Lemon』のサビ＝「♪あの日の悲しみさえ〜」からや、「打上花火」のサビ＝「♪パッと光って咲いた〜」からのような、上へ下へ、オクターブ以上の跳躍。
③特異なコード進行。例えば『Lemon』の中間部に見られる「Am→F→G→C→F→C→G→C」（キーFmをAmに移調）という奇妙な循環コード。
④「歌謡曲」的な魅力。マイナー（短調）キーの湿った曲調。ちなみに、アルバム『BOOTLEG』（18年）収録曲の、ほぼ全曲がマイナー。

これら①〜④を総合した観点から言えることは、米津玄師の音楽に「Jポップ」というレッテルが似つかわしくないということであり、そしてこれは、非常に重要なことだと考える。

「『Jポップ』というレッテルの似つかわしくなさ」は、この年に盛り上がった、あいみょんやBiSHにも通じるものだ。18年、時代の空気と歩調を合わせているのか、音楽シーンもどこか湿った陰鬱な方角に歩み出していた。

83. 最後はキャッチー&キュートに（1月12日）

♪安室奈美恵『Showtime』

作詞 :MioFRANKY
作曲 :Samuel Waermo・Maria Marcus・Susumu Kawaguchi

今年最初の記事です。今年も独自の視点でヒット曲を論じていきたいと思います。遅ればせながら、今年も何卒、よろしくお願いします。

さて今回は、昨年末の音楽シーンの話題をかっさらった、安室奈美恵のベスト盤『Finally』に収録された曲で、昨年のクドカン・ドラマ『監獄のお姫さま』の主題歌となったこの曲。

売上190万枚を突破したと伝えられるこのベスト盤だが、小室哲哉プロデュースの、90年代の大ヒット曲が収録された「Disc1」に比べて、「Disc2～3」の曲はとっつきにくい曲が並んでいる。

「Jポップ」ではなく、洋楽的なテイストの曲が多いのである。英語の歌詞が多いし、複雑なリズムも多く、逆に「泣き」の要素が少なく、つまり「カラオケ映え」しなさそうな楽曲群。それらは個人的に、少し苦手だ。

抜群の声量と完璧なダンス。もしこの才能が70年代に登場していたら、どうなっていただろうと夢想する。そして、筒美京平や三木たかしが作るリズミカルでセンチメンタルな「歌謡曲」を歌っていれば、どんなに見事だったろうかと。

そんな夢想に対してこの曲は、「Ｄｉｓｃ２～３」の他の曲に比べて、少しだけ近付いている。

曲調は、相川七瀬が歌いそうな（？）キャッチーなロックンロールで「カラオケ映え」しそう。また『監獄のお姫さま』のモチーフを使ったＭＶ（ＰＶ）の安室奈美恵が、やたらとキュートである。とても40歳とは思えない。10代に見えるといっても過言ではない。

９月の引退までは、洋楽性を抑えて、キャッチーでキュートな安室作品を見せて・聴かせてほしいと願っている。

84. ＲＣサクセションの後継として（1月19日）

♪黒猫チェルシー『ベイビーユー』

作詞：Daichi Watanabe
作曲：Daichi Watanabe

映画『勝手にふるえてろ』が良かった。冴えない女の子を、リアリティたっぷりに演じる松岡茉優。これが映画初主演とは信じられない躍動感。

この映画を見て、松岡茉優に感じるのは、コメディエンヌへの可能性だ。抜群の運動神経とリズム感で、コメディを演じる美人女優のポジションが、山口智子以来20年ほど空いている。高畑充希や川栄李奈らと切磋琢磨しながら、日本一のコメディエンヌを目指してほしいと思う。

今回のこの曲は、この映画で松岡茉優の相手役も演じた、渡辺大知率いるバンド＝黒猫チェルシーによる、この映画の主題歌。

想起したのは、RCサクセションの名曲『I LIKE YOU』（90年）だ。原発問題などを扱った『COVERS』（88年）を経て、シンプルなバンドサウンドに回帰したアルバム『Baby a Go Go』の収録曲。

コメディエンヌと同じく、RCのような「ドカドカうるさいR&Rバンド」（RCの曲名）のポジションも長らく空いている。黒猫チェルシーは、まさにそのポジションを目指すべきではないか。そういえば、渡辺大知は忌野清志郎役を演じたこともあったのだし（15年のNHK『忌野清志郎　トランジスタ・ラジオ』）。

話は変わるが、昨年末の『紅白歌合戦』のエレファントカシマシが良かった。生演奏（最近の紅白はほとんどがカラオケ）によるシンプルなバンドサウンド。あの演奏が映えたのは、RCのようなバンド不在の反動もあろう。

Jポップバンドではなく「ドカドカうるさいR&Rバンド」へ。今後の黒猫たちの活躍に、大いに期待したい。

85. 「レリゴー」からの見事な脱却（1月26日）

♪松たか子『明日はどこから』
作詞：松たか子
作曲：松たか子

朝ドラ『わろてんか』主題歌。前作『ひよっこ』主題歌＝桑田佳祐『若い広場』（17年）に比べて、少しばかりインパクトに欠けるが、松たか子の自然なボーカルがいい。

ある意味を込めて「自然」という言葉を使った。というのは、松たか子は数年前、不自然な歌い方で脚光を浴びたからだ。私は、その歌い方が、松の歌手生命を縮めるとまで思った。

2014年の『レット・イット・ゴー』。そう、映画『アナと雪の女王』主題歌の日本語カバーである。あのとき世間は、松たか子の歌に熱狂したが、私は冷めた目で見て、冷めた耳で聴いていた。

優しく自然な歌い方が特徴の松たか子に対する、過剰に高い音域、過剰に大きな声量の強要。その背景にあったのは「ブロードウェイ原理主義」とでも言うべき、偏った音楽価値観。

何度もここで書いたように私は、ボーカリストの根本は、声量だと思っている。しかし、ただ大声で叫べばいいとは言っていない。松たか子のように、声量がある人が、自然な声量で歌うのがいいのだ。松たか子＝「レリゴー」という図式が固着化しなかったこと、そこに安住せず、また自然な歌い方に回帰したことに、私は一安心するのだ。

優秀なギタリスト佐橋佳幸と結婚した松たか子は、音楽と心中したようなところがある。この曲も自作であり、ソングライターとしても優秀。「ブロードウェイ原理主義」ではない「自分原理主義」で、音楽活動を続けてほしい。

なお、『わろてんか』は、笹野高史、北村有起哉、銀粉蝶と、期間限定の脇役がスパイスとなっている。そろそろ濱田岳の本領を見てみたい。

86. 単純にいい曲だから単純な売り方を（2月2日）

♪BiSH『My landscape』
作詞：J×S×K
作曲：松隈ケンタ

単純にいい曲である。「単純に」に込めた意味は後段で説明したい。

ＢｉＳＨ（ビッシュ）という名の6人組アイドルが歌う曲。昨年の12月のテレビ朝日系『ミュージックステーション』で『プロミスザスター』（17年）という曲を披露したときから、注目をしていたが、この曲は、その『プロミスザスター』を見事に超えている。

非常にドラマティックに盛り上がるメロディとアレンジが素晴らしい。作曲を担当しているのは、松隈ケンタという人。今回推したいのは、まずはこの人の才能だ。

さて、BiSH。公式サイトの説明には「アイナ・ジ・エンド、セントチヒロ・チッチ、モモコグミカンパニー、ハシヤスメ・アツコ、リンリン、アユニ・Dからなる楽器を持たないパンクバンド」と書かれている。

私は、こういう売り方がどうにも苦手だ。この曲の完成度を耳にすれば、もっと単純な攻め方でいいような気がするのだ。

おそらく、女性アイドル市場の過当競争の中で、複雑な記号をまとわされているのだろう。しかし、その記号の鎧《よろい》は、特にアイドル好き以外の層を遠ざけてしまうのではないか。

また、動画サイトでMVも見てみたが、メンバーの陰鬱なダンスを見ても、評価はあまり上がらなかった。

逆に言えば、そういう「単純にいい曲」なのである。少なくとも私にとっては、6人が棒立ちで歌ってくれても、この曲を支持すると思う。それくらいの地肩の強さを持つ曲である。

アイドル市場内の過当競争を超えて、もっと大きな市場で、もっと幅広い層に向けた売り方を考えてほしいと思う。

87. そこまで大衆受けを目指さなくても（2月9日）

♪**星野源『ドラえもん』**

作詞：星野源
作曲：星野源

話題の曲である。『映画ドラえもん　のび太の宝島』主題歌。それにしても、タイトルが「そのまんま」で楽しい。

実はこの曲、まだ発売前なのだが、にもかかわらずビルボードジャパン・ホット100（2月5日付）の5位に位置している。これはこのチャートが、CDセールスだけでなく、ラジオのオンエア回数やツイッターへの書き込みまで、構成要素としているからだ（この時代、CDセールスだけのチャートは、早晩意味がなくなるだろう）。

さてこの曲。「長期安定政権」化している星野源なので、当然水準以上の出来なのだが、ただ昨年の『Family Song』ほどの圧倒感はない。メロディも何となくギクシャクしているし、イントロの南部風リズムと本編もつながっていないように聴こえる。私が星野源サウンドに慣れすぎたのかもしれないが。

星野源という人の素晴らしさは、作詞・作曲・編曲・歌、すべてに秀でていることと、それらの結果としての音を、とにかくポップに仕上げることだ。黒人音楽に強い影響を受けた星野だが、同様の志向を持つ他の音楽家の音が、ひたすら暑苦しくなることと対照的である。

だが、「♪ドドドド・ドドドド・ドッ・ドーフえもん」というシャウトまで聴いてしまうと、そこまで大衆受けを目指さなくてもいいのではと、ひとこと言いたくなるのだ。そして、そんなポップさの過剰な追求の結果が、今回の複雑な印象につながると思うのである。

「そこまで大衆受けを目指さなくても」と言いたくなる音楽家は日本に二人。一人は星野源、そしてもう一人は、星野源の事務所の大先輩＝桑田佳祐である。

88. オザケン新曲は映画主題歌（2月16日）

♪小沢健二『アルペジオ（きっと魔法のトンネルの先）』
作詞：小沢健二
作曲：小沢健二

またまた、小沢健二の新曲である。

昨年の『流動体について』、SEKAI NO OWARI とのコラボ『フクロウの声が聞こえる』に続いてのリリース。活動が滞っていた一時期が嘘のような、精力的なペースである。オザケン完全復活、か？

タイトルの「アルペジオ」は音楽用語。ギターなどの弦楽器の弦を、一本ずつ指で鳴らして和音を響かせる奏法のことで、この曲のバックにも、ずっと流れているもの。

小沢健二はギターのアルペジオ奏法がとても上手い。２０１４年に『笑っていいとも』に出演したときの、見事なアルペジオが忘れられない。

昨年、このコーナーが選ぶレコード大賞に輝いた『流動体について』に比べて、正直曲としての爆発力には欠けるが、ファンタジーの世界に行っちゃった感じの『フクロウの声が聞こえる』を経て、『流動体について』に込められていたリアリズムが再復活しているのを、歓迎したいと思う。

ただし、歌詞の内容はやや難解で、掴みどころがない。オザケン一流の目くらましが効いている。ファンの間でまた、いろんな解釈合戦が始まるのではないか。そういうのも楽しい。

さてこの曲、近日公開の映画『リバーズ・エッジ』の主題歌であり、その映画に主演する吉沢亮と二階堂ふみも、ラップ（?）でこの曲に参加している（案外違和感なく聴けた）。

岡崎京子による『リバーズ・エッジ』の原作漫画は、若いころに愛読したものなので、今回の映画も楽しみだ。また、先日公開の映画『勝手にふるえてろ』で一歩リードしたライバル＝松岡茉優に対して、二階堂ふみがどんな手を繰り出すかも、大いに期待したい。

89.ぐんぐん押してくる「疾走感ロック」（2月23日）

♪菅田将暉『さよならエレジー』

作詞：石崎ひゅーい
作曲：石崎ひゅーい

日本テレビ系で日曜夜に放映されているドラマ『トドメの接吻（キス）』の主題歌。その主人公を演じている山﨑賢人は、この曲のミュージックビデオにも出演している。

菅田将暉という人は、私などは、NHK朝ドラ『ごちそうさん』（13年）における、主人公め以子（杏）の息子の野球少年＝泰介のイメージが強かったのだが、いつのまにか意欲的な音楽活動を展開していて、先日放送されたテレビ朝日系『関ジャム』では、いしわたり淳治と蔦谷好位置という、著名な音楽プロデューサー二人が、「2017年ベスト10」の1位に、菅田の楽曲を挙げていた。なお、いしわたりの1位は菅田の『呼吸』、蔦谷は米津玄師の『灰色と青（＋菅田将暉）』。

そういう流れの中、満を持してリリースされた、この曲の印象を一言で言えば「疾走感ロック」。この記事による「2017年ベスト10」の中では、F-BLOOD『孤独のブラックダイヤモンド』に近い印象。最近では珍しい、アナログ楽器が一体となって、ぐんぐん押してくるタイプのサウンドである。

楽曲のベースとなっているのは、メロディ的には、斉藤和義『やさしくなりたい』（11年）だと思うが、アレンジとしては、SADSの名曲『忘却の空』（00年）を思い出した。ちなみに『やさしくなりたい』は日本テレビ系『家政婦のミタ』、『忘却の空』はTBS系『池袋ウエストゲートパーク』と、それぞれドラマ主題歌だったのだが。

菅田将暉の楽曲は、俳優が余技として「歌わされている」のではなく、主体的に「歌っている」という印象を受け、とても好感が持てる。今後の音楽活動にも期待したいと思う。

90. Jポップは「引き算の時代」へ（3月2日）

♪スキマスイッチ『未来花（ミライカ）』

作詞：大橋卓弥・常田真太郎
作曲：大橋卓弥・常田真太郎

スキマスイッチの新曲。個人的には、05年の『雨待ち風』以来、久々に目を（耳を）引いた彼らの楽曲となった。

ラジオで聴いて驚いたのだ。バックがピアノ一本だけ。ボーカルにもコーラスが重ねられていないし、つまり入っている音は、一つのピアノと一人のボーカルのみ。めちゃくちゃシンプルな音作りなのである。

もしこの曲がヒットしたら、日本では久々の（初めての？）「バックがピアノだけのヒット曲」となろう。「日本では」と但し書きを付けるのには理由がある。洋楽に比べて、邦楽、特にＪポップの音は、とても分厚いからだ。

理由は分からないのだが、なぜだか日本人は、アメリカやイギリスに比べて、たくさんの楽器やコーラスが、これでもかこれでもかと詰め込まれた、リッチな音を好む傾向がある。

そういう音作りが得意なクイーンが、70年代前半、世界に先駆け、日本から人気に火がついたという事実は、その傾向を象徴したエピソードだ。

そしてデジタル化の波が訪れ、その傾向はさらに顕著に。今や「これでもかこれでもか」に、もう一つ「これでもか」付けたくらいの、パッツンパッツンな音ばかりが出回っている。

そんな中、ピアノ1本で勝負を挑んだスキマスイッチを評価したいし、この日本で、「バックがピアノだけのヒット曲」が生まれることを、大いに期待したい。

欲を言えば、曲の長さも3分くらいにしていただき（この曲は約6分）、またメロディの過剰な跳躍も抑えた、よりシンプルで簡素な曲を作ってほしい。なぜなら、日本の音楽シーンは、これからは「引き算の時代」だと思うからである。

91 このコーナー的に「今年のMVP」候補（3月9日）

♪米津玄師『Lemon』

作詞：米津玄師
作曲：米津玄師

米津玄師。「よねづけんし」と読む。耳馴染みのない人もいるかもしれないが、このコーナー的には、満を持して紹介するという感じだ。15年の星野源、16年の宇多田ヒカル、17年の椎名林檎に続いての「今年のMVP」候補である。

この曲は、TBS金曜ドラマ『アンナチュラル』の主題歌。金曜ドラマと言えば、昨年、このコーナーのベストテン入りした名曲＝シェネル『Destiny』も金曜ドラマ主題歌。音楽的に目ざといスタッフがいるのかもしれない。

発売は今月14日なのだが、既に配信は始まっており、またサイトにアップされたMVは、公開から13時間で100万回再生を突破したという。

聴いてみた印象は「完全無欠」。「国語算数理科社会すべてにオール5」という感じ。コード進行はカラフルで、文学的で湿った歌詞も日本人好みだろうし、また歌も非常に達者。

いろいろと検索をしてみると、自宅録音から音楽活動を始めた人らしい。さもありなん。自分で細部までコントロールしたいという意志に溢れた、自我の強い音という感じがした。

そのあたりが逆に、今後、彼の音楽活動の可能性を狭めることになるかもという懸念もある。本人にも問題意識があるのか、様々な音楽家とのコラボに挑戦している（このあたり、非常にクレバーだと思う）。いろんな音楽家のエキスを吸収してほしいと願う。なんたって「今年のＭＶＰ」候補なのだから。

今いちばんライブを見たい歌手だ。生で見て、国語算数理科社会オール５の中で、どの科目が、前人未到の「６」に達する可能性があるのかを見極めてみたいと思う。

92. 人生に裏打ちされた歌声（3月16日）

♪NOKKO『翼』

作詞：ＮＯＫＫＯ
作曲：水野良樹

この曲を取り上げるにしては、時機をやや逸したかもしれない。テレビ東京系の平昌五輪中継番組のテーマソング。

まず注目するべきは、ＮＯＫＫＯの声である。無論、レベッカ時代の金属的にキラキラ光るような声から、より細い、年相応の声に変わってはいるが、昨年のレベッカ再結成シングル『恋に堕ちたら』のときよりもハリがあり、いよいよベストの状態に近付いてきているのが分かる。

歌うのが楽しいのだろう。音楽と触れるのが嬉しいのだろう。そういう喜びが、ひしひしと伝わってくる歌声である。

作曲は、いきものがかりの水野良樹。この人は、洋楽よりJポップや歌謡曲に意識の高い人で、今回も、歌謡曲的なツボを踏まえたメロディになっており、好ましい。

さすがに、筒美京平の手によるNOKKOの大ヒット曲『人魚』（94年）の域までには達していないが、水野が、筒美京平への道、つまり優秀な職業作家への道を、一歩ずつ進んでいることも分かるメロディである。今後に期待したい。

さて、NOKKOの人生を思うと、元レベッカ、元レッドウォーリアーズで、元NOKKOの夫である木暮武彦のことも思わざるを得ない。

88年の『ロッキング・オン・ジャパン』誌掲載、木暮武彦のインタビューで披露された、NOKKOと木暮の、日本とアメリカを股にかけた怒涛のラブロマンス話は忘れることが出来ない。ぜひどなたか、小説やドラマにしてくれないか。

今やしっかりと自分の人生を歩んでいる二人である。それでも、二人の人生に思いを馳せながら、NOKKOの声を聴き、人生の深みを確かめる。これもロック史の楽しみ方の一つだと思う。

93 Jポップよりも Jポップらしい新音楽（3月23日）

♪ UNISON SQUARE GARDEN『春が来てぼくら』
作詞：田淵智也
作曲：田淵智也

「ヒット曲講座」と銘打ちながら、時には、ほとんどヒットしていない曲を取り上げていて恐縮なのだが、今回は「ヒット曲」として、自信を持っておすすめしたい。

3月19日付のビルボードジャパン・ホット１００ではすでに9位。でももっと伸びると思う。それぐらい「これは売れる！」感の強い音である。

「ユニゾン・スクエア・ガーデン」という、我々世代には「マジソン・スクエア・ガーデン」を想起させる名前を持った彼らは、この連載でも何度となく取り上げている三人組バンド。独特の濃密な音づくりの、個性的な楽曲を発表し続けている。

そのあたりが面白く、高く評価していたわけだが、そんな個性を保持しながら、売れるための要素をこれでもかこれでもかと上乗せしたこの曲で、ついに広くブレイクするだろう。

Aメロ・Bメロなどが一聴では区分けできないメロディの多さ、やたらとセンチメンタルな歌詞、超早口ボーカルによる歌詞の文字数の多さ、そしてめくるめく転調……1曲を聴いてお腹いっぱい、満足感てんこもり。

そんなこの曲の印象を一言でいえば――「JポップよりもJポップらしい新音楽」。

余談だが、タイトルで思い出したのは、ブルーハーツのギタリスト＝真島昌利のソロアルバム『夏のぬけがら』（89年）の1曲目に収録されていた『夏が来て僕等』という名曲である。この曲を書いたベースの田淵智也は『夏が来て僕等』を知っていたのだろうか。知っていた上で、リスペクトとしてこの曲があるのなら嬉しい。約30年の時を越えて、音は進化しながらも、大切な何かはしっかりと受け継がれていくと信じることが出来るからだ。

94. あの曲直系の「色気」がある（3月30日）

♪AKB48『ジャーバージャ』

作詞：秋元康

作曲：遠藤ナオキ・Akira Sunset

AKB48の51枚目のシングル。センターを務めるのは岡田奈々。東スポ読者には「あの『青春の坂道』（76年）の岡田奈々ではなく」という但し書きが必要となろう。ちなみにタイトルの『ジャーバージャ』に、特に意味はないらしい。

個人的に、ＡＫＢ48のシングルは、当たり外れが激しいと思っている。名曲だと思うのは『ヘビーローテーション』（10年）と『恋するフォーチュンクッキー』（13年）という鉄板2曲に加えて、『君はメロディー』（16年）なのだが、今回は、久しぶりに食指が動いた。

その音世界をベタに形容すれば「歌謡ソウル」。というか、既にネットでも騒がれているが、バブルガム・ブラザーズ90年のヒット曲『WON'T BE LONG』に、かなり似ているのだ。

もちろん、パクリとかそういう低次元の話ではなく、どちらかと言えばオマージュという感じで、歌詞に「All night long」という言葉が入っているなど、その影響を隠していないフシもある。

この曲を聴いて、あらためて感じるのは『WON'T BE LONG』の名曲性である。あの「カラオケで歌えるソウル」とでもいうべき曲調は、一種の発明だったのではないか。

カラオケで歌えるということは、曲に「色気」があるということだ。最近でも、ソウルっぽい曲が日々量産されているが、色気のない曲が多いと思う。そんな中、この曲の曲調には、『WON'T BE LONG』直系の色気が感じられて好ましいと思う。

そういう意味では、歌詞は、もうちょっとエロくてよかったのではないか。『セーラー服を脱がさないで』（85年）で世に出た秋元康なのだから、難しくはなかったはずだ。

95. メロディとコードが複雑過ぎ？（4月6日）

♪**新しい地図『雨あがりのステップ』**
作詞：麻生哲朗
作曲：菅野よう子

話題の曲である。「新しい地図」とは、元SMAPの草彅剛、稲垣吾郎、香取慎吾によるユニット。そのデビュー曲が「パラスポーツ応援チャリティーソング」となったこの曲だ。作曲はアニメやゲーム音楽で名高い菅野よう子。

一度聴いて驚いた。メロディとコード進行が非常に複雑なのである。これを数回聴いただけで、そのままカラオケで歌える人は、かなり少ないのではないか。

複雑なこと自体に罪はない。ただ例えば、同じく複雑なメロディとコードで勝負した音楽家に、若き日の松任谷由実（荒井由実）がいるが、彼女の作品などは、複雑なAメロ・Bメロの後に、やたらとポップかつセンチメンタルなサビが来て、その落差が、聴き手に強烈なカタルシスを与えていた。

またよく考えたら、『世界に一つだけの花』（03年）の特大ヒットで「国民的アイドル」としての重荷をSMAPが背負う前の、『がんばりましょう』（94年）、『俺たちに明日はある』（95年）、『青いイナズマ』（96年）などの名曲群も、作り込まれた「渋谷系」的音楽性と大衆性の両立という難題を、見事にクリアしていたではないか。

パラスポーツ＝障がい者スポーツの普及を応援するための曲ということであれば、せめてもう少し、大衆のハートに突き刺さるようなポップな要素が組み込まれていた方が良かったのではないか。

なおこの曲、楽曲売上全額がパラスポーツの支援に充てることになっているのだが、売上金額＝寄付金額の進捗が、新しい地図の公式サイトに克明に掲示されているのだ。とてもいいことだと思う。このプロジェクトの誠実な姿勢が垣間見れて、非常に好感が持てた。

96. 映画と時代をつなぐ歌 （4月13日）

♪キアラ・セトル&ザ・グレイテスト・ショーマン・アンサンブル『This Is Me』
作詞：Benj Pasek・Justin Paul
作曲：Benj Pasek・Justin Paul

公開から約2か月経ったにもかかわらず、映画『グレイテスト・ショーマン』のサウンドトラックが売れ続けている。

19世紀半ばのアメリカでショービジネスの原点を築いた伝説のプロモーターを描いた映画。具体的には、低身長の男や、ヒゲの生えた女性歌手などの「ユニークな人」（＝マイノリティ）を見世物にしたショーで大儲けした、実在の興行師を主人公とした話だ。

この映画、私も二度ほど観たが、印象は「理屈抜きに楽しい映画」。

その分「深イイ」感動はないが、とにかく素晴らしい歌と踊りに魅せられた。ミュージカル映画としての感動は、あの『ラ・ラ・ランド』以上のものがあったと思う。「深イイ」の欠如が原因か、アカデミー賞では黙殺される結果となってしまったのだが、映画業界筋への受けがどうであれ、「理屈抜きに楽しい」映画が大好きだという大衆の支持に確実に答えた形で、サントラも売れているのだろう。

この映画を代表する曲がこの曲。映画の中のショーの舞台に立つマイノリティたちが「これが私よ！」と訴える歌。

この映画は、確かに「理屈抜きに楽しい」映画なのだが、この曲が流れる瞬間だけは、世界中の圧迫されている人々が強く想起され、この映画から時代的価値が発散、「深イイ」感動がぐっと押し寄せてくる。

そして思うのだ。最近の日本もこの曲と無関係ではないのだと。

この国を覆う、自我が尊重されない空気や、「忖度」が流行語となる時代の気分に対する「これが私よ！」という心の叫びが、この国のそこかしこから聞こえてくるような感じがするのは、私だけだろうか。

97. 楽器を持たないメロコアバンド　（4月20日）

♪BiSH『PAiNT it BLACK』
作詞：beat mints boyz
作曲：松隈ケンタ

この連載が最も注目する女性アイドルグループの最新シングル。4月9日付のオリコンランキングで1位を獲得。テレビ東京のアニメ『ブラッククローバー』の主題歌タイアップが付いている。

曲のタイトルは、我々世代には、ローリング・ストーンズの同名曲（邦題『黒くぬれ！』――66年――）を想起させるだろう。

このグループの曲のいいところは、メロディがしっかりしていることだ。自分たちのファンだけに分かってもらえればいいという音作りではなく、大げさに言えば、一億人に開かれたメロディを持った楽曲を生み出し続けているところがいい。

BiSHの紹介コピーは「楽器を持たないパンクバンド」というそうだが、パンクの中でもメロコア（メロディック・ハードコア）に近いものを感じる。白状すれば、私はパンクが得意ではないのだが、知る範囲で言えば、最近ではWANIMA、ちょっと前ではMONGOL800に近い、メロディが強く残るパンクである。

さて、ここ数年、アイドルが「総合芸術」になってきたという気がする。音楽は一つのパーツに過ぎないもので、加えてダンスやファッション、ひいては日常生活までが商品として、ファンに提示されるようになってきたと感じるのだ。

それ自体は悪いことではないと思うのだが、その反動で、アイドル音楽の「地肩」が弱くなってきていると思うのは私だけだろうか。ＢｉＳＨの音楽は、そんな状況に一石を投じるものだと思いながら期待している。

最後に補足しておけば、「地肩」が強いということと、一億人に開かれているということは、私の頭の中では同義であり、かなり上級の褒め言葉だ。

98. 自覚するべきその声の魅力（4月27日）

♪あいみょん『満月の夜なら』

作詞：あいみょん
作曲：あいみょん

4月20日の『ミュージックステーション』に出演、その名をいよいよ世間に知られつつある、弱冠23歳の女性シンガーソングライターが、あいみょんである。

世の中的には、独特の歌詞世界で注目されているようだ。この『満月の夜なら』についても、よく読めばセクシャルな連想が広がっていくものであり、23歳の女性が歌うにしては確かに独特で個性的だと思う。

ただ個人的には、歌詞よりも、歌声、声の質の方に魅力を感じた。ボーカリストとしての力量で勝負するべき才能だと思ったのである。音楽的方向性はまったく異なるが、それはｍｉｗａにも、そして、かつてａｉｋｏにも感じたことだ。

「独特の歌詞世界」で取り沙汰されていくと、世間は「さらに独特なもの」「さらに奇妙なもの」を求め続ける。そんな声に応えようとして、だんだんと狭いところに追い詰められていった音楽家が山ほどいた。「あいみょん」という、どことなく奇才的な名前からも、そうなることへの危険性を少しばかり感じる。

自覚するべきは声の魅力だ。そのためには、他人のメロディを歌ってみるのもいいのではないだろうか。

そういえば、狭いところに追い詰められそうな危険を乗り越えて、今や（歌舞伎町ではなく）音楽界の女王として君臨する椎名林檎は、デビューから数年後に『唄ひ手冥利』（02年）というカバーアルバムを出して「唄ひ手」としての声の魅力を見せつけた。例えばそういうことである。

藤原さくらとあいみょんには、狭い路地に入らず、広い目抜き通りをずんずん歩いていってほしい。その通りをまっすぐ進んだところに待っているのは、音楽界の女王の座だ。

99. メロディのOSから新しい（5月11日）

♪宇多田ヒカル『Play A Love Song』
作詞：Utada Hikaru
作曲：Utada Hikaru

宇多田ヒカルの2018年配信シングル第1弾作品で、自身が出演している某飲料のCMソングである。さすが、としか言いようがない。どう考えたら、こういうメロディが考えられるのかと驚く。メロディを生み出す脳の中のOSが、他の音楽家と違うのだろう。

このような「作曲OSに関する、他の音楽家との別格的な差異」を感じるのは、もしかしたら若い頃のユーミン以来かもしれない。どうでもいい話だが、宇多田ヒカルとユーミンは、誕生日が一緒（1月19日）。

しかし、今回も強く感じるのが、歌詞に見え隠れする、強烈なダークネスだ。

一昨年の傑作アルバム『Fantôme』の曲の歌詞には、亡き母親＝藤圭子が深く影を落としていた。そして今回の歌詞にも、重苦しい何かを感じさせるのである。

少なくとも「生い立ちのトラウマ」という言葉が入ったJポップなど、かつてあっただろうか。もしかしたら今回は、母親についてというよりも、先ごろの離婚が影響しているのかもしれないとも思うのだが。

そのことが、作品に奥行きをもたらしているのも確かだが、このような、OSからして新しい、奇想天外なメロディに、一点の曇りのない、快活な歌詞を乗せて聴いてみたいとも思い始めるのだ。

宇多田ヒカル35歳。もう35歳という気もするが、まだたったの35歳かという気もする。波乱に富んだ（音楽）人生。同年代の2倍ほどの人生経験を積んだのかもしれないが、それでもまだ若造。これからの音楽人生の方がずっと長い。

新しい快活な宇多田ヒカルへの期待は、先に取っておこうと思う。

100. ピークもピークからの維持もすごい（5月18日）

♪**小田和正『この道を』**
作詞：小田和正
作曲：小田和正

ジャケットには、麦わら帽子をかぶって、森の中の長い階段をのぼっていく男性の後ろ姿。小田和正本人なのだろうか。その横に置かれた「この道を　会いに行く　坂道を上って　小さな風景」という、収録された4曲の曲名。その曲名は、ジャケット画像とも相まって一つの文章のように見える――。

二宮和也主演・TBS日曜劇場『ブラックペアン』の主題歌。小田和正70歳。素晴らしい歌声。

例えば二宮和也のファンで、このドラマを見て、この曲に惹きつけられた若い方々に教えてあげたいことがとすれば、全盛期の小田和正の声は、こんなものじゃなかったということだ。

オフコース時代の小田和正の声には、もっとハリとツヤがあった。この曲を気に入った若い方々に薦めたいのは、『YES-YES-YES』（82年）の後半のシャウトだ。私が出演している、80年代音楽を紹介する番組＝BS12『ザ・カセットテープ・ミュージック』でも、いつか取り上げたいと思う。

ただ、そんなピークからの維持具合もまた、特筆すべきものがある。この曲も、高音の伸びなど見事で、かなり注意深く聴かないと、オフコース時代の曲かと勘違いしそうである。加齢で声が出なくなり、キーを下げるボーカリストが多いのに対して、小田和正と山下達郎と沢田研二の維持具合は、正直ちょっと人間離れしている。敬意を込めて言わせていただく。新種の「化け物」だと。

小田和正本人の人生観も垣間見えるような歌詞もいい。ピアノと弦楽による淡々としたアレンジもいい。こういう音楽が増えていけば、オジサン世代は楽しいし、若い方々に対しても誇らしい。

101. 次はaikoのカバーを聴きたい（5月25日）

♪aiko『ストロー』
作詞：AIKO

作曲：AIKO

まず初めに、この連載が2週連続で、東京MX『5時に夢中！』木曜日に取り上げられました。感謝します。

さて、今回はａｉｋｏの新曲。ＴＢＳ『王様のブランチ』のテーマソング。「君にいいことがあるように」というリフレインがキャッチーな曲。

いよいよ「ａｉｋｏ節」が確立してきた感がある。くねくねと動いていく粘着的なメロディに、細かく変わるコード進行、ａｉｋｏの先にも後にもない、独自の音作りが完成されてきている。

独自の音作りということは「作詞作曲物まね」が成立するということでもある。大阪のギター芸人「馬と魚」の「もしもａｉｋｏが桃太郎をテーマに曲を作ったら」というネタが秀逸なので、おすすめしておきたい。

話を戻せば、ただそういう「ａｉｋｏ節」が、シンガーとしてのａｉｋｏの、破格の可能性を制限してしまっているという気もするのだ。

そう言いたくなる理由の一つには、デビューアルバム『小さな丸い好日』（99年）に『ジェット』というけれん味のない（＝「ａｉｋｏ節」が効いていない）名曲があり、ああいう曲を再度聴きたいなと思うこと。

二つ目に、ユーミンのトリビュートアルバム『Queen's Fellows』（03年）収録の、ａｉｋｏによる『セシルの週末』がやたらと良かったこともある。

だからここで心機一転、他アーティストの曲を歌ってみればいいのではないか。いっそカバーアルバムなどもいいだろう。ユーミンだったら76年の『翳りゆく部屋』（椎名林檎の珠玉のカバーに対抗）や『よそゆき顔で』（80年）を聴いてみたいと思う。

「シンガーａｉｋｏ」のファンとして、その埋蔵量を十二分に掘り尽くしてみたいと思うのだ。

102．カエラ＆林檎無双。今年最高レベル（6月1日）

♪木村カエラ『ここでキスして。』

作詞：椎名林檎

作曲：椎名林檎

ブルートゥース・スピーカーで、この曲を大音量で聴く。素晴らしく凄まじい。明らかに今年最高レベル。23日に発売された、椎名林檎トリビュートアルバム『アダムとイヴの林檎』に寄せられた1曲。亀田誠治プロデュース特有の暑苦しい演奏をバックに、木村カエラが、空まで届きそうな声量で、朗々と歌いきる。

木村カエラのボーカルは、つくづく体育会系だと思う。細かなテクニックの前に、ロックボーカルとは声量なんだということを思い出させてくれる。

そしてそういう「歌手としての身体性」を自覚するのに、カバーという舞台は最適だと思う（前回ａｉｋｏにカバーをすすめたのもそういう理由）。自身のソロよりもボーカルが映えている気がする。

そういえば、この曲のオリジネーター＝椎名林檎にも『唄ひ手冥利』(02年)という名カバーアルバムがあった。ａｉｋｏや宇多田ヒカル、浜崎あゆみら同期の中で、椎名林檎が一段抜きん出たのは、積極的なカバーを通じて「歌手としての身体性」を強く自覚したからではないか。

この曲で木村カエラの声の魅力をあらためて確認した。となってくると前回と似た話になるが、木村カエラにも積極的なカバーを期待したい。既にカバーアルバムがあるが、洋楽に絞った選曲が良くなかった。この曲のようなアプローチがいいだろう。

なおこの曲、ヘッドフォンでは魅力半減だ。スピーカーで、空気を震わせながら聴いてほしい。空まで届きそうな声量に、耳でフタをしてはいけない。

103「老後ロック」がここから始まる（6月8日）

♪チャットモンチー『たったさっきから3000年までの話』

作詞：橋本絵莉子
作曲：福岡晃子・橋本絵莉子

チャットモンチーの解散が迫っている。この7月で「完結」するらしい。

私にとってチャットモンチーと言えば、何といっても『風吹けば恋』（08年）だ。創造性というのはあの曲のためにあるような言葉。後のねごとや赤い公園にも大きな影響を与えたことだろう。

そんなチャットモンチーが先週、テレビ朝日『ミュージックステーション』に「最後の出演」をし、披露したのがこの曲。

タイトルからして奇妙な曲である。内容は、恋人と自分の老後を考えるというもの。あの少女少女していたチャットモンチーが、老後のことを歌う時代がいよいよ来たということか。

「これから若者人口が減っていくのだから、ロックマーケットに未来はない」という言い方をよく耳にする。一瞬「そうだそうだ」と思ってしまうが、でもよく考えたら「ロック＝若者音楽」という等式なんて、いつの時代のものだ？

老後を歌えばいい。枯れ行く自分と時代と国の不安を歌えばいい。新しい表現を愛でるのがロックなら「老後ロック」があっていいと思う。

クイーンの曲に『'39』という曲がある。名作アルバム『オペラ座の夜』（75年）に収録された、カントリータッチの軽い曲なのだが、歌詞は、２０３９年における自分の人生を想像したものと言われている。そういう意味では「老後ロック」の代表作と言っていい。

この曲が好きだった私は、とにかく「２０３９年まで生きよう」「２０３９年に『'39』を聴いてから死のう」と心に決めている。遠い未来と思っていた２０３９年も、あとたった21年。私は73歳まで生きられるのだろうか——たったさっきから２０３９年までの話。

104. 金属ボーカルで「聴く」音楽の復権へ（6月15日）

♪高橋優『プライド』
作詞：高橋優
作曲：高橋優

高橋優のニューシングルは、NHK　EテレのTVアニメ『メジャーセカンド』のエンディングテーマ。高橋優という人は、個人的に印象が強い。何といっても出会いが良かった。おそらくこの10年を代表するであろう傑作映画『桐島、部活やめるってよ』の主題歌『陽はまた昇る』。アコースティックな演奏をバックに、強い声でシャウトするボーカルに、この音楽家の未来を感じたものだ。

そう、魅力は強い声。金属的にハリのある声だ。このあたり、星野源の、水分の多い半気体のようなボーカルの対極と言っていいだろう。

今回のこの歌も、金属的なハリに溢れている。また、リズムが『陽はまた昇る』同様の3拍子で、あの衝撃の出会いを思い出した。

一言言わせていただければ、それは歌詞についてだ。アニメ主題歌ということでしょうがないのだろうが、いわゆる典型的な「がんばろう系」ソングになっている。

「がんばろう系」ソングは、トレンドと言うより、約30年前のJポップの誕生より、その主流をなしているものである。KAN『愛は勝つ』(90年)、槇原敬之『どんなときも。』(91年)以降、最近まで、ヒット曲の大勢は「がんばろう系」だと言っても過言ではない。

私は、「がんばろう系」需要の大元をカラオケだと見ている。聴く需要ではなく「自らが歌って友人(自分)を励ましたい」という需要が「がんばろう系」を支えていると見るのだ。

しかしこの金属ボイスは、このような歌詞世界だけではもったいない。強い声だからこそ弱い歌を聴きたい。世をはかなんだ歌詞を歌ってほしい。そして「歌う」ではなく「聴く」需要の復権に貢献してほしいと思うのだ。

105. 絶対に負けられない戦いはどこに?(6月22日)

♪ **Suchmos『VOLT-AGE』**

作詞:YONCE
作曲:Suchmos

NHKのFIFAワールドカップ(W杯)中継で使われる「NHKサッカーテーマ」の曲。

今回はSuchmosが選ばれたのだが、過去には、話題を呼んだ椎名林檎『NIPPON』(14年)や、Superfly

の『タマシイレボリューション』（10年）などが選ばれていた、と書くと「あぁ、ああいう使われ方をする曲ね」とお分かりになる方も多いのではないか。

W杯だけでなく、五輪も含めたテレビのスポーツ中継に使われる音楽に思うことは「W杯や五輪になると、どんな音楽家もみんな直情的になるんだなぁ」ということだ。『NIPPON』もさることながら、『タマシイレボリューション』の「♪前に道などナッシング」という極端な歌詞を聴いたときの驚きは忘れられない。その直情性は「絶対に負けられない戦いがそこにはある」というコピーに通じる。

対して、今回のSuchmosのこの曲は、かなり冷静だ。関西人的に言えば「シュっとした」曲である。頻繁に流されるのだろうが、そう暑苦しくは感じないだろう。

そもそも、Suchmosの音楽の魅力自体が「シュっとした」ところにある。黒人音楽の影響を受けた音楽家が、一様に暑苦しくなるのに対して、心地いいソウルを追求したところに、成功の要因があったと見る。

ただ、そう考えると、彼らを一躍ブレイクさせた曲にして、イチゼロ年代を代表する1曲となろう『STAY TUNE』の、あの劇的に「シュっとした」カッコよさを思い出してしまうのだ。

Suchmosは、自ら打ち立てた『STAY TUNE』という頂《いただき》に挑む戦いを続けなければならない。絶対に負けられない戦いがそこにある。

106 とても高度なパロディヒット（6月29日）

♪ **DA PUMP『U.S.A.』**

作詞 :CIRELLI DONATELLA・LOMBARDONI SEVERINO
日本語詞 :shungo.
作曲 :ACCATINO CLAUDIO・CIRELLI DONATELLA・GIOCO ANNA MARIA

ヒット曲である。

テレビから歌番組やチャート番組が少なくなって久しいが、それでも耳に入ってくる生命力の強い曲だけがヒット曲になれる。私はこの曲を四谷のスナックで聴いて、その面白さを体感した。こういう出会いをする曲こそが、今どきのヒット曲だと思う。

デビューから21年となるDA PUMPによるユーロビートのカバー（原曲はジョー・イエローという人の同名曲）。ヒットしている要因は、ネット記事などによると「ダサかっこいい」ところだという。

確かにダサい。「90年代感」溢れるジャケットや、終始コミカルな動きを続けるダンス、「アメリカ」「タイムズスクエア」などのカタカナテロップが大きく映し出されるMV、「どっちかの夜は昼間」などの奇天烈なフレーズが詰め込まれた歌詞、やたらと語呂が悪く歌いにくい符割りと、あれやこれやが、とにかくチグハグなのだ。

しかし、そのチグハグさが、一周回ってかっこよさにもつながっていく。さらには、一糸乱れぬダンスとキメキメの歌詞を、これでもかこれでもかと見せつけている、他の人気ユニットたちが相対化され、ダサく見えてくる。

総じて見れば、久しぶりに生まれた、かなり高度な「パロディヒット」なのだ。高度過ぎて、アメリカ（と日本の関係）への批判ソングにも聴こえてくる。桑田佳祐『ROCK AND ROLL HERO』やザ・ハイロウズ『アメリカ魂』（ともに02年）同様の。

DA PUMPは、この路線で鉱脈をつかんだのではないか。そしてこれからは、ダンスユニットよりも、例えばゴールデンボンバーあたりの市場を狙っていけばいいと思う。応援したい。

107. サザンを永らえさせる「腰の軽さ」（7月6日）

♪サザンオールスターズ『闘う戦士（もの）たちへ愛を込めて』

作詞：桑田佳祐

作曲：桑田佳祐

デビュー40周年を迎えたサザンオールスターズの新曲。

池井戸潤による経済小説の映画化＝『空飛ぶタイヤ』の主題歌であり、歌詞は、映画の内容に合わせたもののようだ。

と、軽く書くが、あの天下のサザンが、タイアップ映画の内容に合わせた歌詞を書くという、この腰の軽さはどうだろう。泣く子も黙る大御所となっても、相変わらず大衆に支持され続ける要因の一つに、このサザン特有の「腰の軽さ」があると思う

そんな「腰の軽さ」は、今に始まったことではない。アルバムについても、『綺麗』（83年）までの初期のアルバムには、それぞれにコンセプトのようなものがあった気がするが、その名も『人気者で行こう』（84年）からは、ロックンロールからラブバラード、メッセージソングからコミックソングまで、百花繚乱、何でもあり状態になった。

その結果、ポジションを固定した多くのバンドが陥る「時代の中での陳腐化」を回避、「サザンはサザンでいいじゃん」という楽観的なファン（私含む）を確保しながら、ここまで来た。

音楽評論家の渋谷陽一は、桑田佳祐へのインタビュー本『ブルー・ノート・スケール』（87年）の中で、「自分を絶対化したり、特殊化する発言」が、桑田の口から一切出なかったことに驚いていた。国民的バンドとして派手派手しく40周年を迎えることが出来たのには、このような背景もあるのではないか――。

と、いろいろと書いてみたが、これ以上のサザン論については、私が書いた『サザンオールスターズ1978-1985』（新潮新書）をぜひご一読ください――と、最後に宣伝する私も、なかなかに腰が軽い。

108. 今年を代表する1曲になる（7月13日）

♪**宇多田ヒカル『初恋』**
作詞：宇多田ヒカル
作曲：宇多田ヒカル

今年を代表する1曲になるだろう。

この曲をタイトルチューンとしたアルバムが売れているとか、テレビドラマ『花のち晴れ』のイメージソングだったなどは、この曲を説明する上での、些末な情報に過ぎない。「今年を代表する」と断言できるのは、その極めて独創的なメロディによってである。

「♪ミーレ・ミーレ・ミーレ・ドド」（キーはＥｍ）という音列がハイトーンで繰り返される、聴きようによっては異常に単純だったり、別の聴き方をかれば、何だか宗教的にも聴こえてくる、とにかく不思議で奇妙な音列が曲全体を支配しているのだ（その感覚は一昨年の傑作『道』と同様）。

しかし、それがゲテモノにならず、「他のどこにもないけれど、他のどの曲よりも胸を締め付ける曲」として成立させているのは、宇多田ヒカルと制作スタッフの才能とエネルギーのたまものだろう。

おそらく音楽ファンの間では、約20年前の特大ヒット『First Love』の和訳とも取れるタイトルが付けられた歌詞が論じられるのだろう。しかし私にとっては、この曲はメロディである。味わい深い歌詞も、このメロディを構成する一要素に過ぎないとさえ思う。それほどにこのメロティは奇跡的である。

宇多田ヒカルの制作プロセスなど知る由もないが、おそらく凡百の音楽家とは、発想のプラットフォームが違うのだろう。またそういう発想から出てきたアイデアの原石を、上手に磨き上げるスタッフに恵まれているのだろう。

とにかくこの曲は、今年を代表する1曲となる。追うのは米津玄師とBiSHだ。そして今年のヒット曲レースも後半戦へ。

109. 幕の内弁当的満足感で売れ続ける（7月20日）

♪DAOKO×米津玄師『打上花火』

作詞：米津玄師

作曲：米津玄師

新譜を紹介するよう努めているこのコーナーで初めて、約1年前（昨年8月）にリリースされた曲を取り上げる。

しかしこれ、現在のヒット曲でもある。7月16日付のビルボードジャパン・ホット100では7位。

それどころか、同じく米津玄師の『LOSER』は2年前の発売にもかかわらず5位で、今年の3月発売の『Lemon』は3位。「売れる歌手」ではなく「売れ続ける歌手」＝米津玄師。そこにはどんな魔法が潜んでいるのだろうか。

久しぶりに、改めてこの『打上花火』を聴くと、「売れそうな曲だなぁ」という思いを、昨年よりも強く感じる。こういう音が、いよいよ時代の音となってきた証だろう。

具体的には、細かな符割り、休符の少なさ、抑揚のあるメロディ、細かなコード進行、ドラマティック性などの多様な要素による満足感が効いていると思う。

分かりやすく言えば、米津玄師の音楽に埋め込まれている魅力とは、言わば「幕の内弁当」のように、色んな食材でお腹いっぱいになる、あの満足感に近いものではないだろうか。

これまで、「幕の内弁当」的な満足感を、過剰に与え続けてくれたのがMr.Childrenだが、対して米津玄師の方が洗練されているし、より過剰である。

変な言い方だが、「幕の内弁当」という言葉を入力して、AIに作らせた曲という感じさえ、個人的にはするのだが。

世間（オジサン）が知らない間に、「米津玄師帝国」が着々と建設されつつある。「売れ続ける歌手」が呼び寄せているのは、暴動ではなく革命なのかもしれない。

110. アニメ映画のミライへの映画（7月27日）

♪山下達郎『ミライのテーマ』
作詞：山下達郎
作曲：山下達郎

細田守監督の最新映画『未来のミライ』のオープニングテーマ。細田作品に達郎が曲を提供するのは、09年公開の『サマーウォーズ』主題歌『僕らの夏の夢』以来。

ヒットした前作『バケモノの子』の主題歌はMr.Children。映画の内容は、ミスチルの音楽同様やたらとドラマティックで、少々胃もたれした感もあったので、山下達郎に回帰した今作に興味が湧き、初日に観に行った。

ちなみに細田守はこの曲を「容赦ない完成度の震えるような名曲」と絶賛しているが、正直私は、そこまでは盛り上がらなかった。ただしカップリング（エンディングテーマ）の『うたのきしゃ』同様、「80年代達郎サウンド」フレーバーが強く、安心して聴けた。

映画の方は、意欲作。評価も分かれているようだが、個人的には好感を持った。『バケモノの子』『君の名は。』のような、胃もたれを誘発する大作アニメへのアンチテーゼ。いくつかのエピソードで構成されていて見やすいし、1時間40分と上映時間も短い。

言いたいことは「胃もたれ系大作アニメ」では、日本映画史上最大の興行成績（註＝当時）を残した金字塔アニメ＝『千と千尋の神隠し』を超えることは出来ないということだ。そしてジブリの呪縛を乗り換える新しい方法論が求められているということである。

ミスチルから達郎に音楽を変え、大作主義を捨てた『未来のミライ』の方向性には、もしや「アニメ映画のミライ」があるのかもしれない――。

111．「熟年ＪＵＭＰ」を期待したい（8月3日）

♪サザンオールスターズ『壮年ＪＵＭＰ』
作詞：桑田佳祐
作曲：桑田佳祐

『闘う戦士（もの）たちへ愛を込めて』と並ぶ、今回のサザン「復活」に際しての2曲目の新曲。

謎が多い曲だ。まずはタイトル。もちろん『少年ジャンプ』のパロディだろう。ちなみに「壮年」とは「働き盛りの年頃」の意味だという。

そして歌詞。ＣＭタイアップに向けて「サイダー」「シュワッと」という言葉が織り込まれているのに、相変わらずのサービス精神を感じるものの、より引いて全体を読んでみると、その設定が分かりにくいのだ。

ざっくり言えば「アイドル」が去っていく歌になっている。最大の謎は、その「アイドル」が誰なのか。そして「壮年」と「アイドル」の関係は？

ストレートに「最近去っていった働き盛りの年頃のアイドル」と解釈すれば、まずは安室奈美恵だろう。もしくはＳＭＡＰか。このあたり、ネット上でも様々な憶測が飛んでいるのだが。

でも私は、勝手にこう解釈するのだ――「このアイドルとは、サザンオールスターズ自身だ」と。

私は、前作となるアルバム『葡萄』（15年）収録の『栄光の男』や『はっぴいえんど』など、最近の桑田佳祐がたまに書く「老成感」「死生観」溢れた曲を愛する者であり、この曲を、アイドルとしてのサザンオールスターズの終焉を内省的に表した曲と考えると、一気に身近に感じられるのだ。

「壮年」のように若く弾ける過剰なサービス精神もいいけれど、私は年相応のサザンの音を聴きたい。寄る年波に向き合いながら、少しずつ諦観を強めていくような音を聴きたいと思う。

そう。私が期待するのは「熟年ＪＵＭＰ」だ。続編として出してくれないかなぁ。

112 Ｊポップ・バンド界のコトバ批評（8月17日）

♪ BUMP OF CHICKEN『望遠のマーチ』

作詞：藤原基央
作曲：藤原基央

BUMP OF CHICKEN（以下：バンプ）の新曲。

バンプの傑作中の傑作＝『天体観測』の発売は2001年。発売から17年も経ってしまったことに素直に驚く。RADWIMPSはじめ、現在活躍中のあらゆるバンドが奏でるサウンドの、ベースを作った曲である。日本ロックバンド界の21世紀は、『天体観測』から始まっている。

今回のこの『望遠のマーチ』が、相変わらず、バンプ一流の『天体観測』的サウンドで作られていることに、また驚かされる。そう書くと、一見「停滞」のように捉えられるかもしれないが、しかし歌詞が効いているのだ。深読みすれば、バンプの影響下にある様々な若いバンドの歌詞を、やんわりと批評するような内容が展開されている。

より具体的に言えば「Jポップ・バンド」の歌詞批評。権利関係もあるので、ここで具体的な歌詞を書き起こせないが、一つだけ挙げておけば、「羽根は折れないぜ」なぜなら「もともと付いてもいないぜ」というフレーズに笑った。「翼広げすぎ」な、ありがちJポップ薄っぺら歌詞をシニカルに批評した歌詞と受け取ったからだ（是非ネットなどでご一読いただきたい）。

21世紀の日本ロックバンド・サウンドを生み出したバンプが、自らを継承したバンドの歌詞を批評するという、一種のメタ構造。

バンプが、「Jポップ・バンド」界のコトバを「望遠」で見つめ、その偏りを丁寧に指摘したような曲である。

113・90年代の味わいあるメロディ（8月24日）

♪あいみょん『マリーゴールド』
作詞：あいみょん
作曲：あいみょん

いよいよ盛り上がってきた女性シンガー＝あいみょんの最新シングル。この曲、最近よく耳にする。着実にヒットしているようだ。

実はあいみょん、過去に一度、この連載で取り上げている（曲：『満月の夜なら』）。「歌詞よりも、歌声、声の質の方に魅力を感じた。ボーカリストとしての力量で勝負するべき才能だと思ったのである。音楽的方向性はまったく異なるが、それはｍｉｗａにも、そして、かつてａｉｋｏにも感じたことだ」と書いている。僭越だが。

今回もその思いは変わらない。ちょっとハスキーで、アナログな質感の声の魅力は相変わらず。そして今回は、その声が、素直で人懐っこいメロディラインの上で、さらに映えていると感じた。

この曲のメロディが、どうして人懐っこく感じるのかを考えて、気付いた――「このメロディは、90年代の味わいだ」。

90年代、特に当時のスピッツやMr.Childrenに近いものを感じるのだ。加えて私が思い出したのは、GAO（ガオ）の『サヨナラ』（92年）というヒット曲。個人的には、あの短冊型の（8㎝）CDシングルまで思い出した。あの細長いCDシングル、保管に困っているのは、私だけではないだろう。

歌詞もなかなかいい。タイトルとなっている『マリーゴールド』（花の名前）という比喩も効いている。そして、歌詞からも、真島昌利の傑作アルバム『夏のぬけがら』（89年）を想起したのだけれど。

あいみょんは、どちらかと言えば、歌詞が評価されているようだ。しかし、私の考えでは、歌詞には、まだまだ伸びしろがあると思う。ぜひ真島昌利の水準を目指してほしいと思う。期待大。

114 狙わずにポップを目指してほしい（8月31日）

♪**星野源『アイデア』**
作詞：星野源
作曲：星野源

星野源のこの曲が、朝から毎日流れるようになってから、早5ヶ月が過ぎようとしている。言わずと知れた、NHK朝ドラ『半分、青い。』の主題歌だ。

椎名林檎、宇多田ヒカルと並んで、今、最も安定的に高打率を残す音楽家＝星野源。そのクオリティは今回も健在。毎朝聴くこの曲を、5ヶ月間、楽しませてもらった。

その「星野源クオリティ」を分解すると、相変わらずの湿った声質に、どこか人懐っこい東洋風音階のメロディ、超絶技巧のアナログ演奏などで構成されている。

ただし今回、オンエアではなく、初めて1曲通して音源を聴いてみたのだが、技巧に走る部分が中間部にあって、そこにややモタつく印象を受けたのだ。

そして、その余計な技巧に走る感じというのは、朝ドラ『半分、青い。』にも通じるものだ。我慢して見てきたが、狙い過ぎの脚本に疲れる感じを何度も受けた。

『半分、青い。』にとって痛かったのは、同時期に、朝ドラ不朽の名作『カーネーション』が再放送されたことである。また『半分、青い。』には、同じく名作の『あまちゃん』の影響も感じられ、どうしても『カーネーション』『あまちゃん』と比べて見てしまい、その比較の中で減点してしまうことになった。

音楽も脚本も、狙えば狙うほど喜ぶサブカル民がいるのかもしれないが、私は、星野源や朝ドラの本質を「ポップ」だと思っている。一億人をまとめて振り向かせる音楽や朝ドラを期待したいのだ。

115 音楽家・福山の意気込みや良し（9月7日）

♪**福山雅治『甲子園』**
作詞：福山雅治
作曲：福山雅治

少し取り上げるタイミングが遅れたが、先週のテレビ朝日『ミュージックステーション』で歌われたことで、この曲の特異さを初めて感じた人も多いと思うので、今回取り上げてみる。

タイトル通り、NHKのこの夏の高校野球テーマソングなのだが、例えば、いかにも甲子園テーマソング然としていた嵐『夏疾風』に比べて、音楽的に相当チャレンジングなのである。初めて聴かされたとき、NHKの担当者も困惑したのではないか。

アレンジが、言わば「組曲」になっているのだ。つまり、異なったアレンジの4曲が1曲にまとめられているような作りとなっている。

そのため、一度聴いても曲の輪郭が捉えにくい、複雑な印象を与える。私も一度聴いたときに、何がどうなっているのか、よく分からなかった。

これ、昔、ポール・マッカートニーがよく使った方法論で、例えば、名曲『バンド・オン・ザ・ラン』（73年）などは、アレンジが奏功して広く知られることとなった。しかし正直、Jポップ全盛の今の日本で、この方法論はしんどいとも感じてしまったのだが。

ただ、だからこそ「音楽家・福山雅治の意欲作」として称賛したい気持ちもある。昨年の『トモエ学園』も良かったし、この曲でも、自らアレンジまで手がけて特異な曲にチャレンジする姿は、爽快ですらある。

相変わらずの粘着的な歌い方が気になるが、それも許したくなるほど、音楽家・福山雅治の意気込みや良し。

116 『あまちゃん』からもう5年も経つのか（9月14日）

♪フジファブリック『若者のすべて』

作詞：志村正彦
作曲：志村正彦

9月10日付のビルボードジャパン・ホット100の35位に、この曲がひょっこりと顔を出していた。

『若者のすべて』とは07年にリリースされた、フジファブリック10枚目のシングル曲で、作詞作曲は、09年に逝去したフジファブリックのメンバー＝志村正彦によるもの。

なぜこのタイミングで静かにヒットしてきたかというと、女優のんが出演している某通信会社のCMに使われているのである。雨に濡れるのんのバックで、この曲が流れる。

使われているのは印象的なサビ。メロディとコード進行に常習性があるし、歌詞の季節感も「♪最後の花火に……」と初秋にぴったり。このCMで、この曲を知って、ちゃんと聴いてみたいと思った若者が、少なからずいるのだろう。

この曲が、フジファブリックの名曲として聴き継がれ、歌い継がれるのには、タイトルの良さも寄与していると思う。

『若者のすべて』――青春の甘酸っぱいあれこれへの郷愁が広がる6文字。

もともとは、60年のイタリア映画のタイトルで、そして94年に、フジテレビ系のテレビドラマのタイトルに使われ（木村拓哉の出世作）、それから、この曲のタイトルとなる。

思うのは女優のんのことだ。NHK『あまちゃん』でそれこそ「若者のすべて」を縦横無尽に表現していたのんの、映画やドラマでの本格復活が見たくなる。

そういえば『あまちゃん』の、鈴鹿ひろ美（薬師丸ひろ子）が『潮騒のメモリー』を歌う奇跡のシーンからそろそろ5年が経とうとしている。『半分、青い。』の迷走ぶりを見るにつけても『あまちゃん』の奇跡の出来栄えが強烈に懐かしい。

117・渋谷すばるの魂、ここに継がれる（9月21日）

♪**関ジャニ∞『ここに』**
作詞：WANIMA のMA
作曲：WANIMA のMA

ＣＤ店で、このシングルを探すのに時間がかかった。ジャケットに、タイトルではなく、歌詞のキーフレーズ＝「始まるんじゃない始めるんだぜ!!」が、大きく書かれていたからだ。

ビルボードジャパンホット・１００で初登場1位獲得（9月17日付）。この曲、このタイミングで獲得したこの1位には、メンバーにとっては大きな喜びがあるだろう。

というのは、メインボーカルだった渋谷すばるが脱退してから、初のシングルだったからだ。渋谷すばるは、このコーナーで推しに推してきた天才ボーカリスト。あの爆発的な声量を失って、関ジャニ∞はどこに向かうのか。

しかし、９日の『関ジャム　完全ＳＨＯＷ』で流れた、関ジャニ∞東京ドーム公演の映像で、残されたメンバー6人がこの曲を歌っているさまを見て安心した。思いのほか素晴らしかったのだ。

何というか、全員が渋谷すばるになりきって、渋谷すばるの抜けたボーカルの穴を、必死で埋めようとしている感じがした――なるほど、こうやって一人の優秀なボーカリストが、他のバンドメンバーに刺激を与えるのか。

作詞・作曲は、WANIMAのボーカルを務めるKENTA。WANIMA一流のポジティブな世界が炸裂する。こういう曲を聴くと、渋谷すばるには、ネガティブな世界をも飲み込んだ、新しい音楽世界を期待したくなってしまう。

余談。ジャケットのフレーズ「始まるんじゃない始めるんだぜ!!」に関して、はっぴいえんどの『はっぴいえんど』（70年）という曲を思い出した。「しあわせ」とは、「どう終わるか」ではなく「どう始めるかだ」と歌う曲。渋谷すばるに捧げたい。

118. タイトルの正反対、「大正解」の音（9月28日）

♪ **back number『大不正解』**
作詞：清水依与吏
作曲：清水依与吏

群馬県出身の三人組＝back numberは、昨年の1月に取り上げている。そのときの曲は『ハッピーエンド』。今回はそれ以来。映画『銀魂2　掟は破るためにこそある』の主題歌だという。

前回の記事で『ハッピーエンド』に付けたキャッチコピーは「これぞ『ニュー・ニューミュージック』」というものだった。

彼らは、70年代のフォーク～ニューミュージックの再現であり、当時も今も変わらない。日本人のセンチメンタリズムに訴えてくるあたりが、売れる秘訣ではないかという論を書いたのだ。

しかし今回は、ビートがかなり前に出てきている、かなりロックな音である。同じく70年代のニューミュージックで説明すれば、その中でもロック寄りの音と解釈すればいいか。

例えば、当時「ロック御三家」と言われた、ツイスト、原田真二、Ｃｈａｒなどのポジションにいるバンドとして。

あと、時代はぐっと手前に来るが、ポルノグラフィティに近いものも感じられる。

要するに、ビートが前に出てきても、センチメンタリズムを無視したパンクな音にならず、人々の琴線に触れる「異常なキャッチーさ」を保持しているのだ。だからこそ、今回も売れているのだと考える。

加えて、ボーカル＝清水依与吏《しみずいより》の声がいい。米津玄師やRADWIMPSの野田洋次郎に似た、粘着質の声。

何というか、それはもう、２０１８年の「時代の声質」だと言っていいものだ。

総じて言えば「大不正解」どころか「大正解」の音。国語算数理科社会オール５。売れて当然という太鼓判が押せる音だと思った。

119 アムラーとフクウラーの記憶に残る（10月5日）

♪安室奈美恵『Ｈｅｒｏ』

作詞：Ryosuke Imai・SUNNY BOY
作曲：Ryosuke Imai・SUNNY BOY

２年前の発売にもかかわらず、10月1日付のビルボードジャパン・ホット１００の8位に浮上している。言うまでもなく「アムロ引退効果」だ。

その他にも『Ｈｏｐｅ』（18年）が26位、『Baby Don't Cry』（07年）が30位、さらにはあの『CAN YOU CELEBRATE?』（97年）が43位と、「アムロ引退市場」が予想以上に巨大なことが分かる。

しかし、いち音楽ファンとして思うのは、あれほどの天才シンガーに、もっと記憶に残る、もっと優秀な曲をあてがうことが出来なかったのかという残念さだ。特に、日本ボーカル史上でも屈指のハイトーンボーカルと声量を誇っていた90年代において。

マスコミは『CAN YOU CELEBRATE?』を安室奈美恵の代表曲・名曲と位置づけた報道をするが、いや、あのときの安室の勢いとビジネススケールがあれば、もっと優秀な曲を与えられただろう。この話、『CAN YOU CELEBRATE?』が駄曲だというよりは、ボーカリスト安室の当時のパワーは、曲の器を上回っていたということを言いたいのだ。

たとえば「オジサン」向けの選曲で言えば、岩崎宏美『思秋期』(77年)のような曲を、19歳の安室奈美恵が歌っていれば、90年代の音楽シーンは、もっと多面的な輝きを放ったはずだ。

この曲に話を戻せば、マリーンズファンとしては、先日2千本安打を打った福浦和也が、安室奈美恵引退の日(9月16日)に、この曲を打席登場曲として、1997本目のヒットを打ったことが忘れられない。そのヒットでこの曲は「アムラー」に加えて「フクウラー」にも、忘れられない曲となった。

120．椎名が宮本をかっ喰らう3分間(10月12日)

♪**椎名林檎と宮本浩次『獣ゆく細道』**

作詞：椎名林檎
作曲：椎名林檎

この曲を作るときに、ちょうどロシアW杯が行われていたらしく、椎名林檎本人のコメントによれば「手足の長いベルギー選手らの中で堂々たるゴールを決めた乾の、肉体とその姿勢をはじめとするいろいろ」が心をよぎったとのこと。相変わらずスポーツ選手フェチの椎名だ。

デュエットの相手は宮本浩次。ご存知エレファントカシマシ(エレカシ)のボーカルである。

「椎名林檎とロックボーカリストの組み合わせ」といって思い出すのは、昨年のトータス松本との『目抜き通り』だ。このコーナーの年間ランキング3位に高評価したあの曲である。

しかし、『目抜き通り』には後日談があった。椎名林檎とトータス松本は、あの曲で昨年大晦日のNHK『紅白歌合戦』に出たのだが、そのとき、あのトータス松本が、椎名林檎に、完全に食われていたのである。「あの」トータス松本が……。

今回も、宮本浩次は、かなり奮闘しているのだが、よく聴くと、やはり椎名林檎の独壇場だ。これは、宮本浩次に非があるというより、椎名がすご過ぎるのである。また椎名の側を生かすようなメロディとアレンジなのだろう。

また、この曲がいいのは、たった3分台で終わることだ。嵐のような歌と編曲が、嵐のように過ぎ去っていく3分44秒。濃密感・濃縮感、とても好ましい。

それにしても、トータス松本、宮本浩次と来るのだから、椎名林檎の声の趣味は分かりやすい。乾いたシャウター好きとでもいうか。それはスポーツ選手好きと関連しているような気もする。次は、アジアン・カンフー・ジェネレーションの後藤正文あたりでどうだろうか。

121　転調のクセがすごいんじゃ（10月19日）

♪ BUMP OF CHICKEN『シリウス』
作詞：藤原基央
作曲：藤原基央

BUMP OF CHICKEN（バンプ）は存在感を落とさない。その理由には、汲めども尽きぬバンプ・フォロワーの存在がある。最近では、今をときめく米津玄師もバンプ好きを公言している（前髪の長さもバンプ・フォロワーの証？）。

そんなバンプの新曲である『シリウス』は、TVアニメ『重神機パンドーラ』オープニング主題歌で、バンプらしい快調なロックンロールとなっているのだが。

ただ、この原稿を書くにあたって、何度も繰り返して聴いたのだが、快調なロックンロールのリズムに反して、なぜか、身体の中にメロディが入ってこないような、複雑な印象を受けたのだ。そして、その理由を突き止めた――転調の「クセがすごい」。

思わず漫才師・千鳥のような言い回しとなったが、そのクセがすごい転調のおかげで、キャッチーさを損なっている感じがしたのである。

やや専門的な話となるが、調べてみれば、キーがFm（A♭）とA♭m（B）の間の転調。この短三度の行き来自体は、ビートルズお得意のもので、それほどトリッキーな転調でもない。ただ、それぞれにマイナーキーとメジャーキーが混じっているからか、メロディとの関係なのか、この転調に、とても複雑で唐突な印象を受けたのだ。

「クセがすごい」転調は、最近の流行りだ。特にアイドルの楽曲に多いのだが、バンプにそれが似合うのかどうか。

そう言えば、バンプ17年前の傑作『天体観測』は、転調などせず、エンディングまで一直線に進んでいく曲だった。

けれん味のないのが魅力だと思うバンプには、クセに頼らず、シリウス（星）に一直線に進んでほしいと思う。

122・乃木坂が連れてきた優秀なポップス（10月26日）

♪乃木坂46『ジコチューで行こう！』

作詞：秋元康

作曲：ナスカ

何気に、このコーナーで乃木坂46を取り上げるのは初めてである。あれだけヒットを連発しているAKB48ですら、過去に3曲しか取り上げていない（『君はメロディー』『願いごとの持ち腐れ』『ジャーバージャ』）がここ数年、これらの秋元康系グループの曲で、食指が動くものが少なかったのだ。

より具体的に言えば、ポップスとして優秀なものが少ない、それがポップス好きとしての、正直な感想だ。私の新刊『イントロの法則80's』（文藝春秋）で、「おニャン子クラブはポップスの復権運動だった」と書いた。新しいアイドルは新しいポップスを連れてくるべきと考える。

前置きは長くなったが、この曲には、久々に食指が動いた。ポップスとしての形が整っていると思った。しかし、思い出すのは『ヘビーローテーション』（10年）、『恋するフォーチュンクッキー』（13年）、『君はメロディー』の高みである。奇跡のポップス、奇跡のクオリティと言ってもいい、あの曲たち。

加えて言えば、モーニング娘。の『LOVEマシーン』（99年）。歌、音、歌詞、振付、すべてに完璧な完全栄養食ポップス。あの曲のイントロは90年代を代表するものだと、先の『イントロの法則80's』にも書いた。

さすがに、それらの曲の水準には届かなかったと思う。ただ方向性は良いので、次からにまた期待。繰り返すが、アイドルはポップスを連れてこなければならない。

ちなみに歌詞は、女子高生がノートに書き写しそうな軽い人生訓。秋元康という人は、こういう歌詞を書かせたら抜群に上手い。日本一。

123. ちなみに「ビッグ門左衛門」は三浦大知（11月2日）

♪レキシ『GOEMON feat. ビッグ門左衛門』
作詞：池田貴史
作曲：池田貴史

今年はもう、米津玄師とＢｉＳＨで出尽くしたかなと思っていたところに、このかっこいい曲が飛び込んできた。

そもそも、この「レキシ」とは、元SUPER BUTTER DOGの池田貴史によるソロプロジェクト。江戸時代から抜け出てきたような格好で、歴史にまつわる楽曲を歌うという珍妙な設定からも分かるように、お笑い系のイメージをまとっている。

秀逸なのが、アルバムのタイトルで、この曲を収録した9月発売のアルバムは『ムキシ』。それどころか、過去のアルバムタイトルは『レキシ』『レキツ』『レキミ』『レシキ』『Ｖキシ』と来ていて（ジャケットも見られたい）、まぁ、ふざけている。

しかし、今回のこの楽曲は抜群なクオリティで、正直「歴史パロディ」というお笑いの枠組みなんて不要なのにと思わせるほどの出来だ。

私は一度、このレキシを生で見ている。一昨年、東京体育館で開催された「いとうせいこうフェス」にゲストとして参加したレキシは、アドリブの音楽ネタでがんがん笑いを取っていた。そして、その音楽ネタを支えるレキシの音楽性に、私は客席で唸ったものだ。

と、そういうレキシが、この会心作を放った。こうなってくると、繰り返すが、「歴史パロディ」というお笑いのイメージをまとわない、純粋な作品も聴きたくなる。お笑いコンビに見られていたバブルガム・ブラザーズが一気にメジャーになるキッカケとなった、あの『WON'T BE LONG』（90年）のように。

最後に、次のアルバムのタイトルを予測してみたので、付け加えておく。

――『レキ三』でどうだろうか？

124．間違いなく今年のMVP（11月9日）

♪米津玄師『Flamingo』

作詞：米津玄師
作曲：米津玄師

「今年の音楽シーンのMVP」だと、もう決めてしまっていいだろう、米津玄師の最新シングル。

この曲で米津玄師はまた、新しい方向への進化を遂げている。具体的には、和風テイストの大胆な導入。

と書くと、かなり珍奇な曲を想像するかもしれないが、いやいや、米津サウンドと和風テイストの食べ合わせは、なかなか良い。

思い出したのは、サザンオールスターズが、和風テイストを取り込んだいくつかの曲のことだ。具体的にはアルバム『人気者で行こう』（84年）に収録された『JAPANEGGAE』など。ただ、極端に洋楽を志向していた若き桑田佳祐×和風テイストに比べると、そもそも無国籍風の米津サウンドだから、和風がしっくりとハマる。『JAPANEGGAE』がてりやきバーガーとすれば、米津のこれは、和と洋がよりしっくり馴染んだたらこスパゲッティという感じで聴こえる。

独特の米津サウンドの秘密の一つにコード進行がある。循環コードを多用するのだ。

循環コードとは、例えば、ギターを弾く方にはお馴染みの「C↓Am↓F↓G7」が循環するような進行で、つまり、ある決められたコード進行がぐるぐると回り続けることで、麻薬的な快感を醸し出すもの。

ヒット曲『打上花火』も完全な循環コード進行だったが、この曲も「Cm↓D7↓Gm」がぐるぐると回ることが、逆にコードがあっち行ったりこっち行ったり転調したりのJポップの中で、異彩を放って聴こえる。「2018年は米津玄師の時代だった」と、後々記憶されていくだろう。それくらい、今年の米津サウンドは、音楽シーンの中で、アタマ数個分図抜けて美しかった。まさにフラミンゴのように。

125. これは暴動ではなく革命だ（11月16日）

♪米津玄師『TEENAGE RIOT』
作詞：米津玄師
作曲：米津玄師

2週続けて米津玄師の曲というのは、どうかと思ったが、何といっても今年のMVPである。そしてこの曲は、前回紹介した『Flamingo』との両A面であり、11月12日付のビルボードジャパン・ホット100で4位（『Flamingo』は1位）だから、はばかることもないだろう。

そして、こちらの曲のほうが、和風テイストを大胆に取り入れた実験作『Flamingo』よりもキャッチーで、正直売れ線である。後々は、こちらの方が聴かれ、歌われていくのではないか。

この曲のテーマは「米津玄師×ヒップホップ」というものだろう。リズムパターンもヒップホップ的だし、韻を意識した歌詞にはラップ的な響きが見られる。

驚いたのは、トリッキーなコード進行が持ち味の米津玄師にもかかわらず、この曲は、サビまでずっと1つのコード（Bm）だけで進んでいくことだ。このあたりもヒップホップ的なのだが、さらに驚くのは、メロディに工夫が行き届いているからか、ワンコードという感じがちっともしないこと。これぞ「米津玄師マジック」。

そしてサビでは「G↓A↓Bm↓D」という、米津玄師一流の何気におかしな循環コードを導入。米津の音に慣れた耳が、ここで安堵するという仕組みになっている。

そんなこんながいっぱい詰まった曲。1曲通して聴けば、数曲聴いたように感じる満腹感。いい買い物をしたという感じ。

とにかく隅から隅までよく出来ている。米津玄師の才能の爆発。

思い出すのは、フランス革命にまつわる有名な言葉だ。「陛下、これは暴動(RIOT)ではなく革命です」。米津玄師を聴いた側近は、陛下にそう告げるだろう。

126 クイーン愛を再確認する映画 (11月23日)

♪クイーン『ボヘミアン・ラプソディ』

作詞・Freddie Mercury
作曲:Freddie Mercury

今回は珍しく洋楽を取り上げる。それも何と43年前の。

ビルボードジャパンの洋楽チャート(11月19日付)でこの曲が1位に輝いたのだ。言うまでもなく、映画

『ボヘミアン・ラプソディ』大ヒットの影響である。

大ヒットの構造としては、私世代（50代前半）の「クイーン第一世代」だけでなく、若者までを含む幅広い支持を取り付けていることで、それを可能にしたのは、映画後半の「ライヴエイド」のシーンや、クイーンのメンバーそっくりのキャスティングに極まる、映像の圧倒的なリアリティに加え、未だに色あせないクイーン・オリジナル音源の魅力だと思う。

特に、多重録音を繰り返したこの曲に代表される（映画の中の録音シーンも楽しい）、日本人好みの、あれもこれもぎゅうぎゅうに詰まった分厚い音の魅力。これが世界に先駆けて日本で、クイーン人気に火がついた理由でもある。

しかし、映画には気になるところもあった。映像のリアリティとは裏腹に、かなり史実をねじ曲げ、ストーリーを単純化していることだ。

「映画は映画でいい」と言われればそれまでだが、分厚い音が、映画館のスピーカーからガンガン流れる中、「あぁ、涙と感動のクイーン！」という感じで映画が盛り上がるほどに、「クイーン第一世代」としては複雑な気持ちになったのだ。

「こういう歴史改ざん映画が、ビートルズやレッド・ツェッペリンでも作れるのか？」と、憎まれ口の一つも叩きたくもなった。言ってみれば、これもクイーン愛の裏返しなのだが。「クイーン第一世代」としては、そんな一周回った複雑な形で、自らのクイーン愛を再確認する映画でもあった。

127 今年は安藤サクラの振れ幅の年（11月30日）

♪ドリームズ・カム・トゥルー『あなたとトゥラッタッタ♪』

作詞：吉田美和
作曲：吉田美和・中村正人

ご存知、NHK朝ドラ『まんぷく』のテーマソング。ドリカムが朝ドラの主題歌を担当するのは『ひらり』（92年）以来2度目。朝ドラ主題歌を2度担当するのは、史上初のことだという。

この10月から、多くのお茶の間に（視聴率好調）毎朝聴こえてきているのは、この、どうにも不思議な曲である。

まずタイトルからして、何とも読みにくい不思議系である。また、ザ・吉田美和な濃厚な歌声に、マーチ風のリズム、そしてドリカム一流のやたらとポジティブな歌詞（主人公夫婦の日常を歌っている？）という組合せも、実にトリッキーな感じがする。

それにしても、平成とはドリカムの時代だったと痛感する。ドリカムの音楽が鳴り響く中で、貧富と左右が広がっていった30年間が、もうすぐ終わろうとしている。この、貧富と左右の振れ幅こそが平成だった。

『まんぷく』に話を戻せば、トリッキーなこの曲をバックにおどける安藤サクラの映像に注目である。

可愛い。

ルックス云々ではなく、その演技力と存在感で、「可愛い」オーラを噴霧しているのだ。個人的な嗜好で話をしているつもりはない。このあたり、『まんぷく』視聴者であれば分かっていただけると思う。

最後の、海に向かって大の字のポーズを取るところなど、可愛すぎて昇天しそうになった（と、ここまで感じるのは、さすがに個人的な嗜好か？）。

映画『万引き家族』の汚れ役から『まんぷく』の強烈に可愛い妻役まで。安藤サクラの、この振れ幅こそが、この平成30年だった。

128．「日本のシェリル・クロウ」への道（12月7日）

♪あいみょん『今夜このまま』
作詞：あいみょん
作曲：あいみょん

ＮＨＫ『紅白歌合戦』初出場が決定し、話題が盛り上がっている女性シンガーソングライター＝あいみょんの6枚目のシングル。日本テレビのドラマ『獣になれない私たち』の主題歌。

一聴しての第一印象は、今回もやはり声の魅力だ。曲を追うごとに、奇をてらわないストレートな曲調になっている中、声の魅力が前面に出てきていることに、好感が持てる。

第「二」印象は、これも前作『マリーゴールド』同様、「90年代サウンドだなぁ」ということ。『マリーゴールド』からは、GAO（ガオ）のヒット曲『サヨナラ』（92年）を想起したが、今回はaikoの遺伝子を少しだけ感じた。

しかし、あいみょんに対して、GAOやaikoの焼き直しよりも期待したいのは、「日本のシェリル・クロウ」への道だ。『エヴリデイ・イズ・ア・ワインディング・ロード』（96年）などのヒットを持つ米国のシンガーソングライター。

これは、いつかこの連載で「西野カナは日本のリンダ・ロンシュタットだ」と書いたことと共通する。それくらいのスケール感を持って、育ててほしいということだ。

それに向けての第一歩は、サブカルっぽさの除去だと思う。この曲には「とりあえずアレください」という思わせぶりな歌詞がある。またデビューアルバム（15年）のタイトルは『貴方解剖純愛歌～死ね～』だったという。

こういうアプローチは、あいみょんに似つかわしくない。サブカルリスナーたちは、持ち上げるのも早いが、冷めるのも早い。もっと安定的で大きな市場を狙うのがいいと思う。

だって、あいみょんは「日本のシェリル・クロウ」なのだから。

129 ロックとアイドルと否定と創造（12月14日）

♪**BiSH『stereo future』**

作詞：松隈ケンタ・J×S×K
作曲：松隈ケンタ

今年の台風の目だったＢｉＳＨ（ビッシュ）。その音は相変わらず痛快だ。この新曲もとてもいい。「楽器を持たないパンクバンド」という触れ込みを持つ彼女たちのすごいところは、ロックバンドのパロディとアイドルのパロディを、両方一気に成し遂げていることにある。そのあたり、ゴールデンボンバー（金爆）にも似ているが、アイドルパロディの要素が強い分、金爆よりも攻撃的な感じがする。

突然だが私は、テレビの音楽番組に出てくる若いロックバンドのギタリストやベーシストが、カラオケなのにもかかわらず、かっこ付けて演奏の当て振りをするさまが好きではない。「俺たちはアイドルではない、アーティストだ」という風情で出てきているのに、やっていることはアイドルと変わらないじゃないかと違和感を持ってしまう。

また、過剰な物語性でアイドルが語られる傾向にも違和感を持つ。最終的な成果物である楽曲よりも、メンバーの出自やライバル関係、センターに上り詰めるまでの「物語」の方が語られる風潮。そんなもの、正直知ったことではない。

ＢｉＳＨの楽曲は、アーティストを気取りながら、実はカラオケ向けＪポップを歌っている「ロックバンド」よりもよほど攻撃的であり、かつ物語性に甘えるアイドルソングよりもチャーミングだ。大げさに言えば、まったく新しいマーケットを確立したと言える。

今年この欄で、ＢｉＳＨの楽曲を何度も推してみたが、実は私、メンバーの名前すらも知らない。でもそれでいいのだ。最終的な楽曲だけを語りたい。それが私のスタンスだからだ。

130.「オジサンに贈るヒット曲講座」が選ぶ年間ベストテン（前編）（12月21日）

10位：宇多田ヒカル『初恋』
9位：あいみょん『マリーゴールド』（新人賞）
8位：UNISON SQUARE GARDEN『春が来てぼくら』
7位：椎名林檎と宮本浩次『獣ゆく細道』
6位：菅田将暉『さよならエレジー』

今年も恒例の年間ベストテンを発表する。今年この欄で取り上げた曲の中から、音楽性（と私の好み）の観点から10曲選んでみたい。ちなみに昨年の１位は、小沢健二『流動体について』。

一昨年の1位だった宇多田ヒカルが10位だから、今年のレベルは高い。この曲に象徴される、宇多田による反復の多い奇妙なメロディは、他の追随を許さない独自の世界を完成させている。ただ正直、あのメロディ作りに、少し耳が慣れてきてしまったような感じもある。

9位は紅白出場も決まったあいみょん。私が選ぶ今年の新人賞。特にこの『マリーゴールド』は90年代ポップスの風味が効いていて良かった。哀愁のある声がとてもいい。「日本のシェリル・クロウ」になれる。とてもよく作り込まれた『春が来てぼくら』が8位。詰め込んだアイデアの多さ。1曲通して聴くとお腹いっぱいになる感じは、クイーンを彷彿とさせる。タイトルもいい。もっと売れていいのにと思った1曲。

昨年のMVPとした椎名林檎。昨年のトータス松本との『目抜き通り』を踏襲したエレカシ宮本浩次とのデュエットは痛快な響き。そして、最後は宮本を食ってしまって、全部自分で持っていくという、椎名の足腰の強さも健在。まったく年を取らなそう。百歳くらいまで歌ってそうな感じがする。

何をやっても外さなかった菅田将暉の安定感。シンガーとしても抜群の才能。余技と評するのは失礼。時代の寵児とはこのこと。SADSを想起させた石崎ひゅーいの音作りも素晴らしい。

次回はいよいよ5位以上と1位=レコード大賞の発表。言うまでもなくもちろんあの人。5位以上に2曲もランクインさせている。

131・「オジサンに贈るヒット曲講座」が選ぶ年間ベストテン（後編）（12月28日）

5位：木村カエラ『ここでキスして。』
4位：DA PUMP『U.S.A.』（話題賞）
3位：BiSH『My Landscape』（歌唱賞）
2位：米津玄師『Flamingo』
1位：米津玄師（MVP）『Lemon』（レコード大賞）

恒例の年間ベストテンの後編。ここでの1位が私の選ぶ「レコード大賞」となる。昨年は小沢健二の『流動体について』。一昨年は宇多田ヒカルの『道』。

今年の1位は、この人のこの曲をおいて他にはないだろう。逆に、この人・この曲抜きで、今年を総括しようとしている各種アワードや年末の番組は、何を考えているのだろうとさえ思う。

今年のMVP＝米津玄師。今年の「レコード大賞」＝『Lemon』。これ以外に何があるというのか。すべてにおいて新しく、すべてにおいて魅力的。2位の『Flamingo』も含めて、その陰鬱なメロディは、天災と人災、この国の空を重い雲がずっと覆い続けたような、2018年という年を代表するにふさわしい。

歌唱賞として、BiSHが昨年発売したアルバムの中のこの曲を挙げたい。同じく「時代の音」という感じがぷんぷんする金属的な断末魔のシャウトは、本当だったら「レコード大賞」級。アイドルという地平をぴょんと飛び越える新しい何かが詰まっている。ただし今年は敵が悪すぎた。

4位は文句なし。むしろ低迷する「歌謡界」を一人で背負った感さえある。年末に向けて露出が増えると思うが、一点だけ付け加えれば、ダンスではなくボーカルの素晴らしさに注目するべきだ。

5位は木村カエラ。椎名林檎のトリビュートアルバムから、木村のはちきれんばかりのパワーボーカルが堪能できる1曲。私は、彼女のパワーボーカルを圧倒的に支持するので、もっと派手派手しい歌手面での活躍を期待したい。

米津玄師を超える存在が出てくるのか。来年の音楽界。期待したい。期待しかない。

第4章

2019年

２０１９年のOfficial髭男dismとKing Gnu

この年の主役は、Official髭男dism（ヒゲダン）とKing Gnuだった。年間ベストテンにあるように、ヒゲダンの『宿命』が2位、そしてKing Gnu『白日』を1位（レコード大賞）として選んでいる。

「平成Ｊポップの終焉」が、本書を通底するテーマなのだが、歴史は、そう簡単には動いていかない。ヒゲダンを聴いて感じたのは、「これぞ平成Ｊポップ」という感覚だった。この年の5月1日、元号は令和に変わったのだが、その段階で出てきた「平成Ｊポップの真打ち」。

メロディの多さ、コードチェンジの激しさ、超絶のハイトーンボーカル、湿った歌詞が、そのハイトーンで歌われることで発生する強烈なセンチメンタリズム――まとめれば「カラオケボックス映え」する音楽という印象、つまりは「平成Ｊポップの真打ち」。

彼らの『イエスタデイ』を取り上げた第１７４回で、我ながらいい表現をしている。

――「感情過多」「感情の水びたし」の結果として、彼らが今年の顔になったと考えるのである。

「感情の水びたし」。標準的なＪポップ３曲分くらいの感情が詰め込まれている感じ。ポジティブな感情、その裏腹のセンチメンタルな感情に溢れた音楽をＪポップとするなら、その最終形・完成形として、最新パッケージ技術によって感情を従来の３倍詰め込んだ「平成Ｊポップの真打ち」「最後のＪポップ」こそが、ヒゲダンだと私は捉えた。
音の豪華絢爛さという意味で、ヒゲダンとKing Gnuは共通する。しかし、決定的に違うのは「Jポップ」という概念に対する距離感である。当時のヒゲダンは、Jポップの最終形を先天的に体現していたのに対し、King Gnuは、後天的に、つまり（YouTube風に言えば）「Jポップ、やってみた」的な音楽に聴こえたのだ。作詞・作曲を担当する中心メンバー＝常田大希と井口理が東京芸術大学出身というKing Gnu。つまりは、Jポップという概念から程遠い立場から、数多い選択肢の一つとしてのJポップを、正直、半笑いで取り組んでいるような音楽だと感じた。20年2月3日号の『AERA』で井口理はこう語る。

――J―POPシーンに切り込む、じゃないですけど、そういう形のバンドなので、どういうアプローチで歌ったらいいのか、自分なりに前回より切り詰めて考えました。あくまで一例ですが、カラオケで玉置浩二さんや布施明さんの歌を歌ったり、僕を知っている人がいない場で、どれだけ心を掴めるか、常に本番ですから。

Jポップに切り込むことを考えた結果として、Jポップを通り越して、「昭和歌謡」に至っているのは面白いのだが、ともあれ『白日』という、音楽主義的でありながら、異常にキャッチーな楽曲を生み出したKing Gnuの批評性、頭脳犯性は、この年の音楽シーンにおける「台風の目」だったと、今となってはつくづく思う。

「平成Jポップの真打ち」と「Jポップ、やってみた」が現れて、真の意味で2010年代と平成が終わりを告げた。そしてやってきたのは、新型コロナウイルス騒ぎであり、このウイルスは、人だけでなく、音楽にも感染し、翌20年の音楽シーンの色合いを、大きく変えることとなる。

132．人間をしっかりと描く一年に（1月11日）

♪松崎ナオ『川べりの家』
作詞：松崎ナオ
作曲：松崎ナオ

あけましておめでとうございます。今年も、オジサンの方々と、ヒット曲を聴く喜びを分かち合いたいと思います。

さて、新年一発目は、最新のヒット曲ではないのだが、年末年始の番組で、印象に残った音楽を選んでみたいと思う。

年末に盛り上がった番組は、12月29日放送のＮＨＫ『ドキュメント72時間　年末スペシャル』。ある場所に72時間（3日間）、カメラマンとインタビュアーを配置し、その場所に行き交う人々の人間模様をあぶり出すという番組のスペシャル版。

スペシャルということで、昨年放送された回での人気投票ランキング順で見せていた。そのランキングには個人的には不満があって「『西成夫婦食堂』がなぜ1位じゃないんだ？」と思ったのだが、それはともかく、投票で選ばれたどの回も、しっかりと人間が描けていることに感心した。

そんな番組＝『ドキュメント72時間』のテーマ曲がこの曲。どの回でも、終わりに近付いて、この曲が流れ始めると、胸がキューンと締め付けられる思いになる。

歌うは松崎ナオ。私はこの人の名前を、椎名林檎のアルバム『唄ひ手冥利』(02年)への参加で知ったのだが、そこで聴かせた透明な歌声が、この曲でも十分に活きている。また、冒頭の「D↓Am」というビートルズ風コード進行が、絶妙な味を出している。

番組に話を戻すと、ドキュメントがこれほどしっかりと人間を描く中、ドラマは何をしてるんだと言いたくなってくる。今年はドキュメントもドラマも、そして音楽も、生身の人間としっかり向き合った作品とたくさん出会えることを期待したいと思う。

今年もよろしくお願いします。

133. 桑田佳祐の健康増進を喜ぶ歌 (1月18日)

♪桑田佳祐& The Pin Boys『レッツゴーボウリング』
作詞：桑田佳祐
作曲：桑田佳祐

この曲のミュージックビデオ(MV)は、今はなきホテル「パシフィックパーク茅ケ崎」のイラストから始まる。

「パシフィック〜」はサザンオールスターズ『HOTEL PACIFIC』（00年）の舞台となったところで、また桑田佳祐は実際に、そのホテルの中のボウリング場でアルバイトをしていたらしい。そしてMVは、実際にボウリングをする桑田佳祐の姿を映し続ける――。

桑田佳祐のニューシングルは「桑田佳祐＆The Pin Boys」名義の「日本ボウリング競技公式ソング」。それでも「タイアップ臭」をまったく感じさせないのは、桑田佳祐自身がボウリングにハマっているという事実が広く知られているからだ。そして桑田佳祐は実際に、ボウリングがめちゃくちゃ上手い。

1月3日にオンエアされたテレビ東京『桑田佳祐のレッツゴーボウリング　日米オールスター頂上決戦！』という番組を観たが、ちょっとしたプロはだしだった。ボウリングにこれだけ入れ込んでいる桑田が、日本のボウリング界のために一肌脱いだ――そんなピュアなかたちのタイアップなのである。

桑田佳祐ファンとすれば、大病を患ったことのある桑田が、ボウリングにハマって健康増進してくれることは率直に嬉しいと思う。

余談だが、『ロッキング・オン』のサイトが、オリコン、ビルボード、ラジオオンエアという三つのチャート1位を、この曲が達成したことを「ターキー達成」と表現していたのは良かった。

134・怒涛のキューティポップの復権（1月25日）

♪ Shiggy Jr.『ピュアなソルジャー』

作詞：原田茂幸
作曲：原田茂幸

年末に聴いてストックしていた曲。満を持してご紹介。昨年のフジテレビ系列のドラマ『僕らは奇跡でできている』のオープニング曲。

感想は「めっちゃ楽しい！」の一言。こう断言できる曲は、ヒットチャートの中では、実は久しぶりではないか。

本来ならば、そういう「めっちゃ楽しい！」楽曲は、あまたいる女性アイドルグループが担うべきだと思うのだが、細分化の結果か、最近の女性アイドル楽曲はだんだんとチマチマしてきたし、加えて不幸な事件などもあったりで、道を外してきていると思う。

そこに現れたのが、このShiggy Jr.（シギージュニア）である。２０１５年にメジャーデビューした、全員平成生まれの４人組バンド。

売りは池田智子の超高音ボーカル。この曲でも、五線譜の上で浮遊するような池田のボーカルが聴きどころ。オヤジ世代に向けに説明すれば、レベッカ・ＮＯＫＫＯやJUDY AND MARYのＹＵＫＩより高く、でもマライア・キャリーよりは低い声という感じ。

聴いた印象で近いのは、まずは、このコラムでも数回取り上げたUNISON SQUARE GARDENとなるが、さらには、もう16年前のヒット曲となる大塚愛『さくらんぼ』に近いものも感じる。要するに、今や絶滅危惧種のようになってしまった怒涛のキューティポップだ。

そういう音が、アイドルではなく、バンド界から出てきたのが面白い。

繰り返すが、奮起してほしいのは女性アイドル楽曲である。過剰な物語性や意味深なメッセージ性はいったんもういいと思う。ぜひ怒涛のキューティポップに立ち戻ってほしいと思うのだ。

135．Jポップの時代の終焉？（2月1日）

♪Aimer『I beg you』
作詞：梶浦由記
作曲：梶浦由記

「Ａｉｍｅｒ」と書いて「エメ」と読む女性歌手が、突然の大ブレイクを果たした。少なくとも、この歌手のことをよく知らなかった私にとっては、そう見えた。

自身初のオリコン週間シングルランキング初登場1位となったこの曲。しかし曲の印象は、実に複雑で、一筋縄ではいかない。

どこからがサビかなど分かりにくい民族風のメロディは正直、とてもとっつきにくい。カラオケで歌いやすそうな感じも、まったくしない。

それでも強い印象を残すのが声である。なんでも「15歳の頃、歌唱による喉の酷使が原因で突如声が出なくなるアクシデントに見舞われるも、数年後には独特のハスキーで甘い歌声を得る」という経緯があったらしい（公式サイトより）。でも「ハスキーで甘い」という表現はぬるい。私は「深い靄（もや）がかかった声」と捉えた。

Ａｉｍｅｒのブレイク要因を考えてみる。

声の魅力や、曲全体を覆う独特の倦怠感を考えると、昨年の音楽シーンの顔となった米津玄師やあいみょんの流れをくむ位置にいるのだろう。

私が注目するのは、この３組に共通する、「Ｊポップ」というレッテルの似合わなさである。

歌いやすさ・売りやすさ・分かりやすさを追求した音楽がＪポップならば、この曲はそこにはいない。

平成という時代は、（うすっぺらい）ポジティブさを売りにした音楽が蔓延した時代。そういう音楽を真ん中に据えたジャンルがＪポップだったと考えるのだが。

新元号を前に、音楽シーンにも大きな変化の波が来ているのかもしれない。私は、その変化の波を待望する者である。

136. もろザ・ブルーハーツ！（2月8日）

♪**クロマニヨンズ『生きる』**
作詞：甲本ヒロト
作曲：甲本ヒロト

個性的なドラマ＝日本テレビ系『3年A組—今から皆さんは、人質です—』の主題歌。

この番組、実に陰惨な内容の学園ドラマなのだが、エンディングで、陰惨な内容を忘れさせるかのように、生徒役の俳優たちの楽しげな写真とともにこの曲が流れ、読後感が穏やかになる。

曲の内容は「もろザ・ブルーハーツ」。あの彼らのあの音が帰ってきたという感じ。これはもちろん褒め言葉。約30年前の深夜、ラジオでブルーハーツを聴いて飛び起きた私が言っているのだから。

ドラマの主役である菅田将暉のコメント「先日、ザ・クロマニヨンズさんのライブにて、この『生きる』を聴いた時、いや、体感といった方がいいでしょうか、そのエネルギー、佇まい、音、言葉は、僕がこのドラマで体現したいものそのものでした」（『ロッキング・オン・ドットコム』）。

さすが音楽家としても活躍する菅田将暉、コメントもいい。

さて『3年A組』を、私も毎週、楽しみに見ている。脚本と演出の濃度が濃く、一瞬たりとも目が離せない感じは、昨年の傑作ドラマであるTBS『アンナチュラル』の系譜を継ぐ感じだ。

高濃度の分、録画して見たくなる人も多いのだろう。ビデオリサーチが発表しているタイムシフト（録画）視聴率において、1月14日週のトップに立っている。

SNSでツッコまれることを歓迎する「ゆるい」ドラマではなく、一瞬たりとも目が離せない、手に汗握るドラマ。それは、SNSやスマホがなかった頃のドラマを思い出させるものだ。

だから、ブルーハーツ風の音楽とぴったりと合うのだろう。

137. 新しい映画マーケティング（2月15日）

♪中島美嘉『雪の華』
作詞：satomi
作曲：松本良喜

チャートにひょっこりと顔を出した、16年前のヒット曲。2月11日付ビルボードジャパン・ホット100の13位。でもなぜ突然？

実はこの曲、今月1日公開の同名映画の主題歌なのだ。「登坂広臣&中条あやみ主演のラブストーリー。余命1年を宣告された女性と、100万円を受け取る代わりに1か月だけ恋人になることになった青年の期間限定の恋の行方が描かれる」(『ムービーウォーカー』)

ヒット曲を題材にした映画は、かつてよくあった。むしろ昭和の時代には、映画業界で王道的な手法だった。私が思い出すのは、かぐや姫のヒット曲を題材とした、秋吉久美子主演の映画『赤ちょうちん』『妹』(ともに74年)など。

しかし今回は、16年前のヒット曲を持ち出しているところがミソ。16年前だけに、その歌に、かなりのイメージが蓄積している。ということは、曲のタイトルを押し出すだけでイメージを広げることができ、プロモーション費用も削減できることとなる。

「雪の華」というタイトル、中島美嘉の個性的な歌い方、抑揚あるメロディ、異常にセンチメンタルな歌詞……これらが、映画の「顔」となってイメージを広げてくれるのだ。このやり方、映画業界における新しいマーケティング手法として、なかなかに有効なのではないか。

そこでふと考える。どんな曲をタイトルにあした映画が見たいか。バンプ・オブ・チキンの『天体観測』(01年)かなぁ(同名ドラマはあったが)。

この原稿を書くために、この曲を久々に聴いた。当時はアクが強過ぎると思ったのだが、今聴けば、米津玄師以降の音楽シーンに、とても合っている。しっくり来た。

138・またJポップが古く見える（2月22日）

♪ **King Gnu『Prayer X』**

作詞：常田大希
作曲：常田大希

今年いちばんの注目株である。King Gnuと書いて「キング・ヌー」と読ませる4人組。リーダーの常田大希は、東京藝術大学のチェロ専攻だったというのだから変わり種だ。

「ミクスチャーロックバンド」と説明されることが多いようなので、その言葉からは、Suchmos（サチモス）の後継かと思ってしまうが、少なくとも、この曲の印象だけからすれば、一昨年のヒット曲である、椎名林檎の手によるDoughnuts Hole『おとなの掟』を思い出させる。

プログレッシブで、細部まできっちりと工夫が凝らされたアレンジ、そして、ひたすら陰鬱な音作り、決してシャウトはしないものの、抜群に気持ちのいいボーカルなど、大げさに言えば、今まで聴いたことのない音という感じがする。

驚いたのは曲の短さ。締めてたったの3分15秒だから、最近の曲としては、抜群に短い。それでも凝った音楽性のせいで、物足りなさはない。満腹感すら感じる。とにもかくにも、色々と新しい。いや、全てが新しい。

そして今回も思うのが「Jポップの終焉」ということだ。ドリームズ・カム・トゥルー『うれしい！たのしい！大好き！』がリリースされたのが平成元年（89年）。それから30年の間、乱暴に言えば『うれしい！たのしい！大好き！』的なメッセージの曲が音楽シーンを席巻、人はそれをJポップと呼んだわけだが、米津玄師や、先日紹介したＡｉｍｅｒ（エメ）、そしてこの曲などを聴くと、『うれしい！たのしい！大好き！』との途方もない距離を感じるのだ。

そろそろ「Jポップ」に変わる言葉を考えなければいけない時期に来ているのではないか。

139 嫌いにならない工夫が凝らされた音（3月1日）

♪ONE OK ROCK『Wasted Nights』

作詞・作曲：Taka・Pete Nappi・Janee"Jin Jin"Bennett・Jamil Kazmi

ONE OK ROCK（ワンオク）の楽曲は、初めて取り上げる。もちろん存在自体は認識していたのだが、オジサン世代としてはとっつきにくかった。とこか遠い世界で消費されている音楽という感じがした。

そのため、白状すれば、彼らのことをあまり知らなかった。日本のみならず、世界をまたにかけて活躍する人気バンドで、ボーカルのＴＡＫＡは、森進一と森昌子の息子――彼らに関する事前情報としてはこれくらいのものだった。

一念発起、今回のために、この曲を聴きこんでみた。分かったことは「よく出来ている」ということなのだが、もう少し具体的に言えば「嫌いにならない工夫が凝らされている音」という感じがしたのだ。

まず冒頭の歌詞は英語。またその歌いっぷりもまさに洋楽と聴き間違うほどなのだが、途中で日本語の歌詞に変わり、聴き手をぐっと安心させる。

またその日本語歌詞も、「挑戦心が大切」的な内容で、これは若者の琴線に触れるものだろう。

編曲はとても豪華で壮大。それでいて、取っ付きにくいかといえばそうではなく、実はコード進行がシンプル循環コードになっていて（F↓B♭↓Gm↓B♭↓F）、親しみやすく、カラオケで歌いたくなりそうだ。

まとめてみれば、全体的に、洋楽と邦楽、豪華とシンプル、挑戦心をあおりつつ親しみやすいという、実にバランスの良い「お買い得」な音楽だと見たのである。

所属事務所がアミューズだと知って納得。

140・パワフルとポップは同義だ（3月8日）

♪NMB48『床の間正座娘』
作詞：秋元康

作曲：池澤聡

3月4日付のビルボードジャパンホット・100の1位に輝いた曲は、最近の「48」「46」系の曲として、久々にキャッチーなメロディを持った曲に思えた。センターは白間美瑠《しろまみる》。

イントロ冒頭から繰り返される「ウッ！」「ハッ！」という掛け声は、モーニング娘。00年のヒット『恋のダンスサイト』へのオマージュか、もしくは「ウッ！」「ハッ！」の原点とも言える洋楽ヒット、ジンギスカン『ジンギスカン』（79年）からの引用か。

だが、キャッチーなメロディはいいのだが、個人的には減点要素もある。

一つはタイトル『床の間正座娘』。秋元康のタイトルには、最近このような、話題拡散を狙ったような奇妙な言葉遣いが多くなってきた気がする。欅坂46『月曜日の朝、スカートを切られた』などはその典型だが、秋元による傑作歌詞＝小泉今日子『夜明けのＭＥＷ』（86年）や、稲垣潤一『ドラマティック・レイン』（82年）をリアルタイムで聴いた立場としては、少々残念に思う。

あと、こういう曲では、ボーカルも、もっとパワフルな方がいいのではないか。ファンが落ち着いた歌声を求めているという背景もあるのかもしれないが。

改めてモーニング娘。『恋のダンスサイト』の映像を見た。メンバーの思いっきりやっている感じが実に良かった。そして参考までに『ジンギスカン』の映像を探したら、5人のボーカルと1人のかぶり物キャラクター（米米ＣＬＵＢのジェームス小野田のような）が、めちゃくちゃエネルギッシュに熱演していて、思わず笑ってしまった。

笑えるほどに大騒ぎするパワフルな音楽。それがポップスだと思う。アイドル音楽もポップスであってほしい。

141・平成最後の「新しい音楽」（3月15日）

♪ **King Gnu『白日』**
作詞：常田大希
作曲：常田大希

「King Gnu」と書いて「キング・ヌー」と読む。そしてもっと目を凝らすと「平成最後の新しい音楽」と読めるかもしれない。少なくとも、今年の音楽シーンにおいて、とびっきりの台風の目であることは確かだ。

日本テレビ系ドラマ『イノセンス　冤罪弁護士』の主題歌であるこの新曲『白日』は、そんな「新しい音楽」を背負う彼らの、格別な自己紹介になるだろう。

どこがどう新しいのか、説明するのは難しい。また聴感上はSuchmosに近いものもあり、そういう意味では「新しくない感じ」を感じ取る人もいるかもしれないが。

私が思うのは、全体的に、非常に丁寧に作り込まれていること、言わば「音楽主義」的なスタンスが、Suchmosを含めた他のバンドと違う、新しいところだということである。

その「丁寧さ」を象徴する部分を具体的に挙げれば、まずボーカルのアレンジだ。この曲では、ファルセットとオクターブ下の地声が絡む（「オクターブ奏法」ならぬ）「オクターブ唱法」が実にいい味を出していて、柔らかい聴き心地を与えてくれるのだ。

また、妙な言い方だが「サービス精神が旺盛な構成」も指摘しておく。ツンと澄ましていない。聴き手を飽きさせない。独りよがりではない「音楽主義」。聴いた後の満足感の高い音。

この曲で、抜群のポテンシャルが示されたと思う。昨年の音楽シーンにおける米津玄師のような存在になるかもしれない。「平成最後の新しい音楽」は「新元号の元年を象徴する音楽」になれるか。次作に期待。

——と、いつになく持ち上げ過ぎている気もするが、それくらい良かったのです。

142・はっぴいえんどへの正しいオマージュ（3月29日）

♪超特急『ソレイユ』
作詞：高田漣
作曲：高田漣

低視聴率が叫ばれるが、内容は見事な『いだてん』、安藤サクラの演技力で半年持たせ、いよいよ最終回を迎える『まんぷく』、それらを話題では圧倒した『3年A組』と、本クールのドラマ界は活気に溢れている。

その中で異彩を放っているのがテレビ東京『フルーツ宅配便』だ。濱田岳がデリヘル嬢の運転手に扮する異色のドラマなのだが、これがなかなかに面白いのだ。

このドラマ、音楽面でも振り切っていて、オープニングはEGO-WRAPPIN'で、ドラマ内音楽は高田漣が担当。そしてエンディングは、その高田漣の手による超特急『ソレイユ』となっている。

この『ソレイユ』が聴かせる。伝説のロックバンド＝はっぴいえんどのサウンドへの正しいオマージュ。さらに、はっぴいえんどが最も影響を受けた米国西海岸のバンド＝バッファロー・スプリングフィールド風のジャケットも楽しい。

はっぴいえんどや細野晴臣、大滝詠一などにかぶれた若い音楽家が最近多く、それ自体は結構なことなのだが、かぶれた影響を生煮えで出してくることには、閉口することが多い。

逆に、高田漣（あの高田渡の息子！）や星野源は、影響をいったん自分の中で消化しているからこそ、一周回って、より本質的に、はっぴいえんどっぽくなるのだ。そしてそれは、はっぴいえんどとバッファロー・スプリングフィールドの関係にも近しい。

『フルーツ宅配便』に話を戻すと、濱田岳と仲里依紗（借金に追い詰められるデリヘル嬢を好演）をキャスティングした時点で成功は約束されていた。東京地区では明日深夜にいよいよ最終回。楽しみで仕方がない。

143 次は1分台の小品を、クイーンのように（4月5日）

♪**BiS（新生アイドル研究会）『Are you ready?』**
作詞：松隈ケンタ、JxSxK
作曲：松隈ケンタ

4月1日付ビルボードジャパン・ホット100で8位となったこの曲は、何と11分を超える大作である。BiS（新生アイドル研究会）とは、昨年のこのコーナーの年間ベストテンで3位に輝くほどに評価したBiSHの姉妹グループ（？）のような存在だ。

大作のベースとなっているのはクイーン『ボヘミアン・ラプソディ』（75年）。そして『ボヘミアン〜』のピアノバラード調の部分に似たメロディ（と歌詞）に、ヘヴィメタル風の激しい曲が複数パターン挟まれているという、何とも風変わりな曲となっている。

また、公式ビデオもこれまた風変わりで、コアなファンには理解できるのだろうが、正直私には、よく分からない部分も多かった。

そういうクローズドな感じは、BiSだけでなく、最近のアイドル音楽界の全体を覆っているもので、その背景には、一部のファンを深く確実に捕らえて長く商売するという、アイドル界のビジネスモデルが背景にある。

ただし、普通のアイドルならともかく、ＢｉＳやＢｉＳＨなどの音楽性は、50を超えた私をも惹きつける何かを持っている。だから、私のような門外漢にも門戸を開放するような、オープンな手触りを、もう少しばかり加えてほしいと思うのだ。

その第一歩として、11分台のシングルの次は、１分台であっという間に終わるような名曲を聴いてみたいと思った。クイーンには『ボヘミアン・ラプソディ』という6分近い大作もあれば、サードアルバム収録『ディア・フレンズ』（74年）という、たった約1分の小品もある。どちらもクイーンでどちらも名曲だ、と書いている間に解散が決定した模様。なぬ？

144・長い階段をのぼった今聴きたい（4月12日）

♪小沢健二『強い気持ち・強い愛（1995 DAT Mix）』

作詞：小沢健二

作曲：筒美京平

小沢健二の名曲のロングミックスが突然のリリース。きっかけはこの曲が、木村拓哉が出演している某飲料のＣＭに使われたこと。

小沢健二については最近、カルチャー方面で過度に持ち上げられ過ぎている気がするが、それでもこの曲は、小沢健二の最高傑作だと思う。少なくとも個人的には、一番好きな曲だ。

作曲・編曲は筒美京平（編曲は小沢健二との連名）。と聞くと、筒美を崇拝する小沢の方からオファーしたと思われがちだだが、実は逆で、スチャダラパーとのコラボ＝『今夜はブギー・バック』（94年）を聴いた筒美が、その声に惚れ込み、小沢にオファーしたとのことだ。

懐かしのフォーマットである、この曲のシングルCDのジャケットには「小沢健二＝筒美京平　ソングブック」と書かれていた。

今回の「ロングミックス」は、想定の範囲内の出来だが、この曲のファンとしてグッと来たのが、最後のコーラス＝「♪長い階段をのぼり」からのパートが、2度繰り返されていること。

このパートの時制は、現時点ではなく、それからの長い人生のことを歌っている。小沢健二の曲には、この曲同様に、曲の最後で突然未来に目をやるものが多い（『ぼくらが旅に出る理由』―94年―や『流れ星ビバップ』―95年―など）。

その時制とは、つまり90年代にこの曲を聴いた若者の「今」だ。要するに当時20代後半・現50代前半の私の「今」。「長い階段」をのぼり「大きく深い川」を渡った50代の「今」、この曲を聴いて、ちょっとセンチメンタルになっていることを、20代のころの自分に教えてあげたい――今のこの気持ちほんとだよね。

145. 誇るべき「大衆のおもちゃ」（4月19日）

♪ゴールデンボンバー『令和』

作詞：鬼龍院翔
作曲：鬼龍院翔

4月1日、新元号「令和」が発表された瞬間からわずか約1時間後に発表されて話題を呼んだゴールデンボンバーのニューシングル『令和』。

単なるキワモノかと思いきや、これがヒットしているのだ。4月15日付のビルボードジャパン・ホット100で初登場6位なのだから、大したものである。

彼らは、新元号発表の少し前から、制作の様子をネットで公開、元号発表後すぐにレコーディングとMV撮影を始め、あっという間に仕上げてネットで公開したという。

音楽的には、昨年大ヒットしたDA PUMP『U.S.A.』風のダンスチューンで、いい意味で「お金のニオイがする」よく出来たもの。キワモノというには忍びない。

それにしてもゴールデンボンバーは偉い。

この連載では『水商売をやめてくれないか』と『#CDが売れないこんな世の中じゃ』を取り上げたが、今回も同様で、何が偉いかというと、絶えず「大衆のおもちゃ」であろうとする姿勢だ。

また時代に対する批評眼も素晴らしい。今回のこの曲も、彼ら自身が新元号で大騒ぎしているフリをしつつ、歌詞をよく読んでみると、実は新元号騒ぎを冷ややかに見つめている視点も埋め込まれている。

さらに特筆すべきはフットワークの良さ、スピード感。たった1曲の制作に何週間もかけている他の音楽家が、単なるウスノロに思えてくる。

聴き終わって残るのは爽快感。そして、彼ら以外に「大衆のおもちゃ」がいなくなった日本のエンタメ界に対する絶望感だ。

来たる令和時代、彼らが「令和時代の大衆のおもちゃ」であり続けてくれることを願う。

146 重苦しい平成時代後半のBGM（4月26日）

♪SMAP『世界に一つだけの花』
作詞：槇原敬之
作曲：槇原敬之

このコラムも平成最後。ということで、平成を代表する曲を振り返る。オリコンの「平成30年シングルランキング」の1位であるSMAP『世界に一つだけの花』(03年)。

安倍首相は、新元号に関する記者会見でこの曲について言及、「次の時代を担う若者たちが、明日への希望とともにそれぞれの花を大きく咲かせることができる。そのような若者たちにとって希望に満ちあふれた日本を国民の皆さまと共につくり上げていきたい」とコメントしたという。

まさに平成を代表する曲。しかし私は、この曲が正直苦手だ。苦手の根源は「ナンバーワンよりオンリーワン」というメッセージにある。「オンリーワン」を低くたやすく見積もる姿勢への違和感。いや、「オンリーワン」であり続けることの方が難しいじゃないかと。

90年代のSMAPの音楽は、まさにその「オンリーワン」だった。『俺たちに明日はある』(95年)を頂点に『がんばりましょう』(94年)や『青いイナズマ』(96年)、『たぶんオーライ』(94年)など、渋谷系歌謡の名曲たち。SMAP以前以後で、日本人のグルーヴ感が変わったという気さえした。

しかし『世界に一つだけの花』で、名実ともに「ナンバーワン」となり、重過ぎるものを背負ってしまった。引き換えに、90年代SMAPのヒット曲が持っていた、あの跳ねるようなリズム感が失われたと思ったのだ。

そしてそのSMAPの重苦しい感じは、平成後半のまるで曇り空のような空気感につながる。そして、震災や不況の時代として記憶されるであろう、平成後半のBGMにふさわしいのがこの曲である。

令和の世が「オンリーワン」な音楽で満たされることを祈る。期待も不安もあるけれど、でも、たぶんオーライ!

147 「音楽家・山本彩」への期待（5月10日）

♪山本彩『イチリンソウ』

作詞：山本彩
作曲：山本彩

正直、もうちょっと売れてもいいと思っている。あいみょんがこれだけ売れるのならば。5月6日付ビルボードジャパン・ホット100で19位。

今年の元旦にNMB48を卒業した山本彩の、ソロとしての初シングル。いつかこの欄で、彼女のギターの腕前について褒めたことがあったが、今回は作詞・作曲まで自身の手によるもの。「音楽家・山本彩」としての力量を、本気で世に問うものとなっている。

結果は合格点。作詞・作曲で言えば、作詞の方によりセンスを感じる。『イチリンソウ』、カップリングは『君とフィルムカメラ』と、タイトルからして冴えた言語感覚を感じる。秋元康の良い部分を引き継いでいる。またメロディも決して悪くないと思った。

少し残念に感じたのはアレンジだ。『イチリンソウ』は亀田誠治、『君とフィルムカメラ』は寺岡呼人と、当代最強の編曲家／プロデューサーを起用しているのだが、その結果として、音がメインストリームになり過ぎたと思う。平たく言えば『イチリンソウ』などは、どこか「あいみょんっぽい」と捉えられてしまうのではないか。

提案としては、山本彩が編曲まで自分でやってしまうことだ。さらにはギターの演奏も自分で。そこまでやって初めて「音楽家・山本彩」の輪郭がはっきりすると思うし、山本彩なら出来るのではないか。逆に言えばそれくらい、当代最強の編曲家の起用や、「元アイドル」という経歴が、楽曲イメージに占める割合は大きいのだ。

まだまだ大きな埋蔵量を感じる。あいみょんと並び立つような存在になれる可能性すらある「音楽家・山本彩」に期待したい。

148. 消費シーンの見える歌（5月17日）

♪あいみょん『ハルノヒ』

作詞：あいみょん
作曲：あいみょん

『映画クレヨンしんちゃん　新婚旅行ハリケーン～失われたひろし～』主題歌。タイアップ先に合わせにいったのか、タイトルの「ハルノヒ」は埼玉県「春日部《かすかべ》」という『クレヨンしんちゃん』の舞台の地名から取られたと言われている。また歌い出しの歌詞でいきなり（春日部にほど近い）「北千住駅のプラットホーム」が出てくるのも、映画との関連だろう。

いわゆる「あいみょん現象」が続いていく。大ヒット曲『マリーゴールド』の柳の下には何匹かのドジョウがいて、この曲もその一つ。シンプルなコード進行に乗って、彼女が独特のくぐもった声で朗々と歌うという構造は、まるで『マリーゴールド』のパート2だと言っていい。

妙な言い方だが「消費シーンが見えやすい曲」なのだ。カラオケボックスの女子高生たち。アイドルなどの賑やか過ぎる歌を入れ続けて疲れ気味。そこでこの曲のイントロが鳴り響き、場が再度盛り上がる——。

消費シーンが見えるということは、すなわち売れ線だということだ。消費シーンを見つける前に、多くの楽曲が瞬時に忘れ去られる中、あいみょんは早々と鉱脈を掴んだ。そして、その成功の大きな要因の一つが、彼女一流のシンプルなコード進行だと思うのだが、どうだろう。

また今回も、スピッツやゆず、ＧＡＯの『サヨナラ』（92年）など、我々が当時、短冊型ＣＤシングルで聴いた90年代ポップスが持つシンプルで素朴なテイストが、今回も生きている。もしかしたら、90年代への郷愁によって彼女に惹きつけられた私（たち）世代の需要も「あいみょん現象」を支えているのかもしれない。

149 「令和歌謡」の萌芽（5月24日）

♪Ａｉｍｅｒ『STAND-ALONE』
作詞：aimerrhythm
作曲：飛内将大

5月20日付けのビルボードジャパン・ホット100で19位。しかし長く売れそうな曲という感じがした。原田知世と田中圭が主演する日本テレビのドラマ『あなたの番です』の主題歌。歌うは今年初めに『I beg you』がヒットし、突然の大ブレイクを果たした女性歌手＝Ａｉｍｅｒ（エメ）。

個人的にも好きな曲調だ。短調×疾走感。思い出したのは、この連載でも高く評価したシェネルの一昨年のヒット『Destiny』。ちなみに『Destiny』もドラマ主題歌だった。

まずは『I beg you』同様、Ａｉｍｅｒの声の魅力が横溢している。「15歳の頃、歌唱による喉の酷使が原因で突如声が出なくなるアクシデントに見舞われるも、数年後には独特のハスキーで甘い歌声を得る」（公式サイトより）という奇妙な経緯で生まれた、深い靄《もや》がかかったような声。

そして『I beg you』と異なるのは通俗性だ。言い換えればポップでベタ。褒め言葉として聞いてほしいのだが、今回の方が、いい意味で歌謡曲的だと思う。場末のスナックに流れても映えそうな。

昨年の米津玄師の超・大ブレイクを汲む流れとして、『白日』のKing GnuとAimerがいる。この3組、短調で、声が独特のこもり方をしていて、そして歌謡曲的。音楽に株式市場があるのなら、私ならこの「令和歌謡」とでも言えそうなマーケットに張りたいと思う。Ｊポップの次に来るもの。

ちなみにドラマ『あなたの番です』は、今どき珍しく2クール（半年間）放映されるらしい。長く売れ続けるキッカケになるだろう。

150. 若者の日常の歌の復権（5月31日）

♪スガシカオ『労働なんかしないで光合成だけで生きたい』
作詞：スガシカオ
作曲：スガシカオ

機内ラジオで知った曲。タイトルが秀逸過ぎる。このフレーズを見て「そうだそうだ」と思う若者は多いのではないか。いや中年でも。

そして、タイトルからしてコミックソングのような曲かもと思って、機内ラジオのイヤフォンに耳を澄ませたら、なかなかどうして、非常にかっこいいファンキーな音なのである。これは気に入った。

歌われているのは若者の日常のようだ。空き缶が増える部屋、突然出ていく彼女、「ソシャゲ」にハマり、昼に起きて、バイト先に電話して辞めて、「労働なんかしないで光合成だけで生きたい」と願ってしまう——そんな、そこかしこにいそうな閉塞した若者の話。

ただ、スガシカオ本人へのインタビューには「これは僕自身のことですね」（サイト『ビルボードジャパン』）という発言があり、つまり、自分自身のことを歌った歌詞だと主張するのだが。まぁ、それでもやはり、これは、現代の若者の日常を歌った歌だろう。

この曲を聴く前から、私が思っていたのは、閉塞した若者の思いや悩み・怒りを直接的に体現した音楽が、なぜない（少ない）のかということだ。

言ってみれば現代の日本は、70年代後半のイギリスに近いものがあると思う。しかし当時のイギリスが、ロンドンパンクの若い才能を次々と輩出したのに対して、今の日本には、時代と音楽が切り離されている印象を受けるのだ。

それはつまらないことだ。クラッシュみたいなバンドが出てくればいいのにと、いつも思っている。この曲は、クラッシュには遠いが、でも時代に密着した歌だと思う。タイトルは面白く、でもその実は深い曲だ。

151. 米津玄師と菅田将暉の時代（6月7日）

♪菅田将暉『まちがいさがし』

作詞：米津玄師
作曲：米津玄師

現在ヒットしている菅田将暉の新曲は、米津玄師が作詞・作曲・プロデュースを手がけ、松坂桃李主演のフジテレビ系ドラマ『パーフェクトワールド』の主題歌。

昨年から米津玄師という人の音楽的才能を褒め続けている中、また今回も褒めると、若い音楽ライターが、サイトで書きがちな提灯記事と同一視されるような気がして抵抗があるのだが、今回の「米津玄師節」もまた素晴らしい。いいものはいい。

「米津玄師節」とは――まずは陰鬱な曲調。キーが短調か長調か判然としない浮遊感、ポイントポイントで心に引っかかるコード進行、といったところが、その条件となる。

コード進行について今回で言えば、冒頭の「♪間違いの方に」の「♪いのほうに」のところのコード（キーがDにおけるF＃）が強烈である。悲しいコード（次に来るBm）をおびき寄せる哀愁感溢れるコードなのだが、こういうのは普通、サビ近くに持ってくるもの。しかしそれをいきなり冒頭で使うのが、米津玄師のクリエイティビティ。

そんな工夫もあって、令和の世になっても「米津玄師節」は古びる兆しがない。King GnuやＡｉｍｅｒと並んで、「令和歌謡」（前々回記事参照）の一角、いや代表としてとして君臨し続けると思われる。

そんな曲を朴訥に歌う菅田将暉のボーカルにも好感が持てる。こういう曲を歌いこなすことで、菅田将暉のカルチャー臭が高まる。結果、某洗剤のCMに出てくるイケメン衆の中でも、独自のポジションを固めつつあるようだ。

令和の世は、米津玄師の時代で菅田将暉の時代。そしてそれはまだまだ安泰のようだ。

152 映画館のスピーカーで聴く曲（6月14日）

♪米津玄師『海の幽霊』
作詞：米津玄師
作曲：米津玄師

この『海の幽霊』は、アニメーション映画『海獣の子供』の原作に、10代の頃から惚れ込んでいたという米津玄師が描き下ろした、同映画の主題歌だ。

6月3日に配信限定でリリース。今をときめく米津玄師の新曲ということで、期待しながら早速ダウンロードして聴いてみた。すると——ボーカルが妙なミキシングなのである。

なんでも、1回のボーカル録音で、何人もが歌っているように聴かせる「デジタルクワイア」というソフトを使っているらしいのだ。

J―WAVE公式サイトにある米津玄師自身へのインタビュー（17年）によれば「ここ最近、海の向こうの音楽ではそういうものを使って叙情的な音楽を作るという文脈がある」らしいのだが、その「デジタルクワイア」活用によって、あの米津の地声が、前に出てこないのである。

粘着的でくぐもった、あの独特の地声が聴こえてこない――そんな第一印象も影響してか、6月10日付ビルボードジャパン・ホット100では9位と、米津玄師としては、意外に地味な滑り出しとなったと思われるのだが。

それでもスピーカーを通して聴くと、曲全体の壮大な響きに素直に入っていけるのが不思議だ。

イヤフォンだとデジタルクワイアが耳に付き過ぎるが、スピーカーから空気を震わせて聴くと魅力が広がる。さらには動画サイトに掲示された、映画の映像を活かしたMVもいい。ということは、映画館で聴けば、イヤフォンで配信音源を聴くのとは違う、新しい魅力に触れることが出来るのではないか。

ちなみにそのMVはたった4、5日で1千万回再生という自身最速を記録したらしい。すごい。

153. 朝ドラ主題歌として合格点（6月21日）

♪スピッツ『優しいあの子』
作詞：草野正宗
作曲：草野正宗

日本の朝に毎日流れる朝ドラの主題歌として、このスピッツの新曲は合格点の出来だろう。草野マサムネの靄《もや》がかかったようなハスキーボイスに、シンプルなコード進行、抑揚のあるメロディ。平成を代表するスピッツの傑作『空も飛べるはず』（94年）を想起する。

もう一つ想起するのがあいみょんだ。彼女のハスキーボイスやシンプルなコード進行に通じるものを感じるのだ。というか真相は、あいみょんが「スピッツ・チルドレン」だという話なのだが。

肝心のドラマ『なつぞら』の方も「落ちる」ことなく見続けている。こちらも「減点するところがない」という印象。

これは基本褒めている表現なのだが、逆に言うと「加点」するポイントが見つからないという意味でもある。あまりに手堅い「国語算数理科社会オール4」。

その手堅さは、主に広瀬すずの安定感に端を発しているが、加えてキラリと光る切っ先の鋭い何かも見たくなる。

ポイントは山口智子（岸川亜矢美役）だと思う。TBS『ダブルキッチン』（93年）の頃の、あの体技とテンポ感を取り戻せるか否か。今『なつぞら』に必要な通信簿は「保健体育5」だ。あ、一つ加点要素を思い出した。クラブ歌手「煙カスミ」役・戸田恵子の歌だ。抜群にして完璧。もっと歌ってほしい。というわけで「音楽」の通信簿は「5」、いや「10」でもいい。

154 80年代ブームのパロディか？（6月28日）

♪**サカナクション『忘れられないの』**
作詞：Ichiro Yamaguchi
作曲：Ichiro Yamaguchi

先週のテレビ朝日「ミュージックステーション」（Mステ）で話題を呼んだ、サカナクションの最新アルバム『834・194』収録曲。

話題を呼んだのは、楽曲というよりはその映像。ボーカルの山口一郎が「杉山清貴風」の肩パット入り白スーツに身を包み、「80年代風」のセットと演出の中で歌ったのだ。ご丁寧に映像の画面比率も「16：9」ではなく、80年代当時の「4：3」になっていた（両脇が黒くなっていた）。

ＭＶも同様に「80年代風」になっていて、「サカナクション、新曲『忘れられないの』ＭＶで80年代トレンドを徹底研究＆再現」（『ビルボードジャパン』公式サイト）などと書かれているので、ぜひ見てほしい。

私含むオジサン世代は思うだろう――「こんなの80年代じゃない」（笑）。

今回のＭステやＭＶの映像は「80年代トレンドを徹底研究＆再現」ではなく、むしろ、明らかに半笑いで演出された「80年代パロディ」なのだ。この曲の映像は、そこを楽しむべきであって「徹底研究＆再現」という書き方はさすがに不勉強だと思う。逆に、こういうのが80年代だと真面目に思われてしまうと、オジサンは困ってしまう。

さらに考えれば、この曲の映像は、もしかしたら最近の「80年代ブーム」自体をパロディとしているのかもしれない。不勉強な若者たちが、表面だけすくって「80年代風」を気取っている現状を茶化しているのかも？

というわけで結論として、この半笑いで作られた映像は、半笑いで楽しむのが正しい。併せて私は思う。私世代の音楽家が必死で再現してきたはずの「60年代風」も、リアルタイム世代から見れば、半笑いのパロディに見えていたのかも、と。

155. 「いだてん」の戦いはまだまだ続く （7月5日）

♪大友良英『いだてんメインテーマ』

作曲：大友良英

あちこちからあれこれ言われているNHK大河ドラマ『いだてん』だが、個人的には十分楽しめた。6月23日までの「前半」で最も盛り上がったのは、ストックホルム五輪のくだりではなく、ラスト3回だった。特に村田富江（黒島結菜）が靴下を脱ぎ、生脚を出してからの忙しい展開は、大げさではなく、日本のテレビ史に残るものと思う。

あれこれ言われているというのは無論視聴率の低さのことで、この件については、テレビ朝日系『ポツンと一軒家』の急躍進もあろうが、さらに大きな問題は、NHKのあの時間帯にいた視聴者が、ざっくり言えば江戸時代までの「歴史ロマン」が好きな人たち（その多くは司馬遼太郎好き）で、彼（女）らの嗜好に『いだてん』がハマらなかったということだろう。

と、意見が分かれる『いだてん』だが、私のような肯定派にとっては楽曲もまた印象深い。特に毎回流れる『メインテーマ』は『あまちゃん』のそれと同様、ドラマの魅力を増幅させていると思う。

前回の東京五輪で高らかに奏でられた古関裕而作曲『オリンピック・マーチ』へのオマージュのようなイントロから、熱い生演奏で一気に走り切る濃密な演奏。しばらくは、このメロディと中村勘九郎の激走シーンがオーバーラップしそうだ。

今後の展開にも期待が持てる。後半になり、時代がさらに現代に近付くことで、視聴率的には引き続き苦労するかもしれないが、あきらめるのにはまだ早い。あの時間帯に、いわゆる「歴史ロマン」好き以外の新しい視聴者を集めていく戦いは長い。ゴールがまだまだ先の、まるでフルマラソンのような戦いなのだから。

156. 子供受けの理由は5音音階？（7月12日）

♪ Foorin『パプリカ』
作詞：米津玄師
作曲：米津玄師

楽曲自体は昨年の8月に発売されたもの。「NHKによる、2020年とその先の未来に向かって頑張っている全ての人を歌で応援するプロジェクト」の「応援ソング」。米津玄師による作詞・作曲・プロデュース。その曲が最近ネットで話題になっている。この曲を歌う小中学生5人組ユニット・Foorinが、6月14日のテレビ朝日『ミュージックステーション』に出演したこともあったのだが、加えて、「幼稚園児にしか聞こえない、奴らのテンションあげる高周波とか入ってるのでは？」というツイートが広がったのだ

このツイートは「（それくらい）子供からの好感度高くてびる」という内容だったのだが、実際、この曲で異常に盛り上がる子供が多かったらしく、「本当に高周波が入っているのかも？」と話題になったのだ。

高周波の有無は私には分からないが、子供たちがこの曲で盛り上がる音楽的理由として、5音音階（ペン

タトニック）の活用があると思う。日本を含む世界各国の民謡で使われる土着的な音階。この曲に、何となくオリエンタルな香りがするのも5音音階の影響。

具体的には「ド・レ・ミ・ソ・ラ」5音だけの音階。「パプリカ」は完全5音音階ではないものの、例えば歌い出しのAメロ（8小節）ではほぼ5音のみ。「ファ」が一度出てくるだけ。

そんな単純さが子供たちに受けているのではないか。ただそういう単純さとともに、AからF#に転調して深みを出しているあたりはさすが米津玄師。

最近の5音音階の使い手と言えば星野源だったが、ライバル（？）の米津玄師が5音音階を大胆にぶっこんできた。「5音音階頂上決戦」の様相。

157 世界に開かれた音楽（7月19日）

♪BTS『Lights』
作詞:UTA・SUNNY BOY・Yohei
作曲:UTA・SUNNY BOY・Yohei

売れている曲。7月15日付ビルボードジャパン・ホット100では、菅田将暉やOfficial髭男dism、あいみょんを抑えて堂々の1位。BTSとしては、日本での7thシングル『血、汗、涙』から4作連続、通算5作目の1位獲得とのこと。

そもそもBTSとは韓流男性ヒップホップグループ「防弾少年団」のこと。この5文字には見覚えのある人も多かろう。

かくいう私も韓流方面には明るくなかったので、今回この曲を取り上げるのには、ちょっとした勇気が必要だった。BTS／防弾少年団がとてつもなく人気のあるグループであることは知っていたものの、その分、固定ファンに閉じた、とっつきにくい曲ではないかと邪推していたからだ。

聴いてみて驚いた。これはいい。これは売れる。言い方を変えると、売れない理由のない音楽だ。と、門外漢の私が思ったくらいだから、これは売れるだろう。いや実際に売れている。

まごうことなき2019年の音である。仮に2018年の音が米津玄師だったとしたら、今年はこのBTSから、King Gnuをつなぐ補助線上にある音と言えよう。

よく考えたら、BTSの音が私にも開かれていることは当たり前で、私どころかアメリカのビルボード・アーティスト・チャートで5週1位になるほど、世界に広がっているのだから。

逆に言えば、この曲に比べたら、日本の集団アイドルの音などは、オジサンと世界に、どれほど閉じていることだろう。

開かれているということは気持ちいいということだ。オジサン世代にもおすすめしたい気持ちいい音。今後は臆せず韓流グループも取り上げていきたいと思った。

158 歌手・中川翔子の底力（7月26日）

♪小林幸子&中川翔子『風といっしょに』

作詞：戸田昭吾
作曲：たなかひろかず

7月22日付けのビルボードジャパン・ホット100の22位に、ひょっこり顔を出している曲。公開中の映画『ポケットモンスター　ミュウツーの逆襲　EVOLUTION』の主題歌。98年公開のポケモン映画第1作『劇場版ポケットモンスター　ミュウツーの逆襲』主題歌の小林幸子『風といっしょに』が、中川翔子とのコラボを加え、亀田誠治アレンジでリニューアルされたものだという。

注目したいのは中川翔子である。歌手・中川翔子の実力だ。

私は、かなり前から中川翔子のボーカルを認めていた。歌が上手いのもさることながら、もっとプリミティブに声が大きいのがいいと思っていた。その声量は、若い女性ボーカルの中では、木村カエラと並ぶものだと思う。

15年のNHK朝ドラ『まれ』で、中川翔子がたまに昭和歌謡を歌う姿にしびれたし（朝ドラとしての『まれ』は、個人的には合格点に至らなかったが）、また松本隆の作詞活動45周年を記念したコンサート『風街レジェンド』で、中原理恵『東京ららばい』を大迫力で歌いきったことも、昨日のことのように憶えている。

彼女、「昭和歌謡マニア」のようなのだが、マニアックなところをひけらかさず（最近、歌謡曲マニアぶって商売をするタレントが多い）、純粋なファン目線で語っているのもよいと思う。

この曲は一種の企画物になろうが、こういう曲を機に、歌手・中川翔子が認められていくとすれば、意義深い1曲になるだろう。

なおカップリングの前山田健一（ヒャダイン）プロデュースによる中川翔子『タイプ：ワイルド』も楽しい。お買い得（サブスクリプションだと「お聴き得」）だ。

159. スタッフの気合と執念を感じる（8月2日）

♪日向坂46『ドレミソラシド』

作詞：秋元康

作曲：野村陽一郎

「けやき坂46」改め「日向坂46」のシングル。それにしても次から次へと色んな大人数グループが出てくる。ジャニーズ系も含めて「なぜ日本人は、いたいけな少年少女による、一糸乱れぬ振り付けとユニゾンが好きなのか」というテーマは研究に値すると思う。

そんな中、この『ドレミソラシド』は色々なアイデアに溢れていて、最近「48グループ」「坂道シリーズ」の曲が食い足りなかった私も、興味を感じた作品である。

まずはタイトル。秋元康×階名（ドレミ……）で思い出したのは、私世代的には少年隊『デカメロン伝説』（86年）のイントロ＝「♪ドレミラーミレド・ラシドミドラソ」である。イントロの音程を階名で歌うという離れ業は、当時一気にブレイクした秋元康の天才的アイデアだったのではないか。

今回もそれに準じて「歌詞＝メロディの階名」となっているのが面白い。ただ細かい話、「♪ソラシド」の部分の階名が「ソラシド」になっていないのがもったいない。

また、これも最近のアイドル音楽の一般的な傾向だが、当初過剰な転調に耳が付いていかなかった。キーはE♭→F→E♭→F→F♯→Eと変化。これはさすがに忙しくないか？

それでも、そういういくつかの違和感を、サビのところの奇妙な振り付け（流行るだろう）で一気に払拭、違和感をチャーミングさに転化するのが、この曲の妙味だと思う。

以上まとめると「48グループ」「坂道シリーズ」において、スタッフの気合と執念を、久々に感じた爽快な小品である。

160 ファンタジーからリアリティーへ（8月9日）

♪ RADWIMPS『愛にできることはまだあるかい』

作詞：野田洋次郎
作曲：野田洋次郎

大ヒット映画『天気の子』の主題歌。前作『君の名は。』同様、映像と音楽の絡みが抜群で、RADWIMPSが制作段階から深く噛んでいることが分かる。

ただ映画としては、空前の大ブームとなった『君の名は。』と比較して、話題の盛り上がりが一段劣る感じがする。参議院選挙や吉本騒動などにかき消されて、思ったよりも地味にヒットしているという感じを受けるのだが。

それでも傑作と認めたい。個人的採点では『君の名は。』を超える。評価ポイントとしては、その「地味」さだ。

そもそもテーマが、前作のような天変地異ではなく天気（大雨）。「タイムリープ」もなく、時制は淡々と進んでいく。主人公たちの生活もいよいよ地味で、インスタントラーメンやカップ麺を美味しそうに食べている。

言わば、アニメ映画におけるファンタジーからリアリティーへの大転換。その荒業に、『天気の子』は成功したと考えるのだ。

新海誠監督は「気候変動や政治状況、年金のゆくえ。今後よくなっていくこともあるだろうけれど、悪くなっていくこともたぶん多い。僕たちはそういう場所、時代に暮らしている。どう対応したらいいのか分からない心配を、勝手に飛び越えていく人たちがいるんじゃないか、いやいてほしい。そういう少年少女を描きたかった」と語る（『日経新聞』7月23日）。

つまりこの映画は、『君の名は。』ではなく、『新聞記者』や昨年の『万引き家族』などの系譜に連なるものなのだ。そして今や日本が世界に誇るアニメーション文化が、その系譜の中に入ってくるのは大歓迎である。

日本は、いや世界はリアリティーを求めている。

161 「熱闘系」の次にあるもの（8月16日）

♪ **Official 髭男 dism『宿命』**
作詞：藤原聡
作曲：藤原聡

夏の甲子園でもっとも印象に残っている大会は10年前の第91回大会だ。菊池雄星、西川遥輝、今宮健太などが躍動し、新潟代表の日本文理高が決勝戦の9回表、中京大中京に対して怒涛の反撃を見せた年である。

この年はテレビ朝日・ABC系『熱闘甲子園』のテーマソングも良かった。秦基博『Halation』。あの曲の魅力によってあの大会が彩られたフシもあるくらい。

それから『熱闘甲子園』のテーマ曲は『Halation』の情緒性を捨て、「夏だ！汗だ！青春だ！」的「熱闘系」の方角に舵を切る。ファンキー・モンキー・ベイビーズやGReeeeNなどがその方角を体現、そして昨年の嵐に至る。

そんな「熱闘系」の流れに対して、今回のテーマ曲はほんの少しだけズレている。「♪『大丈夫』や『頑張れ』って歌詞」に「♪苛立ってしまった」という歌詞は「熱闘系」を批評しているようだし、蔦谷好位置のアレンジも『熱闘甲子園』に対しては垢抜けすぎている感じがする。

でも、それはいいことではないか。

そもそも夏の甲子園自体が変わらなければいけない。「夏だ！汗だ！青春だ！」を求める（大人の）ファンのエゴで、いつまでも球児をいたぶってはいけない。個人的には球数も制限していい、日程も緩和していい。涼しいドームでやってもいいと思う。

そんな新しい夏の甲子園のパラダイムに対して、この曲は沿っていると思う。でもさらにピタっと沿っていたのが秦基博だ。『Halation』を永遠のテーマ曲にしていいと思う。

ちなみにこの曲の作者でもあるボーカルの藤原聡の出身校、米子東高校は、1回戦で智弁和歌山に8対1

で敗れた。

162 シニア向けアイドル？（8月23日）

♪BiSH『DiSTANCE』
作詞：松隈ケンタ・JxSxK
作曲：松隈ケンタ

この連載を続けて読んでいただいている奇特な方はお気付きだと思うが、チャートを埋め尽くしている男女アイドルグループの曲をここに取り上げることは、売上の割には、比較的少ない。

理由は単純で、私がそれらを得意ではないからで、具体的に言えば「いたいけな未成年が、一糸乱れぬよう、与えられた振り付けを踊りながら、ユニゾンで歌う楽曲」が苦手なのだ。

しかし、なぜそのような曲が、チャートを席巻するようになったのだろう。その根本には、明治維新以降の（斉唱＝ユニゾン中心の）西洋音楽教育があるような気がする。またそれに拍車をかけるのが、未成熟なものを愛玩する文化性である（東洋人特有と思われる）。

対して、私（世代）は洋楽の影響が強いので、ハーモニーが豊かで個が立った音楽こそが優秀とする観念がある。その結果、先のようなアイドル楽曲を苦手に感じるのである。

そんな私にもすっと入ってくるのが、ＢｉＳＨの楽曲群だ。この曲も、個が立った絶叫ソロボーカルが続く構成になっており、少なくとも、チャートを席巻する男女アイドルグループの曲とは、明確に一線を画している。

シニア世代は、ルールに縛られず、若者が自由を謳歌している姿が好きだと思う。そう考えると、高齢化社会の中、シニア向けアイドルとしてのＢｉＳＨには可能性を感じるし、それでもまだオーバープロデュースに思えるので、もっと自由で個が立ったグループが出てくれれば、推してもいいなぁと妄想したりもする。

今や風前の灯のような戦後民主主義を、今こそ若者アイドルグループにくれてやりたい。

163. 令和の中島みゆきとして（8月30日）

♪あいみょん『真夏の夜の匂いがする』
作詞：あいみょん
作曲：あいみょん

最初に宣伝です。スージー鈴木による今年3冊目の新刊が発売されました。題して『80年代音楽解体新書』

（彩流社）。ぜひご一読くださいませ。

今や時の人のあいみょんのニューシングル。石原さとみが主演を務めるＴＢＳ系ドラマ『Heaven? ～ご苦楽レストラン～』の主題歌として書き下ろされた楽曲。

「あいみょんワールド」は相変わらずだ。ドキッとさせるような鮮烈な歌詞とシンプルなコード進行の組み合わせ。アレンジが賑やかなので気付きにくいが、虚飾を剥ぎ取って見えてくるのは、まるで70年代フォークのような音楽性である。

そんな「あいみょんワールド」の本質は、理屈ではなく感覚で作られている点にあると思う。

そりゃ、ここまで売れているのだから、感覚を超えた理屈や戦略も、当然込められているとは思うのだが、それでも作品の骨格は極めて感覚的に組み立てられていると思うのだ。

また、そんな感覚的な作品を生み出せるのは、あいみょん自身に、新しい音楽に対するコンプレックスがないからだと思う。少なくとも、最新の音楽を目標にして、吸収して、追いつけ追いこせと頑張るタイプではないことは確かだろう。

そう考えてみると、あいみょんの意味がいよいよ明らかになる――彼女は「令和の中島みゆき」ではないか。

この曲のチャートアクションを見る限り、『マリーゴールド』で極まった「あいみょん現象」は、やや落ち着きを見せ始めているようだ。でもそんな小さなことに右往左往しないほうがいい。「昭和の中島みゆき（つまり本物）」のように、40年後にも「夜会」を続けているような存在になれるかもしれないのだから。

164・「ギタ女」からの脱却を（9月6日）

♪miwa『リブート』
作詞：miwa、杉山勝彦
作曲：miwa

競泳選手・萩野公介と結婚することが明らかになったとシンガーソングライターのmiwa。最近よく耳にするこの曲＝『リブート』は、TBS系金曜ドラマ『凪のお暇』の主題歌として書き下ろされたもの。

イメージがかなり変わったのも、結婚と関係があるのだろうか。髪の毛はばっさりとショートに、そして彼女のシンボルだったアコースティックギターをエレキギターに持ち替え、さらにテレビでは、歌詞「♪蹴飛ばし」のところで、大胆なキックの振りを見せていた。

しかし、この曲の魅力と言えば、何といっても声質である。その、適度に湿ったハイトーンボーカルは、今の音楽シーンで屈指の魅力的な声だと思う。少なくとも私にとっては、生理的な快感を与えてくれるものだ。

そう考えると、エレキギターもキックもいいが、もうそういう視覚的なシンボルに頼らずに、マイク一本握って歌で勝負する、正真正銘のボーカリストとして方向付けするのが良いと思うのだ。

より具体的に言えば、平原綾香や夏川りみなど、独特の声質の抜群の歌唱力で勝負する女性ボーカリストへの方向付けである。

「ギター女子」「ギタ女」という言い方があって、ここ10年くらいに多くデビューした、アコースティックギターを持って歌う女性ボーカリストたちのことを指すようで、その筆頭に数えられるのがｍｉｗａである。だからこそ、いちはやくその一群から抜け出て、そういう記号を持たない、いちボーカリストとして勝負するのがいいと思うのだ。「リブート」は「再起動」という意味。結婚も決まった今、音楽的にも「再起動」するのには抜群のタイミングだと思う。

165 「米津家」の癖が強い新メニュー（9月13日）

♪米津玄師『馬と鹿』
作詞：米津玄師
作曲：米津玄師

『Ｌｅｍｏｎ』『Flamingo』という、名実ともに昨年の音楽シーンを席巻・制圧した大傑作シングルに続く米津玄師の新作は、ＴＢＳ日曜劇場『ノーサイド・ゲーム』の主題歌。

『馬と鹿』＝馬鹿にされているのかという感じのタイトルに驚きながら聴けば「ザ・米津玄師」なサウンド。

もっと言えば『Ｌｅｍｏｎ』の続編という感じがする。

メロディとコード進行、どちらも『Ｌｅｍｏｎ』に似ている。あえて違う点を言えば、『Ｌｅｍｏｎ』に比べて、より米津玄師的と言おうか、「米津玄師臭」がより強いと言おうか、癖が強いんじゃぁ。

昨年急に有名になって全国から客が殺到、大行列が出来たラーメン店「米津家」の新メニューは、「米津家」独自のスパイスを強く効かせたもので、これまで繰り返し「米津家」を訪ねたコアファンにはたまらないだろうが、レモンをさらっとかけた従来の薄味メニューが好きだった客は、この新メニューをあまり注文しないんじゃないか——そんな出来である。

例え話を現実に戻すと、そういうこともあってか、９月９日付ビルボードジャパン・ホット１００では５位にとどまっている（っていうか『Ｌｅｍｏｎ』が未だに10位なのがすごい）。

癖が強い複雑なメロディは、数回聴いただけではカラオケで歌えそうもなく、また転調も癖が強く、その上タイトルが『馬と鹿』だから、ビキナーは「Ｌｅｍｏｎラーメン」を注文したほうが無難かもしれない。

ただし他ならぬ米津玄師のことだ。次はまた新しい一手で攻めてくるだろう。次はどんなラーメンか、いや、うどんかパスタか。次の一手が楽しみである。

166 「死」を歌った「死リアス路線」か（9月20日）

♪サザンオールスターズ『愛はスローにちょっとずつ』
作詞：桑田佳祐
作曲：桑田佳祐

8月12日に配信リリースされていたサザンオールスターズの新曲。リリース前のツアーですでに披露されていたので、ファンにとっては、すでにおなじみの状態でリリースされたこととなる。

『真夏の果実』（90年）や『慕情』（92年）を想起させる静かなバラードで、失恋した男のわびしさを、桑田佳祐が切々と歌い上げるのだが、これがなかなかいい。

ただし私がこの曲を評価したのは、歌詞の意味を勝手に深読みして、である。実は私はこの曲を「死」を扱った歌と解釈したのだ。

「もういない」と歌われる「君」、「夢に訪れる」「君」は亡くなったのではないか。

だからサビの歌詞「♪愛はスローにちょっとずつ」に続くフレーズが「黄昏（セピア）に染まるんだ」になっているのではないか。「黄昏（セピア）」は「死」の表現と解釈できなくもないものだろう。

野暮ながら歌詞の解釈を披露したが、大病（食道がん）を患ってからの桑田佳祐の作品には、大病の経験が陰に陽に影響していると思う。アルバム『葡萄』に収録された『はっぴいえんど』（15年）などは「生命」

や「死」を表現した傑作だ。

そして、今年63歳となる桑田佳祐が、そういうテーマを取り上げることは、まったく自然なことだろう。

個人的には、桑田佳祐お得意のコミカル路線がやや食傷気味である。コミカル路線を差し控えてシリアル路線を充実させてほしいと思ったりもする。それも「生命」や「死」と向き合った「死リアス」路線を。

78年、桑田佳祐は22歳にしか歌えない歌で鮮烈なデビューを果たした。だから今は、63歳にしか歌えない歌を歌ってほしいと思うのだ。

167.「その日」の意味とは？（9月27日）

♪矢沢永吉『いつか、その日が来る日まで…』
作詞：なかにし礼
作曲：矢沢永吉

2019年の夏の終わりは、巨大な台風と、矢沢永吉と竹内まりやの異常に精力的なプロモーションとともに思い出されることだろう。

矢沢永吉ニューアルバムのタイトルチューン。タイトルは「、」（読点）と「…」（三点リーダー）を駆使し、かつ「日」をダブらせるなど、凝りに凝っている。作詞は大御所・なかにし礼。

歌詞のテーマは「旅の終わり」。この「旅」は普通に読解すると、矢沢永吉の音楽人生ということになろう。そう考えると、前回のサザン『愛はスローにちょっとずつ』同様、「死」の影がチラつく歌詞である。「歌は我が夢」というフレーズもある。この「歌」は「ロックンロール」と読み替えていい。「ロックンロールは我が夢」。縁起でもないが、いよいよ終末観が漂ってくる。

矢沢永吉の巨大プロモーションの中で印象的だったのは、フジテレビ『ミュージックフェア』で流されたキャロル時代の映像だ。キャロルのデビューのきっかけとなった伝説のテレビ番組『リブ・ヤング!』での演奏シーン。20代の矢沢永吉による、弾けるような歌とベース。

感じたのは、キャロルから今の矢沢永吉に至る途方もない道のりである。まだまだ元気で歌声もほとんど衰えていない「永ちゃん」だが「いつか、その日」はいつか必ず来るのだ。

矢沢永吉といい、桑田佳祐といい。日本語ロックのイノベーターが、途方もない道のりを経て、「その日」を捉えつつある。ただ、いちロックファンとしては、悲しむのではなく楽しみたいと思う——これまで無敵だったロッカーが、「死」という強大な敵を前に紡ぎ出していく音楽を。

168・悪女のラブバラードを（10月4日）

♪**阿部真央『どうしますか、あなたなら』**

作詞：阿部真央
作曲：阿部真央

ＮＨＫのドラマ『これは経費で落ちません！』の主題歌として、この夏毎週聴いた曲。歌うは大分県出身29歳の女性シンガーソングライター、阿部真央。

同じく「ギタ女」のｍｉｗａによる楽曲と感想が近くなる――「声の魅力」。ｍｉｗａの声質には、シニア男子を妙な心持ちにさせる（笑）独特のオーラがあると思うが、この阿部真央の声質も独特だ。聴いてまず最初に思い浮かんだのが椎名林檎、さらには、50代以上限定となるが、私は日吉ミミを想起した。『男と女のお話』（70年）や『世迷い言』（78年）で記憶される女性歌手。

言いたいことは、やや錆《さび》がかかった金属のような声質の魅力である。「ギタ女」的な快活なロックもいいが、この金属的な声で壮大なラブバラードを歌われたらたまらないのではないか。それもできれば、金属の錆を活かして、男を闇から突き刺すような悪女視点の歌詞で。とにかく阿部真央は、まだまだ未知の埋蔵量を秘めているシンガーだと思う。

『これは経費で落ちません！』を最後まで見続けたのは、シナリオの魅力もさることながら、主演・多部未華子の魅力にやられてしまったからだ。特に彼女の前髪ぱっつんには、ｍｉｗａの声質同様、シニア男子を妙な心持ちにさせる何かがある。役柄も含めて、あの清潔でピュアな前髪オーラに、気が付いたら金曜の夜、毎週萌えまくっている自分がいた。

ただ、多部未華子のキリっと強い眼力は、清潔／ピュアな少女というよりは、その真逆＝悪女のそれだと思う。阿部真央に悪女視点のラブバラードを望む私は、多部未華子が悪女を演じるラブロマンスを望む者でもある。

169 回り道はもったいない（10月11日）

♪ **Little Glee Monster『ECHO』**
作詞：今井了介
作曲：今井了介

このコーナー、久々の登場となるLittle Glee Monster（リトグリ）。最新曲はＮＨＫ『ラグビーワールドカップ２０１９日本大会』のテーマソング。

歌詞は「いかにも」スポーツ系のそれ。「汗・涙」「信じて進むことが全て」「駆け抜けた証」と来て、「One

for all, All for one」とダメ押しする。

そんな歌詞を歌うリトグリの歌声は相変わらずの「達者」だ。上手いというより「達者」という表現がぴったり。

「いかにも」「達者」という言葉に、私はあるニュアンスを込めている。そのニュアンスを翻訳すれば「これだけ歌が上手い女の子たちなのだから、もっと新しくて自由な音楽を与えてあげればいいのに」というものだ。

アイドル界を覆う「いたいけな若者が斉唱（ユニゾン）で歌う姿を愛でる」文化に、リトグリは反旗を翻しているように見える。メンバー一人ひとりが、自分らしい歌い方で、個を主張しながらハーモニーを取れることは、日本の音楽界において実に希少な価値を持つ。

だとしたら、彼女たちのそういう実力をいかんなく発揮できる、もっと新しい音楽の開拓こそが、スタッフの役割なのではないか。

今や洋楽を熱心に聴くことはないが、年に1度のグラミー賞授賞式は楽しく見ている。バリバリに個を主張して、でもキメのところではバリバリにハモるボーカルを見ていると、なぜこういう歌を日本では聴けないのかと憤るのだ。

そんなグラミー賞の舞台に、いちばん近いところにリトグリはいると思う。「リトル」から「グレート」へ。回り道はもったいない。

170. 笑いながら応援したい（10月18日）

♪渋谷すばる『ぼくのうた』

作詞：渋谷すばる
作曲：渋谷すばる

今年屈指の問題作と言っていいだろう。

元関ジャニ∞・渋谷（しぶたに）すばるのソロデビュー作『二歳』。中でも、ネットを通じて流れてきた『ぼくのうた』という曲に、ひっくり返って驚いた。

シンプルなギターサウンド（作詞・作曲のみならず編曲も渋谷自身だという）に乗って「♪歌を歌わせて頂けませんか」と絶叫する曲。音楽に関して抑制がかかっていた、これまでの芸能生活を憶測させる曲である。

想起するのはブルーハーツのファーストアルバム。しかし、より直接的に近いのは、『マザー』（70年）を冒頭に収録したジョン・レノンの実質的ソロデビュー作にして、ジョン最大の問題作＝『ジョンの魂』だ。

ここで何度か書いたように、私はかねがね、渋谷すばるのボーカリストとしての魅力を認めていた。その魅力とは、抜群の声量、ビブラートに頼らない荒削りな発声、そしていかにも音楽好きだと分かるセンス。

認めるきっかけとなったのは映画『味園ユニバース』（15年）。あの映画での渋谷すばるの歌は、実に素晴らしかった。

ここで、やっとタガが外れて、ボーカリストとして邁進できるのだろう。素直に応援したい。

逆に聴き手にお願いしたいのは、やれ「これぞ魂の叫びだ！」などと、こういう曲を過度にシリアスに持ち上げない方がいいということだ。『二歳』のジャケットや、コミックソング的な曲『来ないで』など、渋谷すばる側は半笑いで聴いてもらうことを想定しているはずだから。

ジョン・レノンは、本人の予想を超えて、聴き手の側が一方的に要求した過度なシリアス性によって殺されたと、私は考えている。

171.「感情過多」で今年の顔に（10月25日）

♪ Official 髭男 dism『イエスタデイ』

作詞：藤原聡
作曲：藤原聡

昨年の音楽シーンの顔が米津玄師ならば、今年のそれは Official 髭男 dism（髭男＝ヒゲダン）ということになるだろう。

10月21日付けビルボードジャパン・ホット１００において彼らは何と2位・3位・5位・16位・33位・93

位を占めている。

今回取り上げるのは3位の『イエスタデイ』。アニメ映画『HELLO WORLD』の主題歌。

かつて取り上げた『宿命』もそうだが、一聴して強烈な「満腹感」を感じる。曲に込められた感情が過多なのだ。

「感情過多」の理由として、一つはメロディの抑揚が過多。作者かつボーカル・藤原聡の超ハイトーンボイスが、下から上へ、さらにその上へと跳ね回る。この「独特な声質が激しく跳躍する」という点は、昨年の顔＝米津玄師と共通する。

加えて、コード表を見て驚く。使われているコードがとにかく複雑なのだ。テンションコードに分数コードの嵐。結果として、伴奏のコードからこみ上げてくる感情も複雑ということになる。

既成のコード進行にとらわれずに、好きな音を自由に乗せていく作曲法。それは言ってみれば初期ユーミンにも近いのだが、髭男の上手いところは、複雑ながらも、最終的に怒涛のセンチメンタル感（胸キュン感）に帰結させるところ。

センチメンタル感は言ってみればJポップによる効用の基本要素だ。しかしその中でもこの曲のセンチメンタリズムは群を抜く。満腹になった後、涙が出て来そうだ。尿ではなく（失礼）。

『宿命』同様、蔦谷好位置の編曲も限りなく賑やか。このような「感情過多」「感情の水びたし」の結果として、彼らが今年の顔になったと考えるのである。

172 いよいよ大ブレイクの兆し（11月1日）

♪BiSH『リズム』

作詞：モモコグミカンパニー
作曲：アイナ・ジ・エンド

この連載コラムで推してきた女性アイドルグループ＝BiSH（ビッシュ）が、いよいよ大ブレイクの予感である。

火を点けたのは（残念ながらこのコラムではなく）テレビ朝日系『アメトーーク！』での「BiSHドハマり芸人」という特集。

ノブ（千鳥）、稲田直樹（アインシュタイン）、奥田修二（学天即）、徳井健太（平成ノブシコブシ）、関太（タイムマシーン3号）、酒井健太（アルコ&ピース）、宮下兼史鷹（宮下草薙）らが集まり、BiSHの独特で奇妙な魅力を語り合うという構成。最後にはBiSH本人たちも登場して盛り上がっていた。

今後「BiSH現象」的なものが生まれていくのではないかと思う。ただここでは、「現象」的なものには目もくれず、ただ「音楽としてのBiSH」だけを追っていきたいと思う。

新曲『リズム』はメンバーの作詞作曲。モモコグミカンパニーの作詞、アイナ・ジ・エンド作曲。彼女たちの作曲を手掛けてきた松隈ケンタの手を離れ、どのような曲になるのかと不安に思ったが、出てきた作品は意外にもしっとりとしたバラード。聴感的には、Ｃｈａｒａに近いものを感じた。

もう少し派手で賑やかな方がＢｉＳＨらしいと思ったのだが、より大きく世界を拡げていく過程にあるのだろう。長い目で見ていきたい。

そして没個性的な「群舞と斉唱」を繰り返す女性アイドル界の中で、個を立たせたＢｉＳＨの魅力が錆びることは、まだまだなさそうだ。また『アメトーーク！』番組内では、吉岡里帆がＢｉＳＨにどんどんハマっていく様子がうかがえた。人気拡大の可能性はまだまだありそうだ。

173. これぞ我々世代の曲 （11月8日）

♪**小沢健二『彗星』**
作詞：小沢健二
作曲：小沢健二

「ぶっこんでくる」という若者言葉がある。突然、あさっての方向から割り込んでくるという感じの意味だが、小沢健二はここ数年、突然新曲をぶっこんでくる。

この欄の２０１７年の年間ランキングトップとなった『流動体について』も突然リリースされた感のある

曲だった。そして今回の『彗星』も、それこそ彗星のごとく、突然に情報が流れてきた。

まず歌われるのは95年の風景である。95年といえば、阪神大震災とサリン事件の年であり、そして「オザケン」ブームの年である。そう言えば曲調は、小沢健二95年のヒット曲『強い気持ち・強い愛』を彷彿とさせる。

我々世代をニヤリとさせる「♪２０００年代を嘘が覆い」というフレーズを経て、歌詞の舞台は来年となり、たまに過去を思い出しながらも、今を肯定するという構成の歌詞になっている。

そう言えば『強い気持ち・強い愛』の後半（♪長い階段をのぼり〜）は、舞台が未来に飛んでいた。ということは、この曲は『強い気持ち・強い愛』（95年）のアンサーソングということになる。『強い気持ち・強い愛』が投げ飛ばした未来への妄想の着地点が、この『彗星』なのである。

また、ということは、阪神大震災から、嘘に覆われた平成を経て、来年までの25年間（四半世紀！）に、人生のピークを費やした、これぞ我々世代の曲ということにもなろう。

さすがに17年を代表した『流動体について』ほどのインパクトはないものの、当時「オザケン」に狂喜し、今50歳を超えて、老後の退職金や年金を計算し始めた我々世代に、直接向けられたこの曲を、素直に祝福したいと思う。音楽は若者だけのものではない。

174 果敢な戦後民主主義賛歌（11月15日）

♪GLAY『元号』
作詞：TAKURO
作曲：TAKURO

『元号』——変わったタイトルである。

先月2日に発売されたGLAY15枚目のアルバム『NO DEMOCRACY』の最後を飾る1曲は、新元号「令和」に変わる直前の4月26日にリリースされたもの。

歌詞の内容は、誤解を恐れず言えば「戦後民主主義賛歌」だ。

——今もあの戦争を悔やむのなら新元号の下で声を上げよう。
——望んだ平和は幻かもしれないと思える時代だけれど。
——新元号の下では、人としての尊厳を奪えはしない。

野暮ながら、歌詞のエッセンスをまとめるとこういう感じで、平成のJポップを支えてきたGLAYとしては、非常に意欲的な作品と言えよう。

こういう歌詞を前にして、聴き手の我々が少し緊張を感じてしまうのは、つまりは、こういう歌詞に日頃触れなさ過ぎるからだと思う。

忌野清志郎による、RCサクセションとして、またはソロとしてのメッセージソングは、当時、非常に活発な議論を巻き起こした（本来なら、それらの作品に喝采すると思われた、辛口が売りの音楽評論家が、意外に否定的な意見を述べていた姿が忘れられない）。

ただ最近では、例えばサザンオールスターズの『ピースとハイライト』や（13年）、沢田研二の一連の反原発ソングに対する議論が盛り上がらず、それ以前に意見する方法すら分からないという感じで、それもこれも、平成の世にメッセージソングが途絶えたことが原因だと、私は考えるのだ。

よく考えたら「戦後民主主義賛歌」なんて、穏便なテーマじゃないか。どんどん歌えばいい。昨今の歌詞世界における問題は、その浅さではなく、狭さである。

175 さらっと軽い歌い方がいい（11月22日）

♪ Superfly『フレア』
作詞：越智志帆
作曲：越智志帆

個人的には、Superflyに対する評価の上下動が激しい。

初めて見たのは、デビュー直後だったろうか、確か朝のテレビ番組で、ジャニス・ジョプリンの『メルセデス・ベンツ』（71年）をシャウトしている姿だった。「こりゃ癖が強いシンガーだな」と警戒したものだ。

惚れたのは、08年のアルバム『Superfly』に収録されたバラード『Last Love Song』。けだし名曲。これはスタンダードになれる曲だと太鼓判を押した（機会あればぜひ一聴していただきたい）。

逆に、NHKのサッカーテーマソングとしてよく耳にした『タマシイレボリューション』（10年）は苦手だった。熱過ぎるシャウトや「♪前に道などナッシング」という歌詞など、「何もそこまでしなくても……」と思ったのが懐かしい。

そして19年、この朝ドラ主題歌である。毎朝聴かれることを意識したのか、さらっと軽く歌っているのがいい。

思い出したのは、都はるみが、持ち味の「うなり節」を控えた『北の宿から』で76年のレコード大賞を獲得したことだ。こういう曲であれば「Superfly」というユニット名ではなく「越智志帆」名義で出しても良かったのではないかと思わせる。

さらっと歌うSuperfly。そのさまは、根性は座っているのに表情はニコニコと軽やかな『スカーレット』での戸田恵梨香の姿と重なる。Superflyと戸田恵梨香。嚙み合わせは悪くない。

その『スカーレット』、私はかなり満足しながら見ている。後半息切れした『まんぷく』を超える作品になりそうだ。楽しみだ。

176 「J-ポップ」の旗手（11月29日）

作詞：折坂悠太
作曲：折坂悠太

♪折坂悠太『朝顔』

紹介するのが遅れてしまった。この夏に放送されたフジテレビの月9ドラマ『監察医　朝顔』主題歌である、折坂悠太『朝顔』。

折坂悠太は鳥取県出身、ロシアやイランに住んでいた経歴を持つ異色のシンガーソングライターとのこと。昨年のアルバム『平成』では、平成元年生まれの視点で平成という時代を切り取り、「CDショップ大賞」を受賞したという。

楽曲はひたすら陰鬱。ピアノ中心の淡々としたアレンジも薄暗く響き、その上に乗る折坂悠太の声も、一聴すると星野源に近いのだが、倍音の関係だろうか、星野源よりも陰にこもっており、最後までくぐもり続ける。

はっぴいえんどが神格化されて久しく、若者の音楽においても、はっぴいえんどの影響を強く受けた音をたまに耳にするが、私がこの曲を聴いて想起したのは、はっぴいえんどではなく、はちみつぱいだ。

ムーンライダーズの前身とでも言うべき、鈴木慶一率いるはちみつぱいの『塀の上で』（73年）という名曲を思い出したのである。同じく陰鬱な曲で、ピアノ中心の3拍子（8分の6拍子）というところも似ている。

米津玄師によって蹴り出されたJポップならぬ「ｉポップ」（陰鬱ポップス）という市場があるならば、それは、はっぴいえんど『風街ろまん』ではなくファーストアルバム『ゆでめん』や、はちみつぱい『塀の上で』などの陰鬱な音世界の方向に収斂していくのではないだろうか。

唐突なエンディングも面白く、今年のホープの一人であることは間違いない。このコラムの「年間ベストテン」を考える時期となってきたが、この折坂悠太も顔を出すのではないか。

177 音楽家こそ豊かに （12月6日）

♪カーリングシトーンズ『涙はふかない』
作詞：寺岡シトーン・トータスシトーン
作曲：寺岡シトーン

カーリングシトーンズの新曲である。

シトーンズとは寺岡シトーン（寺岡呼人）、奥田シトーン（奥田民生）、斉藤シトーン（斉藤和義）、浜崎シトーン（浜崎貴司）、キングシトーン（YO―KING）、トータスシトーン（トータス松本）の6人からなる、言わばスーパーバンドである。

今回の『涙はふかない』については「いかにも面倒臭そうな6人が、意外にも、和気あいあいと楽しく歌って演奏しているなぁ」という感想に尽きるものなので、音楽そのものというよりは、私と同世代のこの6人について思うことを書く。

「CD売上で功成り遂げた6人」である。3千円くらいするプラスチックの円盤を売りまくって成功した人たち。若い頃、CD化の波の中で、本家「ローリング・ストーンズ」のような古い音楽に出会い、触発され、趣味のいいヒット曲を作り出して儲けた連中。

と同時に、令和の時代に「第二のシトーンズ」が生まれ得るのかという疑問も残る。1枚3千円のCDから、定額聴き放題の「サブスク」へ。「サブスク」は、日本において音楽家に十分な富を還元できるのか。見通しは不透明である。

いち音楽ファンとして思うのは「音楽家こそ儲けてほしい」ということだ。この6人のように、儲けて得た余裕を武器として、趣味のいい音楽を生み出し、それが若者たちに受け継いでいく。

音楽家こそ豊かに。同じくスーパーバンドだったトラヴェリング・ウィルベリーズのメンバーはジョージ・ハリスン、ジェフ・リン、ボブ・ディラン、トム・ペティ、ロイ・オービソン。あれに比べたら、シトーンズの6人など、一般庶民のようなものだ。

178・達郎に与えられた二物とは（12月13日）

♪山下達郎『RECIPE』
作詞：山下達郎
作曲：山下達郎

木村拓哉主演、TBS系『グランメゾン東京』の主題歌。

キムタク×TBS日曜9時×山下達郎で思い出すのは、当時大変話題となった『GOOD LUCK!!』（03年）だ。あのときの主題歌は、80年のヒット曲『RIDE ON TIME』だったが、今回は新曲ということになる。

フランス料理をテーマとしたドラマに『RECIPE』（レシピ）という曲なのだから、ドラマのファンには嬉しいのだろうが、純然たる曲そのものとしては思い入れにくいと感じた。

山下達郎のみならず、桑田佳祐や松任谷由実の新曲を聴くたびに感じるのは、こんなことは言ってもしょうがないのだが、昭和の彼（女）らによる作品が持っていた、あのキラキラ感は戻ってこないという寂寥感だ。それは、今の作品の程度が低いというよりも、昭和の彼らがすご過ぎたということなのだが。

では彼(女)らが音楽以外で、今でもキラキラと光るのはどういうフィールドか。桑田佳祐はカバーだ。『ひとり紅白』のような企画で、懐メロを歌わせたら抜群である。松任谷由実は作詞・作曲だろう。他のシンガーへの提供作品をもっと聴きたい。

そして山下達郎はラジオＤＪだと思う。ＴＦＭ系『サンデー・ソングブック』で披露する膨大な知識と機知に富んだトーク。話していて時折ムキになるのもいい。立川談志を継ぐのは、志の輔や談春、志らくではなく、山下達郎ではないかとさえ思う。

要するに、天才に対して天は二物を与えているということだ。だから、昭和の天才は令和の世にも求められ続けるのだ。

179.「オジサンに贈るヒット曲講座」が選ぶ年間ベストテン（前編）（12月20日）

第10位：ゴールデンボンバー『令和』（企画賞）
第9位：渋谷すばる『ぼくのうた』
第8位：Foorin『パプリカ』（話題賞）
第7位：山本彩『イチリンソウ』
第6位：Shiggy Jr.『ピュアなソルジャー』

今年も、この連載で取り上げた楽曲の中から「年間ベストテン」を発表する。まずは6位以下。

６位はShiggy Jr.（シギージュニア）。売りは池田智子の超高音ボーカル。この曲でも、五線譜の上で浮遊するようなボーカルが素晴らしく、また音楽としても底抜けに楽しい1曲。陰鬱で物憂げな曲が上位を占める今年のこのランキングの中では異色である。

7位は元NMB48・山本彩の自作曲。この連載で何度かギターの腕前を褒めた山本が、作詞作曲に大活躍。単なる「アイドルの余技」ではなく、音楽に本気で向かっている感じがいい。「元アイドル」という色眼鏡との戦いになると思うが、応援したい。

8位は今年の話題賞。米津玄師作詞・作曲『パプリカ』。子供たちに大人気となったこの曲だが、その秘密は、米津玄師による不思議な音使いにある。長調と短調を行き来する不思議なコード進行の上に乗る5音音階。癖の強い「米津節」が、今年も日本を席巻した。

9位は渋谷すばるの意欲作『ぼくのうた』。元関ジャニ∞の渋谷が「♪歌を歌わせて頂けませんか」と絶叫する曲。渋谷すばるの爆発的声量が、何の装飾もなく、素っ裸で聴こえてくる感じだ。来年の渋谷すばるには期待しかない。

10位は「企画賞」。今年4月1日の新元号発表の少し前から、制作の様子をネットで公開、元号発表後すぐにレコーディングとMV撮影を始め、あっという間に仕上げてネットで公開したという珍曲。ゴールデンボンバーの、絶えず「大衆のおもちゃ」であろうとする一貫した姿勢を高く評価したい。

次回はいよいよ今年のベスト5です。

180・「オジサンに贈るヒット曲講座」が選ぶ年間ベストテン（後編）（12月27日）

第5位：Ｂ－ｉ－ＳＨ『DiSTANCE』
第4位：折坂悠太『朝顔』（新人賞）
第3位：米津玄師『馬と鹿』
第2位：Official 髭男 dism『宿命』
第1位：King Gnu『白日』（レコード大賞）

当コーナーが選ぶ年間ベストテンの後半。

輝かしい第1位はKing Gnu『白日』。何と紅白にも出場するという予想を超えた大ブレイク。丁寧に作り込まれた「音楽主義」的な編曲に、楽器や声を幾重にも重ねた、クイーン的厚ぼったい録音、そして過剰なサービス精神と、1度聴いただけで満腹になる。「令和歌謡」の旗手。今年を代表する音楽。

第2位の「ヒゲダン」も今年大ブレイク。いくつものヒット曲がチャートを占めたが、1曲選べと言われればこの曲。これまで少々暑苦しい曲が続いたテレビ朝日・ＡＢＣ系『熱闘甲子園』主題歌の新しい地平を開いた。藤原聡の作曲能力と高音ボーカルは「令和の原田真二」という風情。

昨年『Ｌｅｍｏｎ』と『Flamingo』でワンツーフィニッシュを成し遂げた米津玄師は、この曲で第3位。「ザ・米津玄師」なサウンドで『Ｌｅｍｏｎ』の続編という感じがするも、米津風味がさらにこってりと増していて、独自の作風を完全に確立した。

第4位は「ｉ（陰鬱）ポップ」の旗手と評した折坂悠太『朝顔』。ピアノ中心の淡々とした編曲に、ひたすらくぐもり続ける折坂の声が響く「令和のはちみつぱい」とでも言うべき音。今年最も驚いた楽曲。「新人賞」を差し上げたい。

第5位は、昨年よりこのコーナーで推し続けて、今年全国的にブレイクしたＢｉＳＨ。個が立った絶叫ソロボーカルが続く構成が、個が立たないユニゾンボーカルばかりのアイドルグループの曲と、明確に一線を画している。保守的なアイドルソングに喝を入れるのは彼女たちだと思う。

＊＊＊

来年もいいヒット曲をどんどん紹介していきます。よいお年を。

第5章

2020年

２０２０年のYOASOBIとCreepy Nuts×菅田将暉

２０２０年といえば、新型コロナウイルスに世界が怯えた年である。「コロナ」という言葉が、この連載で初めて出てきたのは、ジェジュン『Brava!! Brava!! Brava!!』の第１９１回（３月27日）。

——コロナウイルスで実質鎖国状態になりつつある日本。しかし平成の邦楽界は、先んじて洋楽から閉ざされた鎖国のようになっていた。その結果が、洋楽市場におけるKポップとJポップのシェアの差に現れていると思うのだ。それは果たして、邦楽界にとって良かったことなのだろうか。

日本の閉塞感とJポップの閉塞感が相乗効果を生み出して、ともに小さく小さくシュリンクしていく感じがした。そのせいか、この本におけるラストイヤーにもかかわらず、他の年に比べて、いくぶん小粒な感じがする。

そんな中でも、強く印象に残るのはYOASOBIだ。本文中にある「ＳＮＳ歌謡祭」＝ＳＮＳ、YouTubeやTikTokを中心としたネット界から音楽シーンに現れて、またたくまにブレイクする現象＝の中でのＭＶＰと言える。話題性で言えば瑛人『香水』に軍配が上がるが、音楽的に惹かれたのはYOASOBIの方である。

実にイマドキなブレイクをしたYOASOBIだが、この連載のために何度も聴いて気になったのは、コード進行の保守性だ。もう少し具体的に言えば（キーをＣとして）「Ｆ↓Ｇ７↓Ｅｍ↓Ａｍ」という、とても日本的（歌謡曲的／Jポップ的）なコード進行を、これでもかこれでもかと多用している点。

フロンソワ・デュポワというフランス人のマリンバソリスト／作曲家が書いた『作曲の科学』（講談社ブルーバックス）という本は、この「F→G7→Em→Am」を「日本でひんぱんに使われているコード進行」「日本で人気の王道コード」としている。要するに、フランス人にとっては「なぜか日本人が好き過ぎる謎のコード進行」ということ。

このことは、「SNS歌謡祭」など、環境と見てくれが新しくなっても、音楽の本質は変わらないという解釈もできるし、逆にYOASOBIが、そういう日本人の好みを見抜いて、戦略的に音作りをしているということなのかもしれない。いずれにせよ、今後のヒット曲評論において、環境や見てくれの変化に翻弄されず、自分ならではの視点で、楽曲の本質に目を向けていきたいと思う。

コロナ騒ぎで、音楽シーンも含めて、日本がまるごと閉塞感の沼にハマっていく中で、私を勇気付けてくれた楽曲をベストテンの1位にした。これまでの宇多田ヒカル（16年）や米津玄師（18年）、King Gnu（19年）などとは違って、世評とは差の激しい選び方だったかもしれない。

「♪あの日でっち上げた無謀な外側に追いついてく物語」。少しばかり気恥ずかしいが、「音楽評論」という、少年時代に「でっち上げた無謀な外側」に「追いついて」いこうと決めた54歳を、このフレーズは激しく刺激した――Creepy Nuts×菅田将暉『サントラ』。

日本語ラップが、初めてリリックから詞へ、そして「詩」へ昇華したという手応えを感じた。もちろん、ラップ界で既に、私の知らない「詩」はたくさん生み出されていたのだろうが、この騒がしい情報環境を駆け抜けて、コロナ禍の陰鬱な気分を掻き分けて、54歳の耳に入ってきたのだ。

『サントラ』の言葉は生命力が強い。

そう、生命力が強い音楽を聴きたいのだ。「コロナ禍の皆さんに元気を与えたくて、この曲を作りました」というイントロ、いやエクスキューズは要らない。ただ、生命力が強い音楽を提示してくれればいい。その音は、あれやこれやを駆け抜けて・掻き分けて、私の耳に届くはずなのだから。

届いた後に、元気を得たのか、得られなかったか――それは私たちリスナー自身が決めることだろう。

181 あくなき大衆性の追求（1月10日）

♪東京事変『選ばれざる国民』
作詞：椎名林檎
作曲：浮雲

「精力的」と書いて「しいなりんご」と読む。

昨年大みそかの紅白で渾身のパフォーマンスを見せた椎名林檎だが（個人的には昨年紅白のＭＶＰ）、新年早々、今度は自らが所属するバンド＝東京事変を「再生」し、この新曲をリリース、また4月にかけて全国ツアーを行うという。

東京事変のメンバーは、椎名林檎に加えて、亀田誠治（ベース）、浮雲（ギター）、伊澤一葉（キーボード）、刄田綴色（ドラムス）と一筋縄ではいかない名うてのプレーヤーたち。

今回の新曲もまた一筋縄ではいかない。作詞は椎名林檎で作曲は浮雲。色んなメロディが次から次へと繰り出されるポール・マッカートニー風（？）の複雑で構成的な楽曲。歌詞はＩＴ社会を揶揄（やゆ）している感じの、思わせぶりで難解なものだ。

『紅白歌合戦』に話を戻すと、椎名林檎は昨年だけでなく「２０１０年代紅白」のＭＶＰだったと思う。毎回毎回趣向を凝らし、意表をついた歌と演出で、紅白ファンの私を満足させてくれた。

視聴率も下がり、出演者の紅白への態度も「平熱化」していく中、一人、38度5分くらいの高熱で取り組んでいた椎名林檎。そのベースにあるのは、「アーティスト」という奥の院にこもらず、大衆への最前線で大衆を圧倒したいという心意気。

かつての『NIPPON』（14年）という曲など、一部から「右翼的」だとされた動きについても、その背景にあるのは、政治的思想というよりは、単純に「大衆的」を追求した結果だと思う。

今回のこの複雑な新曲もまた、「大衆をあっと言わせたい」というピュアな意志のたまものだと見るのだが、どうだろうか？

182. 香取慎吾とあのB-i-S-Hが共演（1月17日）

♪香取慎吾『FUTURE WORLD(feat.BiSH)』

作詞:Kenta Matsukuma・JxSxK・Shingo
作曲:Kenta Matsukuma・JxSxK・Shingo

昨年12月28日に、bayfmの某番組にゲスト出演したのだが、私の前の時間のゲストが香取慎吾で、そのとき流れたこの曲に心奪われた。

何とフィーチャリングＢｉＳＨ。このコラムで推してきたＢｉＳＨと香取慎吾の共演なのである。

また曲も歌詞も、肯定感溢れる感じで、年の初めにふさわしいな、と思っていたら、この曲を収録したアルバム『２０２００１０１』（「ニワニワワイワイ」と読む。２０２０年の元日発売を意味する）は、1月13日付オリコン週間アルバムランキングで1位を獲得したのだ。

このアルバムは豪華ゲストが売り物で、ＢｉＳＨに加えて、氣志團、ＫＲＥＶＡ、ＳＡＬＵ、スチャダラパー、SONPUB &向井太一、TeddyLoid &たなか、ＷＯＮＫ、yahyel が参加している。

アルバム全体に感じられるのは「音楽を作ることが楽しくって仕方がない」という、香取慎吾とスタッフの感覚である。もろもろから解き放たれて、ソロとして自由に音楽をクリエイトできるという喜びが、全曲に溢れている。中でも大当たりは、やはりこの曲だった。

新年早々、木村拓哉のアルバムも発売される。こちらも豪華ゲストが目白押しで、「慎吾ちゃん」対「キムタク」のアルバム対決から、目が離せない２０２０年である。

ただし、香取慎吾のこれからの音楽人生を考えれば、豪華ゲストも良いが、少人数でじっくりと作り上げられた家内制手工業的なアルバムも聴いてみたいと思う。

とにかくソロの音楽活動はまだ始まったばかりだ。「ニワニワワイワイ」と楽しく長く、いい音楽を提供し続けてほしいと思っている。

183・ハードロックからアニメへ（1月24日）

♪**LiSA『紅蓮華』**
作詞：LiSA
作曲：草野華余子

過去の曲ではなく、現在のヒット曲を評論するときに障害となるのは、自分がアニメやゲームの世界に疎いということだ。

息子の部屋に、美少女アニメのポスターがいくつも貼られているのだが、正直、その魅力がまったく理解できないという体たらくである。

しかし、アニメ界・ゲーム界から多くのヒット曲が量産されていく。私に出来ることは、ヒットの背景ではなく、アウトプットとしての音そのものに肉薄していくことだけだ。

テレビアニメ『鬼滅の刃』のオープニングテーマとして、オリコン週間デジタルシングルランキングで「平成最後・令和最初の首位」となったこの曲。

それが紅白歌合戦で歌われることでチャート再浮上。1月20日付けのビルボードジャパン・ホット100で4位になっている。ちなみに曲名の読み方は「ぐれんげ」。

音そのものに接して感じることは、平凡な言い回しで恐縮だが、完成度が高いということ。商品として極めてよく出来ている。ＬｉＳＡの金属的なボーカルが素晴らしい。

思い出したのは、浜田麻里のことだ。『Heart and Soul』（88年）や『Return to Myself』（89年）などのヒット曲を持つ女性シンガー。元々はハードロック・シンガーとして売り出されたと記憶する。

このＬｉＳＡという人も、当時ならハードロック界で名を馳せた人なのだろう。当時のハードロック需要が、今やアニメ需要に置き換わっているということか。

高校時代、ハードロックを爆音のヘッドフォンで聴きまくった頃があった。同じように息子は、我を忘れてアニメの画面を凝視しているのだろう。

184. 圧倒的な「バンド感」（1月31日）

♪ **King Gnu『Teenager Forever』**
作詞：Daiki Tsuneta
作曲：Daiki Tsuneta

圧倒的。

1月15日に発売されたKing Gnu（キングヌー）のニューアルバム『CEREMONY』に収録された曲。

ボーカルの井口理が何故か激走している奇妙なMVが拡散されていて、また『ミュージックステーション』でのパフォーマンスも記憶に新しいところだ。

曲として圧倒的な出来。何に「圧倒」されるかというと、一つの曲に込められたアイデアの総量だ。4～5曲くらい作れそうな膨大なアイデアを、無理やり1曲に詰め込んだ感じだ。聴いた後の満腹感は半端ない。

その背景にあるものは、彼らの持つ「バンド感」である。「バンド感」、要するにメンバーがアイデアを持ち寄り、ぶつけあい、セッションの中で煮詰めていく感じ。レコーディングの現場を見たわけではないが、そういう豊潤な過程の中で生み出された曲だと推測する。デスクトップの中での、淡々とした流れ作業で作られているような音楽ばかりがチャートを占める中、彼らのような存在、このような曲は貴重だと思う。

このような音楽に「Jポップ」という呼称は、いよいよ似つかわしくない。ドリームズ・カム・トゥルーやMr.Children、宇多田ヒカルが躍動した「平成Jポップ」とは別の地平に立っているような音楽である。音にとことん圧倒される喜び。こういう音楽は、原稿を書くのも楽しい。今後の彼らの活躍が楽しみで仕方ない。

『紅白歌合戦』での彼らの演奏に感心して、録画映像を何度か見て確かめたのだが、ほとんどの演奏がカラオケになっている最近の紅白の中、彼らは生演奏だった。「バンド感」、要するに、そういうことである。

185・聴き取りにくさを歓迎 （2月7日）

♪Mrs. GREEN APPLE『インフェルノ』

作詞：大森元貴
作曲：大森元貴

1位：SixTONES、2位：Snow Man――。

カラオケやツイート数、パソコン上にCDが読み込まれた回数（ルックアップ）まで勘案することで、オリコンに比べて緩慢な動きになりがちなビルボードジャパン・ホット100でもこういう結果だ（2月3日付）。

この2組については他のメディアに任せるとして、今回は「緩慢な動き」の象徴として、ホット100の36位にしぶとく粘っているこの曲を取り上げたい。

「ミセス・グリーン・アップル」。13年に結成された男女5人組ロックバンド。この曲は昨年の7月発売というから、なかなかに緩慢でしぶとい。

一見、今どきのバンドサウンドだが、興味を持ったのが、歌詞が聴き取りにくいことだ。

ここからの話は40代以下には理解し難い話かもしれないが、53歳の私にとって、最近のJポップの歌詞は「聴き取りやす過ぎる」と思う。

桑田佳祐や佐野元春、岡村靖幸らが、日本語を歪めて、リズミカルにビートに乗せるための苦心惨憺の上に、今のＪポップがある。日本語で歌うことが自然になったのはいいことだが、日本語とビートの関係に、あまりにも無自覚なような気がするのだ。

ボーカルの大森元貴という人は、そのあたりへの意識が高い人のような気がする。日本語の発音や発声の工夫が丁寧になされている。作詞・作曲・編曲すべてを担っているところからすると、歌い方含めた、音楽に対する総合的な感性が備わっているのだろう。

大森元貴は若干23歳とのこと。期待がつのる。ぐっちゃぐっちゃにかき回した日本語で、音楽シーンをぐっちゃぐっちゃにかき回してほしい。

186. 海外市場を見据えている？（2月14日）

♪ **SixTONES『Imitation Rain』**
作詞：YOSHIKI
作曲：YOSHIKI

チャートアクションは思ったより芳しくなく、ビルボードジャパン・ホット１００は一週間で1位から陥落、5位となった（2月10日付）。同じくジャニーズから同日デビューしたSnow Manの曲も収録された変則的なシングル盤。

「SixTONES」と書いて「ストーンズ」と読ませる。この読みがまた変則的で、「ストーンズ」と聞いて「SixTONES」と「ローリング・ストーンズ」のいずれを想起するかで年齢チェック、みたいな話になるのだろう。

楽曲は変則的、というかチャレンジング。YOSHIKIによる音作りは、実にドラマティックで、抑揚を付けたテンポに転調が繰り返されていく。これまでのジャニーズソングとは、明らかに異なる地平に踏み込んでいる。

また歌唱力も高いと感じた。ソロパートで高音を響かせる優秀なシンガーがいる。第2の渋谷すばるがいるのだろうか、楽しみだ。

もしかしたら海外マーケットを見据えた楽曲なのかもしれない。事実YOSHIKI自身も「海外でのJ―POPのイメージを一新させる可能性を秘めたグループだと確信した」という発言をしている。

海外マーケットにおいてKポップに対して周回遅れになっているJポップ。グラミー賞授賞式でのアリシア・キーズの素晴らしいパフォーマンスの歌詞にも「K―POP」は織り込まれたが「J」は出てこなかった。

しかし、この曲あたりから反撃が始まるのかもしれない。でももし海外進出をする段になったとして、「SixTONES」をどう読ませるつもりなのだろう。「シックス・トーンズ」に改名するのだろうか。

187・精力的過ぎる桑田佳祐（2月21日）

♪桑田佳祐& The Pin Boys『悲しきプロボウラー』

作詞：桑田佳祐
作曲：桑田佳祐

先ごろ、「桑田佳祐、ボウリングで悲願のパーフェクトスコア＝３００点を達成！」というニュースがネット上を駆け巡った。音楽家の単なる余技と思われていたボウリングも、すでにプロはだしとなっていることに、改めて気付いたのだが。

そんな音楽とボウリングが融合。今年も大規模なボウリング大会＝「KUWATA CUP 2020～みんなのボウリング大会～」の開催が決定。そのテーマソングとして発表されたのがこの『悲しきプロボウラー』である。

それにしても、桑田佳祐は精力的だ。民放共同企画〝一緒にやろう〟応援ソング『ＳＭＩＬＥ～晴れ渡る空のように～』を発表したかと思うと、『週刊文春』での連載を開始。そしてスポーツ雑誌『Number』の表紙を飾りながら、ボウリングにご執心と、アクティブなことこの上ない。

曲としては、イントロにギクっとした。テクノポップなのだ。それもかなり旧式の（細かい話だが、初期のサザンがプラスチックスと同じレーベルだったことを思い出した）。

しかし歌に近付くにつれ、桑田節がうなりはじめ、『あなただけを～Summer Heartbreak～』（95年）に近いフレーズにニヤリとしながら、最後まで一気に聴ける。パーフェクト300点というわけにはいかないが、なかなかに楽しめる1曲だ。200点ぐらいは上げてもよいと思う。

とはいえ、年初から精力的過ぎる桑田佳祐。約10年前の大病を知っているオールドファンとしては余計な心配をしてしまうのだが。「ロックはスローにちょっとずつ」。1日でも長い音楽活動を期待したいと思うのだ。

188. 不思議ちゃんを超えて（2月28日）

♪眉村ちあき『おばあちゃんがサイドスロー』

作詞：眉村ちあき
作曲：眉村ちあき

『壁みてる』『夏のラーメンワルツ』『私についてこいよ』『顔面ファラウェイ』『ぬ』『アハハハハ』――。

この奇妙な文字列が何かといえば、眉村ちあきのニューアルバム『劇団オギャリズム』の中の曲名なのである。

今回ご紹介するのは、これらと並んで、このアルバムの4曲目に収録されている『おばあちゃんがサイドスロー』。

2月8日(土)のNHK『シブヤノオト』に出演、年配の女性と一緒に、この曲をいかにも楽しげにパフォーマンスする姿に、驚いた視聴者も多かったのではないか。

眉村ちあきファンのことを「マユムラー」と呼ぶらしい。このあたりも含めて、いわゆる「不思議ちゃん」的ポジションで地盤を固めているようなのだが。

実は私、昨年新宿で行われたマキタスポーツのライブにゲスト出演した眉村ちあきを生で見ている。不思議ちゃんといえば、貧弱なイメージを持たれるかもしれないが、実際の眉村ちあきは、予想よりもエネルギッシュなステージで客席を大いに沸かせていた。思ったよりもかなりタフな印象を受けた。

この曲も、ビリー・アイリッシュ的な響きを持った作りで、単なるヘンテコな音楽ではない。人気はブレイク中で「マユムラー」増殖中。今年、知名度も一気に広がっていくと思うが、できれば、彼女のタフでウェルメイドな音楽性まで注目されればいいなと思うのだが。

ちなみにこのタイトル、ラジオ番組にゲスト出演した眉村ちあきが、リスナーのラジオネームが面白いとツボに入り、その勢いでタイトルから作られたこの曲だという——やっぱり、かなりの不思議ちゃんか。

189. aiko節からカバーへ（3月6日）

♪aiko『青空』
作詞：AIKO
作曲：AIKO

aikoが近ごろ何かと話題だ。

サブスプリクションで全楽曲が配信開始になったことに加え、ネットで拡散しているのが、King Gnuの井口理と『カブトムシ』をデュエットしている映像。

ニッポン放送『King Gnu 井口理のオールナイトニッポン0』のスタジオで収録された、そのデュエットを引き立たせているのは、井口理のハーモニーボーカルの底力なのだが、聴き直してあらためて、多くの人が『カブトムシ』の名曲性に感じ入ったのではないだろうか。

そして、新曲『青空』。2月26日にリリースされた、約1年9ヶ月ぶりとなる通算39枚目のシングルとなる。相変わらずの「aiko節」とでも言うべきメロディだと感じた。シンプルなバンドサウンドをバックに、エコーの薄い生声で歌われる、くねくねした情報量の多いメロディ……。

「aiko節」、ファンにはたまらないのだろうが、圏外から見ると、正直、やや食傷気味に感じるのだ。

私のaikoフェイバリットは、ユーミンへのトリビュートアルバム『Queen's Fellows』（02年）に収められたユーミン『セシルの週末』のカバーである。

また過去にラジオでカバーを披露していたのだが、あれもおしなべて良かった。

言いたいことは、「ａｉｋｏ節」を超えて、他のソングライターの歌をカバーするのを聴いてみたいということだ。それは、音楽家・ａｉｋｏを新しい地平に引き入れるのではないか。

まずは、ちあきなおみ『喝采』（72年）はどうだろう。あの声で歌われる『喝采』に喝采してみたい。

190. 期待をかわすヒゲダンへ（3月13日）

♪ **Official 髭男 dism『I LOVE…』**
作詞：藤原聡
作曲：藤原聡

２月12日に発売されたヒゲダンの『I LOVE…』が予想通り、ヒットしている。

昨年までの勢いを落とすことなく、お約束の「ヒゲダン節」が炸裂。聴き手の期待値を１２０点で満たす出来だと言っていい。

タイトルから思い出したのは、河村隆一の『Love is…』（97年）。LUNA SEA のボーカリストである河村がねちっこくねちっこく歌ったラブバラード。

『Love is…』同様、高い音程で感情たっぷりに歌い上げることが、日本人好みのど真ん中だということを知り尽くし・計算し尽くして書かれた曲だと見たのだが、どうだろう。

ただ1点気になるのが「さすがに、ちょっとやり過ぎじゃないか」と思うこと。「高い音程で感情たっぷりに歌い上げる」ことが、今直近好まれることはいいとして、それを追求し続けると、いずれは限界が来るだろう。そのときのことを、どこまで考えているのだろうか。

大昔の78年、某FMラジオ番組で渡辺真知子の（当時の）新曲『ブルー』が流れたあと、パーソナリティの作曲家・宮川泰が「前作の『かもめが翔んだ日』の続きとして、また高音を活かしたいという気持ちは分かるが、さすがにやり過ぎだ」と語ったことを思い出した（「ブルー」は、高音ファルセットがサビでずっと続く曲）。

合わせにいくのもいいが、大ブレイクしたこれからは、かわすのも筋だ。次は思い切って「低い音程で無感情に歌い切る」のはどうだろうか（笑）。新境地を期待したい。

191 韓国発日本向けの洋楽？（3月27日）

♪ジェジュン『Brava!! Brava!! Brava!!』

作詞：伊秩弘将
作曲：FAST LANE・ANGUS COSTANZA

音楽評論家と名乗っていて、こんな白状はお恥ずかしい限りだが、Kポップはよく分からないし、最新の洋楽にも疎くなって久しい。守備範囲は邦楽、それも80年代あたりだから、ロートルもいいとこだ。

しかし懲りずに居直ると、Kポップと洋楽から距離がある地点からしか分からないこともあろう。それは何かと言えば、Kポップと洋楽の近似性、Kポップ側が洋楽に歩み寄っているということだ。言い換えれば、Jポップ、そんな流れから置き去りになっているということ。

Official髭男dismが席巻している3月23日付ビルボードジャパン・ホット100のランキングの中で、5位で気を吐いている元・東方神起＝ジェジュンの曲。歌詞は日本語。作者にも伊秩弘将が入っている。

しかし、出来上がった音は、最新の洋楽のようにも聴こえるのである。韓国のシンガーが歌い、日本のマーケットにきっちり照準を合わせながら、洋楽にも聴こえる音。

実に優秀な輸出貿易製品なのである。高度経成長時代に世界を席巻したメイド・イン・ジャパン家電製品も、こんな感じだったのではないか。

もちろん邦楽でも、先般紹介したSixTONESやLDH（EXILE）系は、その方向を志向しているのだが、ジェジュンの音は、その斜め上を行っている。プロデュース力の勝利だろう。

コロナウイルスで実質鎖国状態になりつつある日本。しかし平成の邦楽界は、先んじて洋楽から閉ざされた鎖国のようになっていた。その結果が、洋楽市場におけるKポップとJポップのシェアの差に現れていると思うのだ。それは果たして、邦楽界にとって良かったことなのだろうか。

192. 南河内ブーム再来？（4月3日）

♪ヤバイTシャツ屋さん『うなぎのぼり』

作詞：こやまたくや
作曲：こやまたくや

かなり前に一度、こちらで紹介した3ピースバンド＝ヤバイTシャツ屋さん（ヤバT）による、オリコンシングルランキング3月30日付9位。

シングルとしてのタイトルは『うなぎのぼり』なのだが、収録されている曲に同名曲がないという複雑なことになっている。理由はよく分からない。「リード曲」は1曲目の『泡 Our Music』で、こちらはビルボードジャパン・ホット100の47位に顔を見せているのだが、私としてはそれよりも2曲目の『創英角ポップ体』がいたく気に入った。

「優しく丸みを帯びた」字体「創英角ポップ体」は、よく「ダサい」と言われるのけれど、しかし関東のとあるスーパーで、この字体を使ったロゴを見つけた——という、劇的に他愛のない内容の歌詞に大笑いした。

これ、80年代の嘉門達夫（現：タツオ）の世界だ。しかし、そんなコミカルでナンセンスな歌詞でも、抜群の演奏力でしっかりと聴かせるので、コミックソングを超えて、ポップソングとして成立している。

4曲目の『喜志《きし》駅周辺なんもない』も、同駅に近い大阪芸大（メンバー2名の母校）で講師をしていた私にはとても共感できた。

喜志駅とは大阪府富田林《とんだばやし》市にある近鉄の駅のこと。富田林とは一般に「南河内《みなみかわち》」と言われるエリアにある。ヤバTの歌詞には南河内的＝大阪の下町的センスが充満している。これだけ南河内的センスに溢れたヒットコンテンツは、70年代中盤に盛り上がった「南河内大学」が舞台の漫画『嗚呼!!花の応援団』以来のことだろう。中河内《なかがわち》出身の私には嬉しい。

193. 2020年4月の声（4月10日）

♪Uru『あなたがいることで』

作詞：Ｕｒｕ
作曲：Ｕｒｕ

ドラマ『テセウスの船』主題歌。

このドラマ、私は見ていなかったのだが、ドラマも曲も、評判は上々だった（その裏番組ＢＳ12トゥエルビ『ザ・カセットテープ・ミュージック』に出演中なのでご容赦されたい）。

そんなこの曲を聴いて、真っ先に感じたのは「これぞ今の時代の声だな」ということ。

ここでいう「時代」はふわっとした抽象的な意味合いではなく、ぐっと具体的に「２０２０年４月の声」だと思ったのだ。

そう「在宅」「テレワーク」で家にこもりながら、コロナウイルスに怯えている気分に、ぴったりと寄り添える、どこかくぐもった声。

思い出せば、平成の始まりの頃にはドリームズ・カム・トゥルー吉田美和の声がよく似合った。バブル最高潮、右肩上がりの気分をさらに盛り上げた、あの朗々とした声。

そこから時代は闇に向かっていき、宇多田ヒカルや椎名林檎による陰のある歌声の時代に移っていった。

そして、数々の震災や天災を経て、コロナウイルスに圧倒されそうになっているこの時代に、この陰のある、いや陰だらけの声は、実にぴったりと来る。

５年、10年経って、我々はこの春を思い出すだろう。桜もない春。センバツもない春。マスクをしながらテレワークに明け暮れた春。あくまで今後、ウイルスとの戦いに勝ち続ければの話だが。そのときのＢＧＭは、この曲のこの声だ。

楽曲プロデュースは小林武史と聞いて、少し驚いた。まだまだ現代感覚を失っていないのだろう。

追記。『ザ・カセットテープ・ミュージック』ファンのみに向けて書けば、久々の美しい「ミファミレド」が入っている。

194. 骨太女優というトレンド（4月17日）

♪上白石萌音『From The Seeds』
作詞：松尾レミ（GLIM SPANKY）
作曲：GLIM SPANKY

今やメディアに引っ張りだこの上白石姉妹のお姉さん。１月からのクールでは最も話題を集めたと言っていいドラマ＝ＴＢＳ『恋はつづくよどこまでも』（恋つづ）での好演で、さらに人気が高まっているところ。妹は『いだてん』で前畑秀子を熱演した上白石萌歌。

どこかふわっとしたイメージのある姉妹だが、お姉さんの音楽活動は弾けている。２月25日に配信リリースされたこの新曲の作者は、非常にロック色の強いユニット＝GLIM SPANKY。『恋つづ』の佐倉七瀬が、ビートの効いた伴奏をバックに、ブルーノートの多いメロディをシャウトしている。

私はこの曲を機内ラジオで知ったのだが、正直、私の知っている上白石萌音と違って驚いた。そして、こういう音楽を志向する彼女や、そのスタッフに好感と興味を持った。

ロックが似合うような、いい意味での「骨太さ」が、上白石姉妹の魅力だと思うのだ。平成は人形のように病的に細い女の子を珍重した時代だった。それに対する反動として、平均的な身長で、それほど華奢じゃなく（といっても一般の女の子に比べると決して太くはないのだが）、そして眼力の強い女優の時代が来ているのではないか。

具体的には松岡茉優、二階堂ふみ、川栄李奈（この三人は同学年）、そして上白石姉妹など。令和の混迷を裸足で乗り越えていけそうな骨太さ。新種のウイルスなどに負けない、安定的な生命力を持っている感じがする。

195. これからが「feat.」の時代（4月24日）

♪平井堅『怪物さんfeat.あいみょん』

作詞:Ken Hirai
作曲:Ken Hirai

楽しい。現段階では今年いちばんの出来。

平井堅とあいみょんのコラボレーション。違う才能がせめぎ合って新しい世界を作る、これこそコラボ。ちなみに全然せめぎ合わない動画の組み合わせは「コラボ動画」ではなく「便乗動画」と呼びたい。

フォーク系のイメージが強いあいみょんが、テンポの早いエレクトロポップに乗っているのも楽しいし、平井堅が「男性パート」を歌うのではなく、二人揃って女性の気持ちを表現する歌詞を歌うのも楽しい。

この奇妙な取り合わせを生んだキッカケは、3年前に平井堅がラジオであいみょんを推したこと。それを知ったあいみょんがSNSで喜びを告白、平井堅のコンサートにサプライズ出演。次にあいみょんライブの「対バン」として平井堅が出演と、段階的に交流を深めてきたという。

ご存じのように、音楽制作がデスクトップで行われるようになり、いきおい現場は少人数化している。また音楽市場景気低迷の中、音楽家は少し売れると「お山の大将」になってしまう。

つまり音楽家はどんどん孤立化・タコツボ化しているのだ。その結果、他の音楽家との刺激・触発のやりとりが閉ざされて、小さくまとまりながら、しぼんでいく有能な才能が何と多いことか。

そんな中、このような火花散るコラボレーションはとても好ましいと思うのだ。特にあいみょんにとっては、またとない刺激・触発の機会となったことだろう。「ｆｅａｔ．」という言葉の使い方、一時期大ブームとなって辟易としていたが、これからの音楽シーンで、この4文字とピリオドは、いよいよ重要な意味を持っていくはずだ。

196. 時流に乗った「今の音」（5月1日）

♪ **YOASOBI『夜に駆ける』**
作詞 :Ayase
作曲 :Ayase

オリコンに比べて、その集計方法より、コンサバティブな動きとなるビルボードジャパン・ホット100。4月27日付チャートでも1位と2位と6位と9位がOfficial 髭男 dismで、5位には未だにKing Gnu『白日』となっているのだが。

そんなコンサバなチャートの13位にひょっこりと顔を出したのが、この曲。まったく事前情報が無かったのでチェックしてみる。昨年12月15日のサイト『ＢＡＲＫＳ』にこう書かれている。

――小説・イラスト投稿サイト「monogatary.com」から誕生した小説を音楽・映像で具現化する新生ユニット"YOASOBI"

これを読んでもよく分からないのだが、とにかく新しい形で現れたユニットのようだ。

――楽曲を手がけるのは、令和元年最も注目されているボカロPの一人である〝Ａｙａｓｅ〟。（中略）ボーカルを務める〝ｉｋｕｒａ〟は（中略）11月16日（土）にセカンドミニアルバム『Jukebox』を発売したばかりのシンガーソングライター〝幾田りら〟。

と読み続けてもさらに分からない。ただ一聴して、この音楽に、コンサバなチャートに割り込んで来るような独特の魅力があることは、よく分かった。

４つ打ちのディスコビートに乗って、恐ろしく早口で、息継ぎしにくい歌が延々と続く。このあたりは「アフター King Gnu」な感じ。ただ全般的に響きはメランコリックで、その点は「アフター米津玄師」時代のサウンドと感じた。つまりはこの音、時流に乗った「今の音」だ。

「Ａｙａｓｅ」と「ｉｋｕｒａ」。名前は憶えた。これからが楽しみだ。

197 星野源人気を象徴する音楽性（5月8日）

♪**星野源『うちで踊ろう』**
作詞：星野源
作曲：星野源

すでに十分消費された感のある曲だが、新型コロナウイルス騒動を象徴する1曲になってしまったので、このコーナーでも、独自の視点で取り上げておきたい。

私が注目するのは、この曲のコード進行だ。

ご丁寧に、星野源自身が拡散した楽譜があり、そこにはコードネームも載っているのだが、このコードがとにかく難しいのである。「C△9」に始まり「E－9」を経て「D♭7♯11」という、何だか化学記号のように複雑なコードに至る。ギター初心者には決して弾けないコードになっている。

種明かしをするとこのコード進行は一部で「Just the Two of Us 進行」と呼ばれているもの。「Ｊｕｓｔ～」は80年にヒットしたグローヴァー・ワシントン・ジュニアの曲名で、邦題は『クリスタルの恋人たち』（！）。言わば「都会派おしゃれコード進行」の代表的なものである。『うちで踊ろう』は、そのコード進行に、さらに色々と複雑な音を混ぜ合わせることで、さらに「都会派おしゃれ度」を上げている感がある。

しかし、メロディはと言えば、こちらは実に単純で、ドレミソラしか使わない、いわゆる「5音音階」（ペンタトニック）で出来ている。「5音音階」とは、演歌や世界中の民謡で使われているもので、土着的でシンプルな音階。

まとめると、「うちで踊ろう」の音楽性には、「都会的」と「土着的」が両立している。そして、この両立は、そっくりそのまま星野源という人の人気構造にもつながっていると思うのだが、どうだろうか。さて「そとで踊ろう」と歌える日は、いつ来るのだろうか。

198.「Tiktok ×アコギ」の新しさ（5月15日）

♪瑛人『香水』
作詞：8s
作曲：8s

新しい売れ方。5月11日付のビルボードジャパン・ホット100で5位にひょっこり顔を出した。

この曲の売れ方について、『ヤフーニュース』に載っていたビルボードの記事は「TikTok（ティックトック）で注目された楽曲がストリーミングや動画再生に影響を与え、ヒットに結びつく構図が日本でも根付き始めている」と語る。

つまり、TikTokという動画投稿サイトで、この曲が第三者に歌われている動画が多数投稿され、それがヒットに結び付いたのだという。

サイト『THE MAGAZINE』5月5日の記事では、「全くのインディペンデントアーティスト」がチャートを席巻するさまを「まさにジャイアントキリング、ストリーミングドリーム」と表現している。

この曲のどこがそんなに歌いたくさせるのだろうか。まずはアコギのみをバックに、切々と歌い上げるシンプルなバラードであることが一つ。

加えてコード進行が異常にシンプルなことも一因だろう。何度も繰り返されるのが、F↓G↓C（キーをCに移調）という、シンプル過ぎるコード進行。カポタストさえ使えれば、こんなに弾きやすい曲はないだろう。

あと細かい話だが「♪ドルチェ＆ガッバーナ」という歌詞のギクシャクした引っ掛かりがたまらない。すぐに誰かにネタにされそうだ。

想起したのは山崎まさよしの『One more time,One more chance』(97年)。似た売れ方をするのではないか。「♪ドルチェ＆ガッバーナ」にあたる『One more～』のフレーズは「♪桜木町で」だろう。

ハンバーガー屋でアルバイトしている22歳。今年の台風の目となるか。

199 「第二期黄金時代」は首位打者（5月22日）

♪宇多田ヒカル『Ｔｉｍｅ』
作詞：Hikaru Utada
作曲：Hikaru Utada

ビルボードジャパン・ホット１００の７位に初登場した宇多田ヒカルの新曲。日本テレビ系ドラマ『美食探偵　明智五郎』の主題歌。

傑作アルバム『Fantôme』（16年）以降の宇多田ヒカルは安定感を増している。90年代後半、スーパーメガヒットを量産した「第一期黄金時代」が４番打者の本塁打王だったとすれば、ここ最近は、２割８分を安定的に叩き出す３番打者の首位打者という感じ。

その分、曲ごとの音楽性の変化が見えづらく、シンプルな演奏をバックに、切々と歌うというパターンが続いているのだが、決して駄作がないという点で安定しているのだ。クオリティの安定したプロフェッショナル。打撃に守備に粛々と結果を残し続けた元ライオンズ・秋山翔吾のよう。

「第一期黄金時代」に、宇多田ヒカルを音楽業界は「天才」「天才」と持ち上げ続けた。しかし私は、今ひとつ乗り切れなかった。過剰な泣き節が合わなかった。その点『Fantôme』以降の、少し乾いた宇多田ヒカルは好みである。

この原稿を書くにあたって、宇多田ヒカルが現在37歳と知って感慨にふけった。あれだけの経験を経て来たのだから、もっと年上のような気がしたのだ。37歳、まだこれからだ。2割8分をいつまで叩き出し続けることができるのか。イチローのように息の長い活躍を期待したい。

『美食探偵　明智五郎』は、小芝風花が良い。黒島結菜、杉咲花と並ぶ97年生まれは、女優の当たり年。彼女たちは、宇多田ヒカルよりもっと若く、今年23歳。さらに息の長い、山本昌のような活躍を期待したい。

200. その好ましい発育について（5月29日）

♪あいみょん『裸の心』
作詞：あいみょん
作曲：あいみょん

米津玄師からあいみょん、そしてヒゲダン、King Gnu へと、くるくる重心が移ってきた、ここ数年の音楽シーンだが、ここに来て、あいみょんがまた話題をさらいつつある。

この欄でも取り上げた、平井堅との野心的なコラボレーションも大いに楽しめたが、今回はまた、彼女独自のフォーキーな世界に舞い戻ってきた。

ただ、今回は「フォーキー」といっても、例えば『マリーゴールド』などとは少し位相がずれている。何というか、武骨な音なのだ。誤解を怖れず言えば、女・奥田民生、女・吉田拓郎という感じ。

特にサビの「♪この恋が実りますように」のメロディがいい。「♪ミソー・ラソソ・ラドドレミ……」。ミから上のミへ、5音音階で上がっていくところの武骨さはどうだろう。私などは、昭和な感じを抱くのだが、一周回って、これが令和の音なのだろう。

それにしても、あいみょんという人の向上心というか、音楽を多面的に捉えて、色んな方向に発育していく感じが、見ていて・聴いていて、とても好ましく思う。若いのに早々と方向性を絞って、つまらなくなっていく音楽家が、とても多い中で画期的なことだ。

やりたいという方向に向かわせる。ただし、同じ方向に何度も向かうことは戒める。これが、才能ある若い音楽家の正しい育成の仕方ではないだろうか。

余談だが、奥田民生と吉田拓郎は、広島皆実（みなみ）高校の先輩・後輩である。何という奇跡。この皆実高校、「日本ロック界のＰＬ学園」と呼びたいと思う。

201 天童よしみのライバル参戦 （6月5日）

♪上沼恵美子『時のしおり』

作詞：田久保真見
作曲：南乃星太

驚いた。上沼恵美子のシングル『時のしおり』が、6月1日付オリコン週間シングル演歌・歌謡ランキングで1位を獲得したという。

『時のしおり』とは、M―1グランプリに審査員として出演した上沼恵美子が、番組内でおもむろにCDを宣伝したあの曲で、昨年11月の発売後、じわじわと火がつき、今回1位にたどり着いたのだ。

聴いてみて改めて驚いたのは、上沼恵美子の声量である。65歳だというが、声量は若い頃のままのような気がする。かねてから、NHK『わが心の大阪メロディー』などで『大阪ラプソディー』（76年）を歌う姿を見て「声出まくってるなぁ」と思ってきたのだが、CDの録音音源にも、いきいきとした声量がパッケージされている。

上沼恵美子の歌唱力は折り紙付きで、子供の頃はのど自慢番組の常連だったのだ。

当時のライバルが天童よしみ。当時から交流があったらしく、フジテレビ系『ちびっこのどじまん』という番組では共に優勝しているという。「彼女の演歌は当時から一流でした。ただ、今も昔も、ポップスを歌わせたら私だって負けへんと思ってますよ」というのは、昨年11月7日に朝日新聞デジタルに掲載された上沼恵美子らしいコメント。

歌詞の内容は「昭和、平成、令和と三つの時代を共に生きてきた人々への応援歌」。上沼恵美子と天童よしみ、三つの時代を乗り越え、勝ち残ってきたライバル同士が、『わが心の大阪メロディー』で、いや『紅白歌合戦』で、またにらみ合う場面を見てみたいと思う。

202・陰鬱音楽の時代、結構　（6月12日）

♪藤井風『優しさ』
作詞：藤井風
作曲：藤井風

最近話題の人である。「藤井風」と書いて読み方は「ふじい・かぜ」。ラジオなどで紹介されるときに、この「かぜ」の部分のアクセントが定まっていないようだ。「風」と同じく平板に読むのか、『か』に比べて「ぜ」を下げるのか。

岡山県浅口郡里庄町出身。検索してみると、この町出身の二人目の有名音楽家ということになりそうだ。もう一人はウクレレ漫談の「ぴろき」。

音楽家になったきっかけが面白い。公式サイトによれば「小学校の終わりに言われた父の一言『これからはYouTubeの時代』で、実家の喫茶店で撮影したピアノカヴァー動画をYouTubeにアップした事が、後に音楽の世界へ飛び込むきっかけとなった」。

ちょっと前まで、ネット発の音楽家は物珍しく語られたものだが、最近はもう、こういうのが普通である。むしろ、昭和の時代に頻繁に行われていた、事情と利権まみれのオーディション番組とかのいびつさに思い至る。

ピアノをバックにしたシンプルな演奏、米津玄師を思わせる陰鬱な声質、自然な転調、キャッチーなメロディ（斉藤和義『やさしくなりたい』──11年──に少し似ている）も、すべてが今風。でもいちばん推すのは直球のタイトル『優しさ』だ。

ツイッターで、上田正樹『悲しい色やね』（82年）をピアノ弾き語りで歌う藤井風を見た。歌もピアノも「強い」印象を受けて、好感を持った。ライブの人なのだろう。生で見てみたいと思う。

それにしてもこういう音が「今風」となるなんて、5年前には思っても見なかった。時代の音楽は陰鬱な方向に向かう。結構結構。うすっぺらな「がんばろうソング」なんて、もうたくさんだ。

203 今年のセカオワならではの音（6月19日）

♪ **SEKAI NO OWARI『umbrella』**
作詞:Fukase
作曲:Fukase・Saori

現段階で今年ナンバーワン。

5月27日に発売されたフジテレビ系ドラマ『竜の道　二つの顔の復讐者』の主題歌。

コロナ禍は、この国から、いや世界から「ライブ」という文化を消滅させ、音楽業界を危機に追い込んだが、その分、じっくりと音楽を制作するという環境をも生み出したのかもしれない。ここのところ、感心するような新曲が目白押しだ。

15年の『Dragon Night』の印象が強いSEKAI NO OWARI（セカオワ）だが、あれから5年、『Dragon Night』とは全く異なる、実に魅力のある曲を生み出した。

私のような年寄りが聴いて思ったのは「歌謡曲とニューミュージックとグループサウンズ（GS）の中間にあるような音」ということ。懐かしい、のだが、よく考えたらこんな音楽は、過去にそうはなかった。歌謡曲のようで、ニューミュージックのようで、GSのようで、でもそのどれでもない、今年のセカオワならではの音。

「メロディが復権している」という感想も持った。今どき珍しいド・マイナー（短調）のコード進行に、今どき珍しい流麗なメロディが乗っている。そのあたりが歌謡曲っぽく、GSっぽくもあるのだが、音楽シーンの流れに抗って（もしくは無関係に）メロディで勝負している感じが、とても好ましい。

セカオワと言えば『Dragon Night』よりも、15年に発売された『SOS』が抜群に良かった。あのときも音楽シーンの流れに抗った（もしくは無関係な）曲に聴こえた。

今回もまさにそう。彼らは、本質的にそういう人なのかもしれない。もちろんこれは、最大限の褒め言葉である。

204．動画音楽は「生感」が大切（6月26日）

♪DISH//『猫～THE FIRST TAKE Ver.～』
作詞：あいみょん
作曲：あいみょん

説明が必要なヒット曲だろう。

まずDISH//（ディッシュ）とは、北村匠海、矢部昌暉、橘柊生、泉大智の4人で構成された「演奏しながら歌って踊るダンスロックバンド」のこと。

次に『猫』という曲は、彼らの10枚目のシングル『僕たちがやりました』（17年）の収録曲で、作詞・作曲があいみょん。

そしてＤＩＳＨ／／による、一発撮りのパフォーマンスを収めた「THE FIRST TAKE」というYouTubeチャンネルがあり、その中でメンバーの北村が、一発撮りで『猫』を熱唱した映像が話題を呼ぶ。その音源を配信しようということになり、『猫～THE FIRST TAKE Ver.～』が４月29日に配信リリース。配信から１ケ月半でストリーミング累計１０００万回再生を記録し、ビルボードジャパン・ホット１００の11位（６月22日付）になったという次第。

このご時世、YouTubeからヒットが生まれることは珍しくない。問題は「一発撮り」（音楽としては「一発録り」）という点にある。作り込まれたテレビ映像とは違い、YouTubeには「一発撮り」がよく似合う。ということは、そこで流れる音楽には「一発録り」が似合うということになる。

聴いてみて確かに声の「生（なま）感」が強く、それが心地良い。動画サイト／サービスの拡大は、作り込んだ音ではなく、「一発録り」的「生感」ある音に、需要を導いていくのではないか。

そう考えると、高額な音響機器が並べられた豪華広大なスタジオなど、昭和・平成の遺物となっていくような気がするのだが、どうだろう。

205・懐かしい音としての星野源（7月3日）

♪星野源『折り合い』
作詞：星野源
作曲：星野源

6月15日のTBSラジオ『金曜JUNK　バナナマンのバナナムーンGOLD』で披露された曲。

この番組では星野源が、バナナマン日村にバースデーソングを作り・歌うことが定例となっているらしいのだが、今回は「1年間の日村さんのトピックスを選んで、それをインスパイアした新曲」ということで、この曲を歌ったという。

曲調を聴いて感じたのは「あ、懐かしい」。

これは昔の洋楽のようで「懐かしい」（ボブ・マーリー『ノー・ウーマン・ノー・クライ』――74年――に少し似ている）という意味合いを含むのだが、それ以上に、最近の最新邦楽ヒット曲にない、トラッドな感じがするという意味合いの方が強い。

いかにも打ち込みチックな音で（すべて星野源の自宅で作られたという）、循環コードがループして、その上に、星野源のあの声で歌われるボソボソとしたボーカルが乗る。ボブ・マーリーに加えて、細野晴臣のソロっぽいことも含めて、私世代にとって、この音楽世界には既視感がある。

この連載を担当することで、星野源より若い世代による「ポストＪポップ」とでも言える野心的な音楽を聴き続けているせいもあろうが、その結果として、星野源の音楽に「懐かしさ」や「親しみ」を感じるのだろう。

それは逆に言えば、私世代より下のリスナーには、少し古めかしい音楽として聴こえるのかもしれない。星野源と米津玄師の「星・米時代」は一巡するのだろうか。

ＭＶには石橋静河が出演し、いい味を出している。二階堂ふみを追う存在になるだろうと思いつつ、調べてびっくり。石橋と二階堂は同じ94年生まれの同級生だった。

「石・二時代」の到来を期待する。

206. この音は開かれている（7月10日）

♪ **NiziU『Make you happy』**

作詞：J.Y.Park

作曲：J.Y.Park

アイドル業界は相変わらず賑やかだ。色んなグループが色々と出てくる。分からないことも多いが、臆せず向かっていきたい。音そのものだけを手がかりとして。

ソニー・ミュージックと、韓国の大手芸能プロダクション「ＪＹＰエンターテインメント」による日韓合同オーディションプロジェクト「Nizi Project」により、１万人超の応募から選出された９人によって構成されるアイドルグループ、らしい。

メンバーは日本人８名とアメリカ国籍（日本とのハーフ）1名。「Nizi Project」から生まれた証に「Ｎｉｚｉ」を冠し、「Ｕ」にはグループの他のメンバー、ファンの意味合いが込められている、らしい。

この曲のミュージックビデオは動画サイトで公開され、約９時間で３００万再生を突破する大反響となった、らしい。

そして、動画で注目を集めているのが、サビで手を回して軽快にジャンプする「縄跳びダンス」、らしい。と、これらの情報だけでも、53歳の音楽評論家を遠ざけるに十分なのだが、音自体については、実はとても聴きやすかったのである。

日本のアイドル音楽のような、ファン以外へは深く閉ざされたような音ではなく、ばっちり開かれた音。日本、韓国、そして世界に広がっていくことを前提とした音という感じがしたのだ。

作詞・作曲は「ＪＹＰエンターテインメント」の代表でもあるプロデューサー＝J.Y.Park。彼が見つめる音は、世界にばっちり開かれた音なのだろう。

ポップスとはそもそもが開かれた音楽だ。日本の「閉じた」アイドル音楽が置いてけぼりとならないことを祈る。

207 アイドル界に必要な新しい言葉（7月17日）

♪BiSH『LETTERS』
作詞：松隈ケンタ・JxSxK
作曲：松隈ケンタ

前回、韓国人プロデューサーが生んだ日本人アイドルグループ＝ＮｉｚｉＵを取り上げた回の締めで私はこう書いた――「ポップスとはそもそもが開かれた音楽だ。日本の「閉じた」アイドル音楽が置いてけぼりとならないことを祈る」。

そしてライター／リサーチャーの松谷創一郎氏はサイト『現代ビジネス』（7月9日）でこう書いている――スターを目指す若者たちは、日本の音楽系プロダクションの制作能力を頼らず、続々と韓国に目を向けている。（中略）ＮｉｚｉＵは、こうした文脈の延長線上に生まれたグループだ。Ｋ―ＰＯＰの伸長とＪ―ＰＯＰの退潮――その距離は、年々開く一方となっている。

言わば「日本アイドル界の空洞化」とでも言える傾向が進んでいるとして、そういう状況に対して戦っているグループの一つが、この欄で何度も取り上げたＢｉＳＨだ。

７月10日の『ミュージックステーション』で歌われたこの曲は、従来の激しいリズムで激しく叫ぶパンク風味のＢｉＳＨとは違い、ミドルテンポで淡々と進んでいく。

しかし歌詞に注目すれば「♪突然に世界が予告もなく変わり果てて」とか「♪突然に世界は真剣に残酷な判断しちゃった」と、コロナ禍におけるメッセージソングのようになっているのだ。

続く「♪絶対距離は遠くないんだ」の「距離」はおそらく「ソーシャルディスタンス」のことで、見かけの「距離」は遠くとも「♪今も近くにある」というフレーズで、聴き手は救われる。

世界を目指すグループがいてもいいし、日本で戦い続けるグループがいてもいい。そして後者に求められるのは、ＢｉＳＨのような新しい言葉を持つことではないか。

208．「米津玄師節」ここに極まれり（7月31日）

♪米津玄師『感電』
作詞：米津玄師
作曲：米津玄師

『Ｌｅｍｏｎ』が主題歌となったドラマ『アンナチュラル』と同じく、野木亜紀子が脚本を務める『ＭＩＵ

404』の主題歌であり、既に耳にした人も多いだろう。

7月20日付ビルボードジャパン・ホット100においては、TWICEに1位を奪われたものの、初登場1位。さすがに『Lemon』ほど売れ続けることはなかろうが、米津玄師節への渇望感が高まったタイミングでのリリースで、またロングヒットしそうな感じだ。「米津玄師節」と軽く書いたが、そう書きたくなるほど、米津玄師の音には、強い一貫性がある。その一貫性を明快に分析した評論家はまだいなさそうなので、その特徴を私なりに書き出してみる。

(1)メロディの「多さ」：妙な言い方だが、起伏が多く、また息継ぎのタイミングがないほど、綿々と続くメロディ。
(2)短調キーの陰鬱な空気感：長調主軸のJポップの中で、この曲もそうだが、短調による陰鬱な雰囲気が持ち味。
(3)循環コードの多用：今回のこの曲もコードはひたすら循環し、聴き手をトランス状態に陥らせる。後半の「♪肺に睡蓮　遠くのサイレン〜」のところの循環コードは変態的。プログレの世界。
(4)とりわけ陰鬱なコード「m7−5」の多用：さしずめ「米津玄師コード」という感じ。

となる。音楽的な知識のない方には、分かりにくい話になったかもしれないが、要するに、他の音楽家とは異なる、陰鬱で変態的な「米津玄師節」は、音楽的にも特異なのである。

今回のこの曲は、そんな「米津玄師節」の中の「米津玄師節」という感じがした。これは安定か、停滞なのか。状況を注視したい。

209. 今年的な「胸キュン進行」（8月7日）

♪ **YOASOBI『たぶん』**
作詞：Ａｙａｓｅ
作曲：Ａｙａｓｅ

今年の上半期に彗星のごとく現れたブライテストホープと言えば、YOASOBIだろう。あいみょんやヒゲダン、King Gnuのような「爆発力」は感じないのだが、今年に入って以降、したたかにヒット曲を連発している。

YOASOBIの作品では、昨年リリース『夜に駆ける』をここで取り上げたが、驚くなかれ、この曲は、ビルボードジャパン・ホット１００（8月3日付）において、未だに2位につけている。

そんな彼らの新曲がこの『たぶん』。先のチャートで初登場15位。

例えばあいみょんなどは、曲によって作風をがらりと変える印象が強いが、YOASOBIの楽曲には、この曲も含め、確固たる作風がある。「YOASOBI節」とでも言えるような。

特にコード進行が共通している。具体的には（簡略化して記すと）「F↓G7↓Em↓Am」というコード進行をやたらと使うのである（キーをCとした場合）。

この進行の印象は「胸キュン進行」とでも言えるセンチメンタルな進行。この進行を繰り返す曲の例として、PRINCESS PRINCESS『世界でいちばん熱い夏』（87年）、渡辺美里『My Revolution』（86年）を挙げれば、感覚的に分かっていただけるだろうか。

曲を聴いた第一印象は、エレクトロポップな雰囲気で、一見無機質な感じがする。しかし「胸キュン進行」を多用しているので、聴くたびにセンチメンタリズムが高まって、常習化する……そんなプロセスでファンを増やしていると思うのだ。

そのセンチメンタリズムはコロナ禍の空気と寄り添ったものだとも思う。そういう意味では、とても2020年的な音でもあるのだ。

210. 小室哲哉のセルフパロディ（8月14日）

♪乃木坂46『Route246』
作詞：秋元康

作曲：小室哲哉

一言で言えば、小室哲哉が小室哲哉のパロディを演じて作ったような曲だ。せっかくだから、その「小室哲哉のパロディ性」を説明しておく。

まずはコード進行だ。（キー＝Cで表記すれば）「Am↓F↓G↓C」という、俗に言う「小室進行」で全編を通している。

独特な転調も「小室哲哉のパロディ」的である。イントロのキーはDmで始まるが、イントロの途中で半音上がってD♯mになる。そして歌メロに入って次はBmへと、くるくると転調。しかし「小室進行」は一貫し続ける。

イントロの後すぐに始まるサビ（という点も小室的）のメロディは、どことなくglobe『Feel Like dance』（95年）を彷彿とさせるものだ。

さらに秋元康による歌詞も、タイトルからして、国道246～青山通りがオシャレだった80～90年代的だし、秋元お得意の「どことなくメッセージソングぽい」という感じの歌詞もしかり。

と、ここまであからさまなのは、「小室哲哉のパロディ」で話題作りするという確固たる戦略があったのだろう。そして小室哲哉は、そのオリエンに忠実に応えたということになる。

ただ、あの頃の小室サウンドが持っていた、コギャルやアムラーの腰を動かすグルーヴが足りない点が気になった。また、先の過剰な転調にも、今や世間は慣れきっていて、驚くに値しない。

つまりは「小室哲哉のパロディ」を追求したけれど、あのキラキラした「90年代の小室哲哉」のパロディにはなり得ていないと感じたのだ。

それは小室哲哉に非があるというより、「90年代の小室哲哉」がそれほどにすごすぎた、ということなのだが。

211・新しい音には新しい儲け方を（8月21日）

♪ **SixTONES『NAVIGATOR』**

作詞 :Seiji Takagi・Kokei"CO-K"Takafumi
作曲 :Seiji Takagi

音としては、前作『Imitation Rain』同様、非常に野心的なものを感じた。いい意味でジャニーズっぽくないというか。海外マーケットも見据えたような音である。

また公式動画サイトで「高所恐怖症視聴注意」と書かれているMVも、そんな音に合わせた硬質さを感じる出来である。

さて、私はこの曲のCDを知り合いからいただいた。その知り合いはSixTONESのファンで、特典目当てか、この曲のＣＤを何枚も買って、余ったＣＤを周りに「おすそわけ」しているのだ。一時期話題（問題）となった、「握手券」目当ての女性アイドルＣＤ大量購入と似たようなものなのだろう。

私は音楽家、特に優秀な音楽家には、がっぽがっぽ儲けてほしいと思っている。「音楽は儲かるんだ」という観念が、優秀な才能をおびき寄せ、音楽界が活性化するというサイクルを途絶えさせたくないと、音楽ファンとして思っている。

昨今のコロナ禍もあり、とりわけ音楽イベント市場が危機に瀕している中、その思いはさらに強くなるのだが。

言いたいことは、SixTONESのような、これからの新しい音楽には新しい儲け方が必要ということである。果たして、ファンの熱量をもっとスムーズな形で吸収できる新しい儲けのシステムはないものだろうか。

故・ナンシー関は98年、ＮＴＶ系『ウリナリ!!』における、子供をターゲットとした、ポケットビスケッツとブラックビスケッツのＣＤ売上競争企画や署名集め企画について「あんまりあこぎなことすんなよ」と書いた（『テレビ消灯時間２』文藝春秋）。あれから22年である。

212・陰鬱で戦略的な歌い出し（8月28日）

♪米津玄師『カムパネルラ』

作詞：米津玄師
作曲：米津玄師

令和2年の夏は、米津玄師一色の夏となった。

新作アルバム『STRAY SHEEP』が売れ、8月18日のオリコンニュースによれば、累積売上枚数が113・1万枚となり、シングル、アルバムを通じ自身初のミリオンを達成したという。

また、同記事によれば、男性ソロアーティストによるアルバムのミリオン突破は、08年の綾小路きみまろ『爆笑スーパーライブ第1集！中高年に愛をこめて…』が達成して以来11年9カ月ぶりらしく、米津玄師だけでなく、綾小路きみまろの凄みも確認した次第。

『カムパネルラ』は同アルバムの冒頭を飾る1曲で、8月24日付けビルボードジャパン・ホット100の18位となっている。

印象に残るのは歌い出しだ。

・「♪カンパネールラ」＝♪ラーシドーシラ

そう思って、米津玄師の他のヒット曲も聴き直して気が付いた。印象的な歌い出しが多いことを。

・『Lemon』:「♪ゆめならば」＝♪ドレミードラ
・『感電』:「♪にげだしたーい」＝♪シドシッラー

どれも歌い出しが「曲の顔」となっている。

色々と高度な音楽的技巧の話もあれど、まずは歌い出しでリスナーの心をがっちり掴むというのが、米津式ヒット曲量産法の第一条ではないかと思った。

もしかしたらそれは、サブスクリプションで再生カウントされるまでの秒数（≒歌い出し）まで期待を持続させるための方策かもしれないのだが。

また、これら歌い出しの音列は、おしなべて物悲しく、この陰鬱な時代にとても合っている感じがする。令和2年の音列は、♪ラーシドーシラだ。

213・「胸キュン進行」ふたたび（9月4日）

♪ Official 髭男 dism『HELLO』

作詞：藤原聡
作曲：藤原聡

Official 髭男 dism、通称「ヒゲダン」が8月5日にリリースした『HELLO EP』に収録された曲。フジテレビ系『めざましテレビ』のテーマソングだという。

今回もまぁ、とにかく情感・情緒・情念がこもりまくっている「感情の水びたし」のような曲だ。一昔前のヒット曲に比べると、感情が明らかにインフレしているのだが、そこが彼らの魅力なのだろう。

これを聴いたら、過去の普通のヒット曲なんて、スッカスカに感じられてしまうのではないか。

さて、またコード進行の話をしたい。この曲で何度も何度も繰り返される進行は「Dm↓G↓Em↓Am」（キーをCに移調し、多少簡略化して表記）。これは、かつてここでYOASOBIの『たぶん』のときに紹介した「F↓G7↓Em↓Am」と、音楽的にほぼほぼ同じもので、あのとき「胸キュン進行」と名付けたものである。

分解すると「Dm↓G」はザ・長調の進行で、ポジティブな感情を高める。しかし続く「Em↓Am」はややセンチメンタルな響きとなる。この「ポジティブ↓センチメンタル」の明暗が繰り返され「感情の水びたし」が起きてしまうのだ。

フロンソワ・デュポワというフランス人の音楽家は著書『作曲の科学』（講談社ブルーバックス）で、この進行を「日本でひんぱんに使われているコード進行」としている。どうもこの進行を偏愛するのは、日本人だけのようである。

そんな「胸キュン進行」が今、ヒゲダンとYOASOBIをキッカケに日本を席巻しようとしている。音楽から発せられる感情のインフレ傾向は、まだまだ続きそうだ。

214 人生とは外側をでっち上げること（9月11日）

♪Creepy Nuts×菅田将暉『サントラ』
作詞：R―指定
作曲：DJ松永

「現在のところ、今年最高の曲である」というフレーズを、私はこの欄で何度か使っているが、そう書くときは必ず、とても豊かな気持ちで書いている。「書く義務」ではなく「書ける権利」を行使している気さえする。

9月4日のテレビ朝日『ミュージックステーション』で観た、Creepy Nuts（クリーピーナッツ）と菅田将暉のコラボレーション。圧巻だったと思う。「テレビ離れ」が叫ばれる中、それでも評論家はテレビを見ておかねばと思う。

クリーピーナッツとは、R―指定とDJ松永によるラップユニット。目、いや耳を引くのが、R―指定のラップである。テレビ番組『フリースタイルダンジョン』出身で、とにかくラップが上手い。かつ、その上手さが硬直的ではなく柔軟で、アドリブなどを自由に入れてくる（Mステでもアドリブ的にリリックを変えていた）。

これまで私がハマったヒップホップ系ユニットと言えば、まずはRIP SLYME、次にDef Tech。特にRIP SLYMEについては、ライブに行くほど熱心に追いかけたが、R―指定のラップは、彼らとは「世代」の違いを感じるものである。お笑い同様、ラップにも「第●世代」があるのではないか。その最新世代がR―指定となる。

また、菅田将暉が絡んでいることで、装いは一気にポップなものとなる。こういう企画に参画する背景にあるのは、菅田の自己プロデュース力の高さだろう。ドラマ『MIU404』最終回での鬼気迫る演技も含めて、いま彼は時代と寝ている。「♪あの日でっち上げた無謀な外側」に「追いついていく」というパンチラインも気に入った。いい曲。おすすめ。

215 その恐るべき振れ幅（9月18日）

♪BTS『Stay Gold』
作詞・作曲:UTA・SUNNY BOY・Melanie Joy Fontana・Michel "Lindgren" Schulz・JUN・KM-MARKIT

韓国の男性音楽グループ、ＢＴＳ（防弾少年団）の新曲『Dynamite』が米ビルボードのシングルチャートで1位となったという。

このニュースに必ず付く尾ひれが「アジアからの楽曲がビルボード1位となるのは、63年の坂本九『上を向いて歩こう』（SUKIYAKI）以来の快挙」というフレーズである。

57年前の日本人は、その後の半世紀以上、ビルボードを制覇できないということや、ましてや韓国の音楽家がそれを成し遂げるなど、想像すらも出来なかったことだろう。

Ｋポップ、特にダンス音楽になると、アンテナも審美眼も働かないことを白状するが、しかしメロディアスな曲になると、分からなくはない。

さる8月20日の『２０２０　ＦＮＳ歌謡祭　夏』で彼らがこの曲を歌っているのを見て驚いた──「これは私にも分かる。ってか、素晴らしいよ」。

日本語で歌われているので、この欄で紹介してもよいだろう。これだけの分かりやすく流麗なメロディ、つまり「ポップス」というレッテルを堂々と貼り付けられるような作品は、最近の日本のアイドル音楽では、なかなか聴けないものである。

そして驚くべきは『Dynamite』との距離感だ。洋楽市場に合わせたダンス音楽と、日本のオッサンを喜ばせるメロディアスなポップス。そんな振れ幅ある音楽が、アメリカからでも日本からでもなく、韓国から発信されているのだ。

韓国政府によれば『Dynamite』1曲による経済効果は、約1500億円にのぼるという。半世紀前には先行していたのに、いつのまにか追いつかれ、日本音楽界におけるKポップは今やライバルではなく、フォローするべき対象となった。

216．「ソ♯リスト」宮本、54歳（9月25日）

♪宮本浩次『P.S. I love you』
作詞：宮本浩次
作曲：宮本浩次

先週の週末は「宮本浩次ウィークエンド」だった。18日にはテレビ朝日『ミュージックステーション』（Mステ）、そして19日夜にはNHK『SONGS』に出演。その両方で歌ったのが、16日発売のこの新曲である。

NHKドラマ『ディア・ペイシェント』の主題歌。

まぁ、相変わらず元気で羨ましい。私は彼と同い年（今年54歳）なのだが、シンプルなメロディ（とはいえコード進行は凝っているが）を大声で歌い切るエネルギーは凄まじいと思う。さらに今回は、キーもやたらと高く、「パワーシンガー」宮本浩次の面目躍如といったところ。

カップリングは太田裕美『木綿のハンカチーフ』（75年）のカバーだという。『ひとり紅白』を断続的に開催している桑田佳祐同様、個性的なボーカルスタイルを持つ宮本浩次は、カバー歌手としての資質があると思う。今年4月「Mステ」で見た、松田聖子『赤いスイートピー』（82年）のカバーはめっぽう素晴らしく、HDDに保存した。

さて、後は雑談で、多くの人にとっては、どうでもいいことだろうが、妙なことに気付いたので書いておく（私が出演している番組＝BS12『ザ・カセットテープ・ミュージック』視聴者向け）。

『SONGS』で宮本浩次は、小坂明子『あなた』（73年）と沢田研二『時の過ぎゆくままに』（75年）をカバーしたのだが、この2曲には両方とも、センチメンタルな音「ソ♯（コードはⅢ7）」が出てくるのだ。

そう言えばエレカシの代表作『今宵の月のように』『悲しみの果て』も、歌い出しすぐに「ソ♯」が出てくるではないか。宮本浩次が、日本屈指の「ソ♯」の使い手＝「ソ♯リスト」であることが判明したのだ。

217・その「人懐っこさ」は世界へ（10月2日）

♪**BTS『Dynamite』**
作詞：David Stewart・Jessica Agombar
作曲：David Stewart・Jessica Agombar

韓国の音楽家として史上初めて全米シングルチャート1位に輝いたこの曲が、9月28日付けのビルボードジャパン・ホット100でも3位につけている。

正直、ダンスミュージックは苦手な方だが、不思議なことに、この曲には抵抗感をほとんど感じなかった。それどころか、白状すると、何度も聴きたくなってしまった。私が感じた印象は「実に人懐っこいダンスミュージック」。

ドン・ドン・ドン・ドンという、70年代ディスコ風「四つ打ち」のリズムも耳に馴染むし、複数のメンバーによる抑揚のあるボーカルも楽しい。

そして何といっても、延々と続くコード進行に、麻酔のような魅力を感じたのだ。

Ａｍ↓Ｄｍ↓Ｇ↓Ｃ（キーＣ♯ｍをＡｍに移調）。これはマキタスポーツ氏のいう「ドラマチック・マイナー」と言われるコード進行で（一般には2つ目のコードをFとするが）、さらには「小室哲哉進行」とも言われるものでもある（『WOW WAR TONIGHT』――95年――などで使われる）。

陰（Am）から陽（C）に、「挫折」から「復活」に展開するような、情緒性・物語性の強いコード進行。

Jポップで多用されるコード進行でもあり、「小室哲哉進行」と言われるくらいなのだから、90年代に音楽を聴きまくっていた私のような日本人には、とりわけ染みる響きを持つ。

以上のように、音楽的にも、何度も聴きたくなる人懐っこさがインストールされた1曲と言える。そして米国でも、一人ひとりのリスナーが、その人なりの人懐っこさを感じているのだろう。この曲の人懐っこさは、世界に向いている。

218・アイドル音楽に差し障るもの（10月9日）

♪フィロソフィーのダンス『ドント・ストップ・ザ・ダンス』

作詞：前山田健一
作曲：ｍｒｍｒ

鳴り物入りのメジャーデビューである。

そう感じさせるのは、アイドルグループ「フィロソフィーのダンス」（略称「フィロのス」）である。この曲でソニー・ミュージックからデビューすることとなった。「鳴り物入り」とするのは、私の周囲のいわゆる「業界人」の中での評判がすこぶる高く、また今回は作詞をヒャダインが担当、MVを浅草ロック座で撮影するなど、「鳴り物」がさらにガンガンと鳴り響くような仕立てになっているのだ。

確かに楽曲のクオリティは非常に高く、私のような50代音楽好きにも、まっすぐに響いてくる。

これまでのアイドル音楽の中で、類するものを思い出せば、90年代アイドル音楽の金字塔であるモーニング娘。『LOVEマシーン』（99年）だ。音的にもそうだし、「イマドキの女の子」の心情をけれん味たっぷりに表現した歌詞も近しい。

ただ大歓迎したい気持ちに差し障るのは、このような考えである――「グループアイドルって若い子が夢を叶えているように見えるけど、実際に夢を叶えているのはたいていの場合プロデューサーの中年男性だ、と思うから」（能町みね子『そのへんをどのように受け止めてらっしゃるか』文春文庫）

フィロのスの場合、具体的にどうなっているのかはよく分かっていないのだが、一般論として、能町氏が書いている、この考えはよく分かる。いたいけな女の子たちの背景にあるあれやこれやを考えてしまうと、どうもアイドル音楽に乗り切れないのだ。

逆に言えば、そういう「あれやこれや」を突破出来るか否か、そこにフィロのスの命運がかかっているということである。

219 それはバンプから始まった（10月16日）

♪ BUMP OF CHICKEN『アカシア』

作詞：藤原基央
作曲：藤原基央

日本が、世界が、新型コロナウイルスにぶち当たった今年は、音楽的にも当たり年になりそうだ。音楽家たちがウロウロ出歩かずに、自宅やスタジオでの制作作業に没頭したからか、汲めども汲めども、いい曲がじゃんじゃんと湧き出てくる。

ロックの歴史話となると決まって１９６９年ガー、アイドル歴史話で１９８２年ガーとなるが、もしかしたら２０２０年は、そういう年と並び称される１年になるのかもしれない、と思う。

BUMP OF CHICKEN（バンプ）の新曲は、ポケモンスペシャルミュージックビデオ『ＧＯＴＣＨＡ！』のテーマソングになっているのだが、これがなかなかいい。

疾走感溢れる演奏と、ポジティブで文学性の高い歌詞、そして何といっても藤原基央の柔らかい声質、いわゆる「バンプ節」が炸裂している。

想起するのは19年前、あの鮮烈な『天体観測』（01年）である。あれから19年、一周回って、いや数周回って、ここにまた辿り着いた。それでも、数周回ってきている分、足腰が強くなっている。『天体観測』に、19年分の自信と貫禄が付いている。

と、こう書きながら、心の中で驚く――『天体観測』から19年も経っているのか！

この19年の間に、バンプ・フォロワーのバンドが山ほど出てきた。ギターバンドが音楽界の主役の座を追われ、脇役の一つとなったこの19年だが、それでも、バンプから始まったギターバンドの火は、決して消えることがなかった。

そして今、この『アカシア』である。ラストの歌詞は、ギターバンド界にバンプの価値を再確認させるような言葉遣いになっている――「♪そうやって始まったんだよ」

220.「僕が歌っている僕の音楽」（10月23日）

♪オレンジスパイニクラブ『キンモクセイ』
作詞：スズキナオト
作曲：スズキナオト

ビルボードジャパン・ホット100の20位にひょっこり顔を出した曲。バンド名も曲名も知らなかったので、動画サイトでMVを見て、公式サイトや数少ない記事を読んでみたのだが。

するとどうも、今年の1月に発売されたミニアルバムの中に入っていたこの曲が、TikTokで火がついて売れ始めているようなのだ。

瑛人の『香水』の例を見るまでもなく、若者の音楽選択にTikTokがもたらしている影響は、とても大きいようだ。

ただ、MVに映るメンバーの姿は、明らかにイマドキの普通の男子。皆さんの目の前でもたむろしているであろう、髪が長くて、ひょろっとしていて、うつむき加減でヘッドフォンを耳にして、スマホを凝視している彼らだ。

そんな彼らが、こういうセンチメンタルな歌を、自然体で歌い・奏でるさまは、少なくとも私にとっては心地の良いものである。妙に演出された「ロックバンド」が多い中で。

思い出したのはフリッパーズ・ギターのことだ。その音楽性は自然体というよりは、かなり奇天烈なものだったが、その見かけは、90年前後の若者（つまり私）の姿そのものだった。自分たちの声がスピーカーから聴こえてきた気がしたものだ。

「僕が歌っている僕の音楽」という感じで評価されているのではないか。30年前の90年前後と異なるのは、歌を届ける媒体がラジオかTikTokかということだろう。

こういうバンドには『Mステ』に出るときに、口パクではなく生演奏でお願いしたい。「僕が歌っている僕の音楽」なのだから、本当に歌ってくれないと困る。

221 ドラマチック・マイナー世界を制す？（10月30日）

♪LiSA『炎』
作詞：梶浦由記・LiSA
作曲：梶浦由記

劇場版『鬼滅の刃　無限列車編』が特大ヒット。『鬼滅の刃』が無ければ、夜も日も明けない日々が続いている。

もちろんその主題歌であるLiSA『炎』（ほむら）も大ヒット。10月26日付のビルボードジャパン・ホット100では、あのBTS『Dynamite』を2位に蹴落として、首位に立った。

さて、『炎』と『Dynamite』には、大きな共通点がある。何度も同じ話で申し訳ないが、コード進行が「ドラマチック・マイナー」なのだ。

キーをAmとして「Am↓F↓G↓C」という進行。マイナーコード（Am）の暗さから、徐々に立ち上がり、最後メジャーコード（C）の明朗な感じに帰結する、直線的なコード進行。

一時期小室哲哉がよく使っていたため「小室進行」と表現されることもあるが、『炎』に関しては、小室哲哉由来というより、高橋洋子『残酷な天使のテーゼ』（95年）由来という感じがするのだが。

とにかく『炎』と『Dynamite』、今年を代表する2曲が「ドラマチック・マイナー」だということは、とても示唆に富む。もしかしたら世界的なコロナ禍の中、直線的で劇的なコード進行が求められているということなのだろうか。

さて、『鬼滅の刃』のヒットは世界に轟いている。米通信社ブルームバーグは「数百万人がパンデミックに逆らい、日本で記録的観客」と見出しで、観客動員を「日本全体の人口の約3％にあたる」と報道したという。

映画だけでなく『炎』も世界に轟き、『Dynamite』も含めて、アジア発の「ドラマチック・マイナー」が世界を席巻する日も近いのかもしれない。

222. 男心のカリスマ？（11月6日）

♪aiko『ハニーメモリー』
作詞：ＡＩＫＯ
作曲：ＡＩＫＯ

ビルボードジャパン・ホット１００の11月2日付で10位。ＬｉＳＡやＢＴＳ、YOASOBIなど、チャート上位の常連客の隙間に、ひょっこりに顔を出したという感じだ。おそらく、根強い固定ファンがいるのだろう。

楽曲はと言えば、相変わらずの「ａｉｋｏ節」である。エコーのほとんどかかっていない生声で、しっとり粘っこく歌われるラブバラード。初期の作品には魅了されるも「根強い固定ファン」にはならなかった私は、この「ａｉｋｏ節」自体が、あまり得意ではない。

しかし今回のポイントは歌詞にある。筆が冴えている。表現としてとても優れたフレーズ、いわゆるパンチラインが備わっているのだ。

その代表は「♪心臓が5個あったらいいな」。「5個」という言い回しがフックとなって、強く印象付けられる。続くのは「♪入れ替えたらあなたの前でずっと笑ってられるわ」。

ａｉｋｏ公式サイトでは、このフレーズに込められた本人の思いが語られている――「いろんなことのあった相手の前でずっと笑っているためには、いくつも人格がないと無理なのかもなって思ったことがあって。それを〝心臓が5個あったら〟って表現した感じですね」

また「君がいないと味がしないんだ」というフレーズも、何気ないがとても良い。彼女を失って、まさに「味気ない」生活をしている男の心理が描き出されている。

ａｉｋｏは、女心を表現するカリスマのように思われているが、もしかしたら男心の表現により長けているのかもしれない。この方向を続けてくれれば、私も「ａｉｋｏ節」の根強い固定ファンになるかも、である。

223 2020年と1984年の声（11月13日）

♪Uru『振り子』
作詞：Uru
作曲：Uru

女性シンガーUruの曲は、4月に一度『あなたがいることで』を取り上げている。TBSドラマ『テセウスの船』の主題歌だった曲。

その原稿で私は、Uruの声についてこう表現した――「『2020年4月の声』だと思ったのだ。そう『在宅』『テレワーク』で家にこもりながら、コロナウイルスに怯えている気分に、ぴったりと寄り添える、どこかくぐもった声」。

今回もその印象は変わらない。これから先、コロナ禍がいつか一掃されたとして、2020年を思い出すとき、Uruの声を、同時に想起することになるだろう。

ただし今回は「2020年の声」に加えて「1984年の声」でもある。84年に起きた「グリコ・森永事件」を題材とした映画『罪の声』の主題歌になっているからだ。

この映画、私は面白く見た。特に、一見バラバラに放り投げられたような事件の断片が、ラストで一気に集約される野木亜紀子脚本のダイナミズムは必見だ。

ただし、142分が長いとも思った。繊細な仕立てのストーリーを追う注意力が必要な作品でもあり、その意味では2時間が限界。もう少しコンパクトに編集出来なかったか。

宮藤官九郎脚本の映画を見たときに、必ず、自宅のテレビで見たいと思ってしまうのだが（実際テレビで見るとさらに面白い）。注意力散漫な私は、今回もそう思ってしまった。テレビ放映されれば、同じく野木亜紀子脚本のTBSドラマ『MIU404』のファン層を中心に、かなり盛り上がるのではないか。

なお、生島聡一郎役・宇野祥平という役者の「死相」のような顔付きに強く惹き付けられた。

224・作詞家・桑田佳祐の代表作になる（11月20日）

♪坂本冬美『ブッダのように私は死んだ』

作詞：桑田佳祐
作曲：桑田佳祐

先週号の『週刊文春』は、まるで「坂本冬美特集号」である。巻頭グラビアが坂本冬美で、桑田佳祐の連載『ポップス歌手の耐えられない軽さ』も坂本冬美について書かれていて、『阿川佐和子のこの人に会いたい』も阿川と坂本の対談となっている。

この巻頭グラビアが素晴らしい。坂本冬美が実に美しいのだ。カメラマンは安珠。坂本を美しく、艶《なまめ》かしく、そして怪しく撮っている。そういえば、11月10日のＮＨＫ『うたコン』での、白い衣装に身を包んだ坂本も、とても美しく、艶かしく、怪しかった。

そんな派手派手しい露出でプッシュされているのは、11月11日発売、坂本冬美の新曲『ブッダのように私は死んだ』である。タイトルからしてものものしいが、作詞・作曲は桑田佳祐なのだ。

今回は作詞家・桑田佳祐の筆が冴え渡っている。強烈な「桑田パンチライン」が目白押しなのである。もしかしたら作詞家・桑田佳祐の代表作の一つになるかもしれない。「♪骨までしゃぶって私をイカせた　ねぇあなた」「♪何食わぬ顔でテレビに出ている　ねぇあなた」「♪身なりの悪さは赦（ゆる）す　ただ箸の持ち方だけは無理でした」

と、かなり倒錯した世界である。とっ散らかっているようでいて、聴き手の脳内に、独特に猥雑な世界観が広がっていく、一種の麻薬的な快感のあるパンチライン群。

『週刊文春』の連載『ポップス歌手の耐えられない軽さ』で、桑田佳祐はこう書いている「冬美さん、あんたは凄いソウル・シンガーだ!!」。

そして最後にはこうも書いている――「天童よしみさんもよろしく」。桑田佳祐と天童よしみのコラボレーション、ぜひ聴いてみたいと思う。

225・演技力に裏打ちされた歌唱力（11月27日）

♪森七菜『スマイル』
作詞：渡辺慎
作曲：渡辺慎

今回は、少し前（7月）に配信限定でリリースされた曲を取り上げたい。歌うはNHK朝ドラ『エール』やTBS『この恋あたためますか』で気を吐く若手女優＝森七菜。

元々は96年にリリースされたホフディランのメジャーデビュー曲なのだが、某飲料のCMで森七菜がこの曲をカバーすることになり、その流れでリリースされたのだという。

歌詞の内容は「♪いつでもスマイルしようね」というもので、底抜けに明るいものなのだが、森七菜の声を通すと、単なる明るさの中に、陰のようなものが少しばかり混じる感じがする。

言うまでもなく森七菜は、今年最もブレイクした女優の一人である。ブレイクした要因は、明らかにその演技力にある。普通に表現すれば「演技力が高い」ということになるのだが、個人的には「演技力が濃厚」「演技力が繊細」だと思う。そんな演技力が歌にも活きている感じがするのだ。

台詞回し、動作、表情、目線などに現れる感情の動きが、やたらと豊かなのである。なので、例えば『この恋あたためますか』などを見ていても、森七菜だけ、高精細な8K映像で映っているように思える。

森七菜のこの感じは、約30年前、20代の斉藤由貴のあり方に近い。例えばTBS『はいすくーる落書』（89年）の高校教師役で、荒れた生徒に対して、視線をキョロキョロさせながら、揺れる感情を表現していた斉藤由貴にそっくりだ。

そう言えば、斉藤由貴も音楽活動に熱心だった。森七菜も音楽活動を経験することで、演技の幅も一段と増すのではないか。これからの活躍が、これほど楽しみな女優はいないと思う。

226・驚くべき埋蔵量（12月4日）

♪ **King Gnu『三文小説』**
作詞：常田大希
作曲：常田大希

コロナ禍に見舞われた今年は、とにかく素晴らしい音楽が、矢継ぎ早に生まれた年でもあった。

人々が息を潜めて、自宅にこもっていた頃、ライブ活動を奪われた優秀な音楽家たちが、せっせと音楽作りに励んだ結果、音楽シーンという大海に、脂の乗った魚（楽曲）たちが飛び出し、リスナーが、夢のような釣果を得た1年だと総括する。

水揚げは、まだまだ留まるところをしらない。11月15日のＮＨＫ『シブヤノオト』で聴いたKing Gnuの新曲は、世間は静か、しかし音楽シーンは賑やかだった今年を締めくくるにふさわしい1曲である。

まず耳を惹くのは、ボーカル・井口理（いぐち・さとる）の素晴らしいファルセット。あれやこれやがデスクトップで作り出せる昨今だが、歌い出しのファルセットは、これぞアナログでマニュアルな響きだと確信する。

また全体的にクラシカルでプログレッシブなアレンジが凝りに凝っていて、他にはないKing Gnuサウンドとなっている。そう「他にはない」感じ、他の音楽家たちを意識せず、我が「King Gnu道」を泰然と歩いている感じが、とても好ましいのだ。

あともう1点、私が感じたのは、「あえてJポップしている」という感覚だ。『白日』もそうだったが、色んな音楽の引き出しを持っていて、色んなことが出来るにもかかわらず、あえてJポップ、ひいては「歌謡曲」している感じ。これも私にとっては好印象である。Jポップがいよいよ崩壊し始めた今年に、音楽的力量を総動員して、計算ずくで大衆性を追求するプロフェッショナリズムが爽快なのだ。

King Gnuの埋蔵量は、まだまだ果てしないのだろう。

227 「アク」をもっと強く（12月11日）

♪菅田将暉『虹』

作詞：石崎ひゅーい
作曲：石崎ひゅーい

現代のカルチャーヒーローを一人挙げるならば、それは菅田将輝ということになるだろう。

菅田将輝をカルチャーヒーローたらしめているのは、活動の幅広さである。俳優を中心としつつも、ラジオパーソナリティ、音楽家と活動は多岐にわたり、また、それらの活動すべてに、菅田ならではのアクの強さを感じさせる。その「アク」がカルチャー的なのだ。

今年、俳優としてはドラマ『ＭＩＵ４０４』での怪演が忘れられない。また音楽家としては、Creepy Nutsとコラボした『サントラ』がよく、今年を代表する1曲となった。まさに勢いが止まらないカルチャーヒーロー。

続くこの曲は、ヒット映画『STAND BY ME ドラえもん2』の主題歌となった。楽曲『さよならエレジー』(18年）で菅田将暉がタッグを組んだ石崎ひゅーいが作詞・作曲を担当している。

映画『ドラえもん』の主題歌ということで、しょうがない部分もありそうだが、ちょっと甘過ぎるかな、というのが率直な印象だ。「清潔で甘い菅田将暉」は形容矛盾だろう。逆に言えば、それくらい私は菅田将暉の発する苦目の「アク」を好んでいる。

「アク」の維持は難しい。これまで多くのカルチャーヒーローが「アク」の維持に失敗して、清潔で甘い、単なる「ヒーロー」になってしまった。菅田将暉の鋭い存在感を愛するものとして、「アク」喪失のキッカケに、この曲がならないことを祈る。

MVでは古川琴音が好演。朝ドラ『エール』で古山裕一の娘＝華を演じた24歳の女優。そう言えば、古川琴音にも独特の「アク」がある。これからの注目女優の一人。

228.「オジサンに贈るヒット曲講座」が選ぶ年間ベストテン（前編）（12月18日）

第10位：香取慎吾『FUTURE WORLD(feat.BiSH)』
第9位：ＮｉｚｉＵ『Make you happy』
第8位：King Gnu『三文小説』
第7位：坂本冬美『ブッダのように私は死んだ』
第6位：藤井風『優しさ』

＊＊＊

今年も「権威はないけど見識では負けない」このコーナーの「年間ベストテン」を発表します。

まず6位は言わば「新人賞」。コロナ禍で人々が身と息を潜めた今年、音楽シーンを覆ったのは、平成J

ポップの空元気から位相を異にした陰鬱な「令和歌謡」。ピアノをバックに切々と響く、丸くこもった声質は、まさに令和2年の声だった。

続く7位は「作詞賞」。受賞するのは桑田佳祐。この秋発売、坂本冬美の新曲は、その強烈な歌詞世界で、聴き手の度肝を抜いた。中でも、愛した男に殺される（！）瞬間の女がつぶやく「♪みたらし団子が食べたい」。この強烈な言葉によって「作詞賞」としたい。

8位もこの秋の曲。昨年の本ランキング1位＝「レコード大賞」を獲得したKing Gnuに、今年は「歌唱賞」を差し上げたい。ボーカル・井口理による歌い出しのファルセットがとにかく美しい。また、その恐るべき埋蔵量を背景に「あえてJポップしている」という感じの余裕しゃくしゃく感も、現在の音楽シーンでは唯一無二だった。

＊＊＊

続く9位は「話題賞」と言えばこのグループ。このコーナーでは「この音は開かれている」と紹介した。とにかく分かりやすく楽しく、かつ内輪受けではなく「開かれている」魅力。TikTokを眺めて、この曲の異常な幅広い浸透力に何度も驚いたものだ。

10位は「企画賞」。今年の元旦発売の1曲。香取慎吾とＢｉＳＨの共演による、まるで洋楽かつエバーグリーンな響きの作品。「音楽を作ることが楽しくって仕方がない」という香取慎吾の心の声が聴こえてきそうな作品だった。

＊＊＊

来週はいよいよ5位から1位の発表です。

229　「オジサンに贈るヒット曲講座」が選ぶ年間ベストテン（後編）（12月25日）

第5位：YOASOBI『夜に駆ける』
第4位：米津玄師『感電』
第3位：SEKAI NO OWARI『umbrella』
第2位：BTS『Stay Gold』
第1位：Creepy Nuts×菅田将暉『サントラ』（レコード大賞）

レコード大賞の選定は5回目となる。16年の宇多田ヒカル『道』から、17年・小沢健二、18年・米津玄師、昨年のKing Gnuに続くのは、Creepy Nutsと菅田将暉の野心的なコラボである。

第7世代ラップとでも言うべきか、聴き取れるのに意味も損なわない滑舌。菅田将暉という現代のカルチャーヒーローも交えて、エンタメに関わる若者の心意気をラップする。「♪あの日でっち上げた無謀な外側に追いついていく物語」というパンチラインも気に入った。堂々のレコード大賞。

世界を制覇したBTSはここでは2位。シンプルなコード進行で、ここまで聴き応えのある美しい曲が出来るんだという見本。コードの罠に陥りがちな日本の若手音楽家への絶好の教科書。

セカオワが3位。透明なビニール傘に自分をなぞらえて、恋の哀しみを表現するトリッキーな歌詞が、歌謡曲っぽいセンチメンタルなメロディに乗って歌われる独創的な作品。こういう曲の延長線に、Kポップに対抗できる日本独自の世界品質音楽があると思う。

18年のレコード大賞、米津玄師は今年も元気。妙な表現だが、ある意味『Ｌｅｍｏｎ』よりも『Ｌｅｍｏｎ』っぽい米津節がここに極まれり。その奇妙な歌詞とメロディ、コードが、今年を代表するドラマの一つ『ＭＩＵ４０４』ともバッチリ合って、忘れられない作品となった。

5位は今年を代表する「新種」。忙しいメロディと俗なコード進行の出会いで、スマホを主戦場とする「ＳＮＳ歌謡祭」のトップに立った。激戦の同歌謡祭の中で踏ん張れるか、今後に期待。

来年、またたくさんのいい音楽に出会えますように。よいお年を。

＊＊＊

230　2021年年頭所感――三つの予言（2021年1月8日）

少々遅くなりましたが、あけましておめでとうございます。この賑やかな本誌の中で、この理屈っぽい連載が、また新年を迎えることが出来ました。54歳のロートル評論家として、毎週、新譜をチェックすることは、しんどいながらも刺激になります。回春効果すらありそうです。今年も若々しく書きまくります。どうぞ、ごひいきに。

今回は一種の「年頭所感」として、今年の音楽シーンを占ってみたいと思います。

予想の一つ目は「〝令和歌謡〟の浸透」。Jポップという言葉が本気でダサくなり、「昭和歌謡」の後継としての、暗くて湿っぽくてメランコリックな「令和歌謡」がシーンの真ん中に鎮座する一年になると思います。コロナ禍が続くご時世に、Jポップという概念の持つ「空元気感」は、さすがに不要になると見るのです。

二つ目は「〝SNS歌謡祭〟の発展」。テレビやラジオで生まれたヒット曲の告知媒体ではなく、SNS自体が、ヒット曲への「オーディション会場」として機能する傾向が、いよいよ本格的になっていくと気がします。昨年の瑛人『香水』などは、まだ物珍しく取り扱われていたように思いますが、今年は、ああいうブレイクのあり方が普通になっていくでしょう。

三つ目は、その〝SNS歌謡祭〟で盛り上がるための「シンプル化、ライブ化」です。先の『香水』や星野源『うちで踊ろう』のように、SNSでイジられ二次創作されるためには、音源自体はシンプルでライブ(生)な方がいいのです。もちろんこれは、平成時代に行き過ぎたデジタル化の反動という側面もあるのですが。

さぁ、どんな1年になるのか。楽しみです。

終章

「平成Ｊポップ」から「令和歌謡」へ

以上、5年間にわたって、毎週毎週、最新ヒット曲を聴き続けた、50代音楽評論家の意見を並べてきた。
ここで、その中から見えてきた、今後の音楽シーンについての展望を、私なりにまとめてみたいと思う。

日本における音楽シーンの変化予測

	「昭和歌謡」 ▶	「Ｊポップ」 ▶	「令和歌謡」
販売メディア	レコード	CD	サブスクリプション
尺（曲の長さ）	短	長	短
イントロ	短	長	短
キー	短調中心	長調中心	短調中心
メロディ	少	多	少
楽器数（音数）	多	多	少
使用コード	単純	複雑	複雑
コード進行	単純	複雑	単純
拡散構造	テレビ・ラジオの音楽番組から	CM タイアップから	SNS から
歌詞	（メランコリー）	（センチメンタル＋「がんばろう系」）	（メランコリー＋歌詞重視化？）

まずは表をご覧いただきたい。今後の音楽シーンの変化予測を、乱暴を承知で一覧表にしてみたものだ。

まず一番上に記したのは、この国における最も大衆的な音楽ジャンルの呼称である。時系列で「昭和歌謡」から「Ｊポップ」、そして、本文内でも出てきた造語「令和歌謡」。

「昭和歌謡」という言葉は、粗雑な言い回しのように感じて好きではないのだが、「Ｊポップ」に対抗する言葉は「歌謡曲」だと広過ぎ（一部の「Ｊポップ」を含有する感じがする）、逆に「演歌」「ニューミュージック」では限定し過ぎている感じがして、やむをえず「昭和歌謡」と記した。

「昭和歌謡」「Ｊポップ」「令和歌謡」、それぞれに関して、私の頭の中にある具体的な音楽家／楽曲を補っておいた方がよいだろう。

まず「昭和歌謡」については、その最高峰＝ちあきなおみ『喝采』（72年）に象徴されるが、それ以外にも、70年代から80年代前半の「歌謡曲」「演歌」「アイドル」などすべてを包含する。

だから、沢田研二、西城秀樹、山口百恵、ピンク・レディーから松田聖子あたりまで、作曲家で言えば、筒美京平、都倉俊一から宇崎竜童あたりまで、作詞家では阿久悠、松本隆から秋元康あたりまでを、その広大な守備範囲とする。

「Jポップ」で言えば、表の中で説明したいくつかの特徴を最も具現化するMr.Childrenが、私の中では典型例だ。それ以外でもドリームズ・カム・トゥルーやGLAYなど、平成の時代に8㎝シングルで「メガヒット」を飛ばし続けた音楽家／楽曲を想定してほしい。

「令和歌謡」は、本文中で高評価した（＝各年の「ベストテン」に入った）音楽家／楽曲の総体である。より具体的に言えば、例えば、この5年間における宇多田ヒカルや、米津玄師の一連の楽曲、ひいては、20年以降の最も先端的な存在としての藤井風あたりが、この概念のど真ん中に立っている。

再度、表を確認してほしい。「昭和歌謡」と「令和歌謡」、名前だけでなく、そのありようも相似していることに気付かれるはずだ。それは回帰なのか、進化なのか。以下、詳細に説明していく。

＊尺（曲の長さ）及びイントロの長さ

「昭和歌謡」「Jポップ」「令和歌謡」、この三つの概念を、最もくっきりと分別するのが、販売メディアの違いである。レコードからCDへ、CDからサブスクリプション・サービスへ。「昭和歌謡」↓「Jポップ」

→「令和歌謡」への流れの根本には、このメディアの変化がある。
「サブスク化」による影響の最たるものが、尺＝曲の長さが短くなること。東スポの連載は21年に入っても続いているのだが、今年（21年）に入って紹介したＮｉｚｉＵ『Take a picture』が3分ちょうど（筆者が使っているApple Music上での秒数。以下同様）ということに驚き、さらにはＢＴＳ『Butter』は何と2分44秒しかないことに、さらに驚いた。

逆に「Ｊポップ」は、「昭和歌謡」に比べて、尺が一様に長かった。Mr.Children『終わりなき旅』（98年）の7分4秒などが典型だが、それ以外でも、5分台が当たり前、4分台で終わると、ちょっと物足りないという感覚で聴いていた人も多いだろう。

この背景にあるのはメディアの変化である。そもそもレコードでは、盤の面積が収録出来る尺を制限していた。例えばシングル盤（7インチ）に長い尺の音源を収録すると、音質が劣化するという物理的問題も影響して、「昭和歌謡」の多くは3分台で収まっていた（ちなみに「昭和歌謡」の代表曲の一つ、尾崎紀世彦『また逢う日まで』——71年——は2分55秒。なんと豊潤な2分55秒！）。

それがＣＤになって、物理的制限が（ほぼ）なくなった。加えて「同じ価格なら長尺の方が得した感がある」という意識や、「Ｊポップ」と同時に普及したカラオケボックスで映える「大作」（後述する米米ＣＬＵＢ『浪漫飛行』など）が求められたことなどもあって、「Ｊポップ」の曲は、一様に長尺化したと考える。

しかし、サブスクリプションは、聴き手の側からすれば、定額制の結果、「曲ごとの価格」という観念が存在しないので、「同じ価格なら長尺の方が得した感がある」という意識が介在しない。

またリスニング形態として、「CDという盤をプレーヤーに乗せて、満を持して聴く」のに比べて、「配信されている音源の中から、好きな曲、好きなところだけを、どんどん飛ばしてスマホで聴く」という、非常にライトなものになっている。

対して、作り手の側からすれば、（Apple Music の場合）30秒再生されれば「1再生」とカウントされ、ロイヤリティ収入が入ってくる。逆に言えば、30秒再生されれば、それでいいのだ。5分以上、リスナーを惹き付けなければいけない理由など、どこにもないのだ。

これらのことが絡み合って、「令和歌謡」の尺は、確実に短くなっていくと予測されるし、現に、NiZiUやBTSなど、韓国発の音楽から、「短尺化」が進み始めているのである。

同様の理由で、イントロも短くなっていくだろう。作り手の側としては、とにかく30秒間惹き付けるために、悠長なイントロを続けるよりも、ボーカルを早めに聴かせたいという心理が働くだろう。また、その方がもちろん、聴き手側のライトな聴取環境に合っている。

参考までに、ラジオDJかつ「イントロマエストロ」の藤田太郎氏がネットで発表した、年間トップ100曲の平均イントロ秒数は、10年おきにこのように推移。90年をピークに少しずつ短くなっており、ここでの仮説に合っている。

＊「年間TOP100」の平均イントロ秒数
・1980年：18・9秒

・1990年：22・3秒
・2000年：16・7秒
・2010年：13・8秒（ここまで出典：オリジナルコンフィデンス）
・2020年：12・3秒（出典：ビルボードジャパン）

主に60年代のアメリカンポップスに対する情緒的な表現として「3ミニッツ・パラダイス」という言い方があったが、CDからサブスクへのメディア変化を背景として、「令和歌謡」はまた「3分間のパラダイス」に戻りつつあると考える。

＊メロディ数と楽器数

先に述べた「短尺化」の流れを受けて、1曲に詰め込まれるメロディの数も減っていく。減っていかざるを得ない。

ここで言う「メロディの数」とは、Aメロ、Bメロ……とカウントしていくもので、「昭和歌謡」の時代は、例えば、ちあきなおみの名曲『喝采』が、AメロとBメロだけで、あの傑作が出来ていたのに対し、「Jポップ」では、その数が飛躍的に増えた。

その契機は、米米CLUB『浪漫飛行』（シングル発売は90年）ではなかったか。

・Aメロ「♪逢いたいと思うことが〜」
・Bメロ「♪夢をみてよどんな時でも〜」
・Cメロ（サビ）「♪君と出逢ってからいくつもの〜」
・Dメロ「♪忘れないであのときめき〜」
・Eメロ「♪時が流れて誰もが行き過ぎても〜」

何とEメロまである。加えて、DメロとEメロの、いわゆる「大サビ」的に取り扱われるメロディの快感に、音楽ファンが目覚めるキッカケだったと思う。

さらにカラオケボックスの普及によって、このような「多メロディ化」が促進されたとも考えられる。Dメロ「♪忘れないであのときめき〜」、Eメロ「♪時が流れて誰もが行き過ぎても〜」のところ、私自身も何度となく歌ったが、実に気持ちいいのだ。歌は、お世辞にも上手い方ではないが、それでもこの部分を歌っていると、周囲の迷惑かえりみず、カールスモーキー石井になった気分で盛り上がってしまう。

このように促進された「多メロディ化」が、「令和歌謡」の時代には一巡し、「短尺化」と歩調を合わせ、メロディの数が減っていく。言わば「少メロディ化」。スマホから聴こえてくる3分間の中で、シンプルに、AメロとBメロだけで酔わせてほしいというニーズが高まっていくと見る。

また、詰め込まれる楽器数も減っていくのではないか。もちろん最近では、打ち込みで作られる場合が多いので、実際に使っている楽器の数は、恐ろしく少ないのだが（1つのPCだけで作られている楽曲も多い）、それでも音数（おとかず）＝鳴っている音の数自体はそれなりに多い。

実は「昭和歌謡」も楽器数の多いジャンルだった。もちろん「昭和歌謡」の場合は、すべて生楽器・生演奏なのだが、ロックバンドのコンボ編成に上乗せられた管楽器や弦楽器が派手派手しく鳴り響くという、途方もない数のプレーヤーが途方もない音数を奏でる、贅沢な音楽だった。

この場合の比較対象は洋楽である。例えば、（初期）ビートルズとグループサウンズ（ＧＳ）を比べてみると、思ったよりも多くのＧＳ楽曲で、（甘ったるい）弦楽器がたっぷりと使われていることが分かると思う。

その流れが「Ｊポップ」にも引き継がれた。特に最近では、Official髭男dismの賑やかなサウンドに圧倒される。私の考える「最後のＪポップ」の称号にふさわしいサウンドだと思う。

楽器数／音数が減っていく＝「少楽器化」が進むと思うのは、（ここ数年のフェスブームなどを支えたであろう）生楽器・生演奏へのニーズの高まりを感じるからである。

象徴的な例を挙げれば、宇多田ヒカル『初恋』や、Doughnuts Hole『おとなの掟』、福山雅治『トモエ学園』などの、生ピアノやストリングスだけで押していく、シンプルかつヒューマンな響きである。サブスク→スマホという、極めてデジタルなシステムの中だからこそ、逆説的に簡素な響きが映える――この感覚を共有できる音楽ファンは少なくないと思う。

＊キー

「短尺化」と同時に進行すると思うのが「短調化」である。キー（主調）がマイナー（短調）の曲の比率が高まっていくと考えるのである。

ざっくり言えば、「昭和歌謡」は短調＞長調、「Jポップ」は短調＜長調のジャンルだった。「昭和歌謡」の中には、物悲しい「演歌」が一定比率を占めていたこともあり、短調の比率が高かった。参考までに、70年代の日本レコード大賞受賞曲のキーはこのようになっている。

・70年：菅原洋一『今日でお別れ』↓短調
・71年：尾崎紀世彦『また逢う日まで』↓長調
・72年：ちあきなおみ『喝采』↓長調
・73年：五木ひろし『夜空』↓短調
・74年：森進一『襟裳岬』↓長調
・75年：布施明『シクラメンのかほり』↓短調
・76年：都はるみ『北の宿から』↓短調
・77年：沢田研二『勝手にしやがれ』↓短調
・78年：ピンク・レディー『UFO』↓短調
・79年：ジュディ・オング『魅せられて』↓短調

10曲中、実に7曲が短調。また長調の3曲すべてが70年代前半に集中しているのが面白い。そして「Jポップ」が長調中心だったことは、言うまでもない。後述する「がんばろう系」歌詞の流行と相まって、「Jポップ」は基本的に明るく、前向きな音楽だった。

この流れを断ち切った、もしくは、流れとは無関係に「令和歌謡」に向けた短調ムーブメントを起こしたのが、他ならぬ米津玄師である。私は『東洋経済オンライン』に寄せた「米津玄師の曲がロングヒットし続ける理由~その『完全栄養食』としての音楽の魅力を分析」という記事（18年10月）に、彼の音楽の魅力をいくつか列挙した後に、こう書いた。

――実はさらにもう1つ、独特な魅力があり、それが「売れ続ける理由」の決定打ではないかと考えたのだ。それは「歌謡曲」的な魅力だ。

まず、米津玄師自身が『Ｌｅｍｏｎ』について、「いわゆる歌謡曲を作ろうと思ったんです」と発言していること（『ROCKIN' ON JAPAN』18年4月号）。

そして、聴いていて驚いたのだが、アルバム『BOOTLEG』収録曲の、ほぼ全曲がマイナー（短調）なのである（マイナーとメジャー=長調は、音楽的に厳密に区分できるものではないが、明確にメジャーと断言できるのは『かいじゅうのマーチ』『ナンバーナイン』のみ）。

もちろん『Ｌｅｍｏｎ』も『打上花火』もマイナーだ。

誤解を怖れず言えば、歌謡曲（演歌含む）とはマイナー中心の音楽で、そのアンチとして組成したJポップはメジャー中心の音楽である。そして、歌謡曲の中でも、80年代には、メジャーのアイドル音楽が幅を利かせてくるが、70年代までは、かなりマイナー偏重のジャンルだった。

マイナーによる哀愁を帯びたメロディを、米津玄師の声で歌われると、昭和の歌謡曲が醸し出していた、あの切ない感情が沸き立つ。そしてそれは、現在の音楽シーンの中ではかなり特異な、差別性が高いものである。


記事では、この流れで、米津玄師と安全地帯（玉置浩二）の類似性に言及したのだが、それはともかく、2010年代後半の音楽シーンにおけるMVPと言える米津玄師の音楽が短調中心であるという事実は大きく、重い。平成の間に、満たされることの少なかった「短調ニーズ」が、米津玄師によって掘り起こされた感がある。

『Lemon』の歌い出し＝「♪夢ならば」の、あの印象的なメランコリックな響き。私は、あの響きを「令和短調」〜「令和歌謡」の目覚めのように思えた。

短調の「昭和歌謡」から、長調の「Jポップ」を経由して、短調の「令和歌謡」へ。補足すれば、「Jポップ」にも物悲しい曲はたくさんあった。ただその「物悲しさ」のありようが「センチメンタル」（感傷）的だったのに対し、米津玄師のそれは、より深く濃厚な悲しさ＝「メランコリー」（憂鬱）に寄っていると思う。

もちろん「歌は世に連れ」。そもそもの景気低迷に加えて、東日本大震災からコロナウイルスという陰鬱な時代が背景としてある。メランコリックな音楽を求める機運は高まり続けるだろう。そんな時代と米津玄師の出会いの果てに、「令和歌謡」の誕生を私は見たのである。

＊コードとコード進行

使うコード（和音）の複雑化は、収まることなく、進展し続けていくと思う。

「Jポップ」は、「昭和歌謡」の時代にはほとんど使われなかった、メジャーセブンス（maj7）やディミニッシュ（dim）、分数コードなどの複雑な響きを縦横無尽に使いこなした、ある意味、洋楽よりも凝ったコードの多い音楽だった。

余談だが、松原みき『真夜中のドア～Stay With Me』（79年）や、竹内まりや『プラスティック・ラヴ』（84年）を契機とした、ここ数年の世界的な「シティポップ」ブームの要因の一つに「世界でも例を見ない、複雑でソフィスティケートされたコードの多用」があると、私は考えている。

複雑なコードに啓蒙された耳は、そう簡単には戻れない。ここまで述べた「短尺化」「短調化」が進んでも、単純に「昭和歌謡」への回帰ではなく、その中に複雑なコードをしのばせた、複雑な聴き応えの曲が求められていくのではないか。

米津玄師『Flamingo』などは、その典型だと思う。まず尺は3分15秒と、とても短い。コード進行はCm7→D7→Gm（キーはGm）の循環コードで一見単純、しかしよく見ると、分数コードやディミニッシュ（dim）、マイナーセブンス・フラットファイブ（m7-5）などの凝ったコードが随所に出てきて、「Jポップ」

のコード感に啓蒙された耳にも飽きさせない。

先に書いたような、少ない楽器数の中で、複雑で陰影のある響きをどう作っていくかが、問われる時代になると予感する。

と、使うコードは、引き続き「複雑化」していくとして、それらのコードがどう流れていくか＝コード進行に話を広げれば、こちらは、ある程度「単純化」していくと考える。背景にはもちろん「短尺化」があるのだが、加えて、一部の「Jポップ」のコード進行が複雑過ぎたこと、特に転調が激し過ぎたことの反動が起きるのではないか。

特に平成のアイドル歌謡は、トリッキーな転調を極めたと思う。その端緒は、ももいろクローバーの『行くぜっ！怪盗少女』(10年)ではなかったか。ヒャダイン(前山田健一)による、AmからE♭mへの転調には、当時かなり驚いたものだ。

しかしその後の、一部のアイドル歌謡における、トリッキーを超えて「こけおどし」的な転調には、食指が動かなかった。物事には限度があるとさえ思った。

平成を制覇したアイドル＝AKB48の中で3曲選ぶとすると、個人的には『ヘビーローテーション』(10年)、『恋するフォーチュンクッキー』(13年)、そして、この本でも16年の年間3位に選んだ『君はメロディー』。すべて転調はなく、また、ごくごくシンプルなコード進行になっている。

「短尺化」していく中で、曲全体が3分台に落ち着いていくとすると、メロディは少なくなり、必然的にコード進行もシンプル化せざるを得ない。

ただ、では「昭和歌謡」に回帰するのかというとそうではなく、曲の端々に（少ない楽器数の中で）、複雑で陰影のあるコードをしのばせて、聴き応えを担保する――これが「令和歌謡」における、コード感のデフォルトになると考えるのだ。

＊拡散構造

「Jポップ」楽曲の拡散に最も貢献したのはタイアップだ、という言説に異を唱える向きは少ないだろう。特に、テレビCMとのタイアップが、音楽シーンに巨大な影響を与えていた。そしてCMを通じて、巨大な商業主義の中に組み込まれることで、音楽業界もいよいよビジネスライクなものとなっていった。

CMタイアップという手法をごくごく簡単に説明すれば、

・CMで訴求する情報やコピーに関連した楽曲を作る（作らせる）
・もしくは既存新曲の中でCMに合うものを探し出す
・CMのBGMとしてその曲を活用。画面上小さい文字で歌手名（曲名）を表示する
・CMのオンエアと同時に、その曲をシングル盤として発売する
・楽曲との相乗効果で、CMの話題性が高まり、結果、そのCMの商品が売れる

このCMタイアップというもの、今となっては、少々懐かしい感じがしないだろうか。テレビというメディアに対する（とりわけ若者の）注目度の減少が、CMタイアップ発のヒット曲をも減少させたのだ。

では、「令和歌謡」時代の拡散構造に影響を与えるものと言えば、無論、ネット、特にSNSとなる。SNS発のヒット曲として、昨年の瑛人『香水』やYOASOBI『夜に駆ける』あたりは記憶に新しいところだ。

私は、ここ数年の、SNSから次々とヒット曲が生み出される状態のことを「SNS歌謡祭」と呼んでいるのだが、それはともかく、ここで論じたいのは、そんな「SNS歌謡祭」が、音楽そのものに与える影響についてである。

例えば、その曲を演奏した映像とか、その曲に乗せて踊った映像とかを、SNSに「上げる」ことでヒットが生まれるとすると、楽曲に求められるのは、「いい楽曲かどうか」というより「いい素材かどうか」ということになる。もう少し直接的に言えば「いいネタとなる曲かどうか」。

これまで述べて来た「短尺化」「少メロディ化」「少楽器化」という予測は、「素材化」と歩調を合わせる。つまりは、シンプルな音の方がイジりやすいということ。

20年のコロナ禍で、最も「イジられた」音源である星野源『うちで踊ろう Dancing On The Inside』は、テーマの時代性もさることながら、ギター1本の伴奏による短尺曲だったからこそ、あそこまで拡散したと考えられる。

そのような「素材化」をベースとした「SNS歌謡祭」に対して、違和感を抱く中高年も多いのではないか。そんな手軽なメカニズムでヒット曲が生み出されていいものかと。

中高年の一員である私も、もちろんそんな考えを理解できるのだが、反面、「SNS歌謡祭のような草の根的かつ民主的なメカニズムでヒット曲が生まれるなんて、何と素晴らしいことだろう」とも、同時に思うのだ。

業界主導のシステムの中で人為的・作為的にヒット曲が量産されていた時代——よく考えたら、実に窮屈な時代だったじゃないかと。

「SNS歌謡祭」から生まれるヒット曲を聴きながら、もしかしたらこれは、音楽シーンにおける民主革命なのかと思ったりもして、少々いい気分になったりもするのである。

*そして、歌詞について

ここまで述べた、「短尺化」「短調化」「少メロディ化」「少楽器化」「コードの複雑化」「コード進行の単純化」の総体を「令和歌謡」と考える。

その全体像はまだハッキリとはしないが、先に述べたように、宇多田ヒカルや米津玄師、藤井風などの、時代の陰鬱な気分を切り取ったような音楽群が、その第一歩となることは、間違いないだろう。

残すテーマは歌詞である。正直、予測がつかないというのが本音だ。

「昭和歌謡」における歌詞世界の最大公約数は、短調をバックとした「メランコリー」だった。そして、「Jポップ」のそれは「センチメンタル」であり、それに、長調をバックにした「がんばろう系」のメッセージが乗った。

先の米米CLUB『浪漫飛行』が、「センチメンタル」×「がんばろう系」のプロトタイプになった。その後の、KAN『愛は勝つ』（90年）、槇原敬之『どんなときも。』（91年）、ZARD『負けないで』（93年）、岡本真夜『TOMORROW』（95年）という「Jポップ」を代表するメガヒット群。これはすべて「がんばろう系」のメッセージを持ちながら、どこかセンチメンタルな響きも併せ持っていた。それゆえにメガヒットの座を勝ち得たのだ。

「短調化」が進むのであれば、「令和歌謡」の歌詞世界は再度メランコリックなものとなる可能性が高い。だが、その一歩手前で私が予測するのは「歌詞重視化」である。

誤解を怖れず言えば、「Jポップ」とは、サウンドのイノベーションが、歌詞のそれを大きく上回った時代の産物だったと思う。そのくらい人々は、歌詞ではなく音を聴いていた。歌詞を取り出して云々する文化が先細りとなった。カラオケボックスに行って、画面を見て、初めて歌詞を確認するということも多かった。

その反動が来るのではないか、歌詞を取り出して云々する文化が復活するのではないか――これが私の予測である。というか願望だ。

「昭和歌謡」の時代、阿久悠や松本隆の歌詞に夢中になった、あの感じが令和の世にも復活してほしいし、職業作詞家という存在がなくなれど、音楽家は、音と言葉に対して、せめて同じエネルギー量で、向かっていってほしい。

ここ数年の、時ならぬ「松本隆ブーム」は、あの時代・あの歌詞への懐古趣味だけから発生しているのではないと考える。今の音楽シーンにおける歌詞文化の貧困さに対するアンチテーゼとして、松本隆の繊細な言葉が求められていると思うのだ――てか、そもそも歌詞を楽しまないなんて、もったいない！

と、最後は願望になってしまったが、「短尺化」「短調化」「少メロディ化」「少楽器化」「コードの複雑化」「コード進行の単純化」、そして「歌詞重視化」の結果として、とにかく、我々初老の音楽ファンにも響くようなヒット曲が、どんどん増えていってほしいと思う。

●

音楽評論家・渋谷陽一が、レッド・ツェッペリンのアルバム『プレゼンス』（76年）に寄せたライナーノーツを締める一文。

――全く申し分ないツェッペリンの巨大な音を前に、僕はひたすら自分が開かれていくのを感じる。

これからの令和のヒット曲よ、私に開かれてくれ。こちらは、自分を開く準備、万端だ。

おわりに──50代はヒット曲で解放される

5年分、計230回分を一気に読んで印象に残るのは、ポジティブな論調の回ではなく、どちらかと言えば、ネガティブな論調の回だ。

よくもまぁ、手を変え・品を変え、いや同じ論法を何度も繰り返しながら、ああだこうだと難癖をつける、自らの文句ジジイっぷりに驚く。

ただ、書くときに時間がかかるのは、ネガティブな回ではなく、逆に手放しで褒めている回なのだ。年かさが増した分、褒めるのには幾多のハードルがある。そのハードル一つひとつを、ちゃんとクリアしているかのチェックに、なかなかの時間がかかるのである。

年季の入ったいくつもの評価ハードルを、鮮やかに・軽やかに乗り越えた曲だけが、ようやっと褒められるものとなる。各年のベストテンに残ったすべての曲は、あらためて今聴いても、そんなハードルを超えてきた凄みを感じる。

それにしても、世間のあれやこれや、とりわけ自らの興味分野（私なら音楽や野球やテレビやラジオなど）に対して、あれこれ忖度《そんたく》せず、偉い方々や若い方々に気を回さず、褒めたり貶《けな》したりしていると、何という か気持ちが解放される気がする。気が晴れた結果、健康が増進する気さえする。

いくつになっても、面倒くさいジジイだと思われようとも、惑わず臆せず、どんどん発信するべきなのだろう。だって、もうしばらくは健康でいたいから。もうしばらくは長生きしたいから。

詩人・茨木のり子に『もっと強く』という忘れられない詩がある。その詩は「もっと強く願っていいのだ
わたしたちは　明石の鯛が食べたいと」というフレーズから始まるのだが、それを借りれば――「もっと強く願っていいのだ　わたしたちは　年をとっても最新のヒット曲が聴きたいと」。
その『もっと強く』はこういうフレーズで締められる――「ああ　わたしたちが　もっともっと貪欲にならないかぎり　なにごとも始まりはしないのだ」。

●

表紙その他、素晴らしいデザインは山梨にある「3-2design」（さんのにでざいん）の中澤崇さんによるもの。ダイノジ・大谷ノブ彦さんが主催するイベントのために作られたフライヤーのデザインに惚れ込み、大谷さんに直接連絡を取り、紹介していただいた。

ちなみに、野暮ながら明かせば、表紙の二人の女の子は、左が「J子」（平成「J」ポップから）で右が「令子」（「令」和歌謡から）で、それぞれの時代と音楽を絶妙に象徴した見てくれとなっている。場所は土曜深夜、神奈川県相模原市のファミレスがイメージ。

彩流社の出口綾子さんに手がけていただいた本は、『【F】を3本の弦で弾くギター超カンタン奏法』『1979年の歌謡曲』『80年代音楽解体新書』に続いて4冊目となる。ここらあたりでドーンと売れる本にならないかと期待する。だって「もっともっと貪欲にならないかぎり　なにごとも始まりはしない」から。

諸般の事情に対するもろもろの調整について、飯尾ラマ子さんに感謝します。諸般の調整のおかげで初版の上梓にこぎつけることができました。コロナが落ち着いたらご招待します。相模原のファミレスへ。

そして、東京スポーツの井上達也さん。ありがとうございました。こんな感じにまとまりました。5年後にまた続編を出せると嬉しいです。

●

5年分、計230回の中で、「最優秀」ではなく（それは決められない）「最印象」だった曲は、小沢健二『流動体について』。本書で「同世代音楽」と称したこの曲には「もしも　間違いに気がつくことがなかったのなら？」というフレーズがある。

もしかしたら今の私も、間違いに気がついていない状態なのかもしれない。でも、55歳の流動体は流れに任せて動いていく——「もっともっと貪欲にならないかぎり　なにごとも始まりはしない」から。

●著者プロフィール

スージー鈴木（すーじー・すずき）

音楽評論家、小説家、ラジオDJ。1966年11月26日、大阪府東大阪市生まれ。早稲田大学政治経済学部卒業。音楽評論家として、昭和歌謡から最新ヒット曲までを「プロ・リスナー」的に評論。著書・ウェブ等連載・テレビ・ラジオレギュラー出演etc多数。

著書…『イントロの法則80's』（文藝春秋）、『サザンオールスターズ 1978-1985』（新潮新書）、『カセットテープ少年時代』（KADOKAWA）、『チェッカーズの音楽とその時代』（ブックマン社）、『1984年の歌謡曲』（イースト・プレス）、『【F】を3本の弦で弾く ギター超カンタン奏法』『1979年の歌謡曲』『80年代音楽解体新書』（いずれも彩流社）。近著に『ザ・カセットテープ・ミュージックの本』（マキタスポーツとの共著、リットーミュージック）、『恋するラジオ』（ブックマン社）。

ウェブ連載…「東洋経済オンライン」「FRIDAYデジタル」「水道橋博士のメルマ旬報」など。

平成《へいせい》J《ジェイ》ポップと令和《れいわ》歌謡《かよう》

2021年10月22日　初版第一刷

著　者　スージー鈴木 ©2021

発行者　河野和憲

発行所　株式会社 彩流社

〒101-0051　東京都千代田区神田神保町3-10　大行ビル6階

電話　03-3234-5931

FAX　03-3234-5932

http://www.sairyusha.co.jp/

編　集　出口綾子

装　丁　中澤 崇

印刷　明和印刷株式会社

製本　株式会社村上製本所

Printed in Japan　ISBN978-4-7791-2779-3　C0073